ULLSTEIN

Die Autorin

Alexa Kriele »dolmetscht« seit vielen Jahren die Botschaften der Engel. In Zusammenarbeit mit ihrem Mann Martin als Fragendem entstand ein regelrechter Lehr- und Übungskurs der Engel, der ab 1998 im Ch. Falk-Verlag als vierbändiges Werk erschien und bereits in sechs Auflagen veröffentlicht wurde. Das vorliegende Werk ist der erste Teil aus diesem Kurs.

Alexa Kriele

Wie im Himmel so auf Erden

Einführung in die christliche Engelkunde

Ullstein

Besuchen Sie uns im Internet:
www.ullstein-taschenbuch.de

Ullstein Esoterik
Herausgegeben von Michael Görden

Umwelthinweis:
Dieses Buch wurde auf chlor- und säurefreiem Papier gedruckt.

Ullstein Verlag
Ullstein ist ein Verlag der Ullstein Buchverlage GmbH.
Neuausgabe
1. Auflage August 2004
© der Originalausgabe by Ch. Falk-Verlag, Seeon 1998
Dieses Buch ist die Taschenbuchausgabe von Band 1 der
vierbändigen Originalausgabe des im Ch. Falk-Verlag erschienenen Werkes
Wie im Himmel so auf Erden von Alexa Kriele
Umschlaggestaltung: FranklDesign, München
Gesetzt aus der Palatino
Druck und Bindearbeiten: Ebner & Spiegel, Ulm
Printed in Germany
ISBN 3-548-74101-0

Inhalt

Einleitung 11

Innere Kapelle. Betender Engel – 20. Februar 1995 15
Erste Einführung in die Innenräume – Die so genannten »Chakren« sind Innenräume – Der Herz-Innenraum – der betende Engel

Friedensdom. Kirche. Sonnenengel – 27. Februar 1995 18
Erste Einführung in die Räume des Himmels – Himmelsräume sind nicht »räumlich« – Friedensengel – Nadjamael – Über die Kirche – Sonnenengel – Schutzengel – Führungsengel – Sphärenklänge

Drei Reisen – 1. März 1995 25
1. Erdzentrum – Gibt es eine Hölle? – »Hinabgestiegen in das Reich des Todes« – 2. Urbilder – Die Schönheit der Natur – Der Künstler als Mittler – Urbilder und Evolution – Zur Legitimität der Naturwissenschaft – Urbilder des Rechts – Liebe, Strenge, Gnade – Zehn Gebote und Bergpredigt – Das Paradies – 3. Der Hohe Rat – Der »Hohelehrer« – Die zwölf so genannten »Bodhisattvas« – Die heilige Sophia

Über das Beten – 3. März 1995 36
Die heilige Theresia von Ávila – Wie man betet – Gebet, Meditation, Kontemplation

Der vierte Rosenkranz – 5. März 1995 40
Der Engel Samuel – Das Fürbitte-Ave-Maria

Zwischenbemerkung: Die Hierarchie der Engel 42

Über Engel – 12. März 1995 43
Andreasengel – Die Stellung des Menschen im Kosmos – Wie man Engel wahrnimmt – Störfaktoren der Wahrnehmung – Respekt und spielerische Freude – Schutzengel – Betender Engel – Sonnenengel – Führungsengel – »In meines Vaters Haus sind viele Wohnungen« – Die Flügel – Engel in der Kunst – Farben der Engel – Engel beim Sterben und bei der Geburt – Zur Namensgebung Neugeborener

Über Schutzengel – 14. März 1995 51
Ihre Namen – Ihr Aussehen – Ihre Aufgaben – Übungen zu ihrer Wahrnehmung – Schutzengel in der technischen Welt und im Straßenverkehr

Über Führungsengel – 16. März 1995 60
Reinigungsübungen – Typen von Führungsengeln – Ihre Aufgaben

Über Erzengel – 18. März 1995 65
Ihr Aussehen – Ihre Aufgaben – Demut und Sammlung – Hüter von Völkern – Tendenz zum Weltbürgertum – »Sie werden in neuer Sprache sprechen« – Berührung durch Erzengel

Über Archai – 19. März 1995 71
Die »Dankesleiter« – Das Allgemeine im Besonderen – Kulturepochen – Die Schöpfung – »Im Anfang war das Wort« – Sprache als Tor zu den Archai – Zur Legitimität der Neuzeit – Der individuelle Weg zum Herrn – »Wahrheit«: ein heiliger Begriff – Zur ätherischen Wiederkunft Christi

Über Sonnenengel – 24. März 1995 79
Ebene der Exusiai – Das »höhere Ich« – »Du«, »ich« oder »wir«? – »Christus in mir« – Die Nische hinter dem Altar – »Christus im anderen« – Verbindung zum Sonnenengel – Seine Wirkungsweise

Lobpreis der Elohim – 3. April 1995 88
Bruder Tullian – Aufstieg zu den Elohim – Teilnahme am Lobpreis

I. Der Innenraum mit der Quelle. II. Vorbereitung auf die Karwoche – 6. April 1995 92
Das »Solarplexus-Chakra« – Der Engel an der Quelle – Seine Aufgaben – Engel des Regenbogens – Übungen zur Vorbereitung auf die Karwoche

Teilhabe an der Passion – 13. April 1995 95
Wie der Kreis der Teilhabenden wächst – Warum die Welt nicht verloren gehen kann

Über die Trauer – 14. April 1995 97
Das Sterben führt nicht in den Tod – Die »Hölle« ist das Dunkel – Wodurch gerät man ins Dunkel? – Die Sünde wider den Heiligen Geist – Wie man eine Trauerfeier gestaltet – Die Einheit von Trauer und Lobpreis – Jesus am Kreuz

Führung und Freiheit – 16. April 1995 105

Über Ehe und Partnerschaft – 22. April 1995 108
Das Ad-hoc-Erlebnis der Lebensbegegnung – Wirkliche Ehen – Zu viele kirchliche Eheschließungen – Freie Partnerschaften – Uneheliche Kinder – Wirkliche Ehen sind unscheidbar – Scheidung anderer Ehen – Zur kirchenrechtlichen Regelung – Zur

Kommunion Geschiedener – Gesellschaftlicher Boykott – Dem Dank wohnt die Fürbitte inne.

Naturgeister und Steine – 25. April 1995 123
Wie man Naturgeistern gegenübertritt – Engel lieben Wahrhaftigkeit, Naturgeister Echtheit der Gefühle – Der Berg Igor – Die Meister der Steine – Ihre Wirkungsweise – Übungen zu ihrer Wahrnehmung

Über die Naturgeister – 28. April 1995 130
Agar, Lehrer der Naturgeister – Geist in der Natur – Der Mensch als Mittler zwischen Engeln und Naturgeistern – Naturgeister bei Goethe – Arten der Naturgeister – Wie man sie bittet – Wie man die Natur segnet – Das Aussehen von Naturgeistern – Aufgaben der Naturgeister – Blumen pflücken

Umgang mit Schuld – 29. April 1995 141
Engel der Dankbarkeit – Dankbarkeit für Schulderfahrungen – Wahl zwischen Pflicht und Freude

Ego und Schicksal – 1. Mai 1995 144
Engel der Freude – Machtproben zwischen Ego und Schicksal – Depressionen – Versöhnung mit dem Schicksal – Entstehen des Ich – Ego, Ich, höheres Selbst

Jupiter – Der Innenraum mit dem Weisen – 2. Mai 1995 ... 147
Die Hüter der Planeten – Macht und Weisheit – Die Schichten des Jupiter – Das so genannte »Stirn-Chakra« – Der Weg zum inneren Frieden – Die »Weiße Bruderschaft«

Einführung in die Heilarbeit – 10. Mai 1995 155
Elion – Heilengel im Friedensdom – Der »Heilkreis«

Die Farbstrahlreise – 13. Mai 1995 161
Marvik – Farbstrahlen – Reisen auf Farbstrahlen

Trugbilder. Schutzmaßnahmen.
Das Schutz-Ave-Maria – 17. Mai 1995 164
Engel der Maria – Die Sphäre der Trugbilder – Egregore – Empfänglichkeit für Trugbilder – Indizien für Trugbilder – Schutzmaßnahmen – Das Schutz-Ave-Maria – Geheiligte Räume – Stabile und flexible heilige Räume – Wie heiligt man einen Raum?

Der Innenraum mit dem Marienengel – 21. Mai 1995 177
Das so genannte »Hals-Chakra« – Im Turm – Der Marienengel – Seine Wahrnehmung – Seine Aufgaben

Über Himmelfahrt – 24. Mai 1995 180
Rückkehr Christi zur Mutter – Mater und Materie – Maria im Himmel und auf Erden – Die Mutter in der Trinität – Zur ätherischen Wiederkunft Christi

Über Pfingsten. Zur Trinität.
Das Pfingst-Ave-Maria – 1. Juni 1995 186
Maria-Sophia – Fest der Inthronisation – Die Siegreiche – Fähigkeit zur Kommunikation – Ausgießung des Heiligen Geistes – Der Heilige Geist: Einheit der Trinität – Marias irdischer Leib – Michael und Maria – Das Pfingstwunder in der inneren Kapelle – Reden in Zungen – Das Pfingst-Ave-Maria

Die Bibliothek (»Akasha-Chronik«) – 5. Juni 1995 197
Haniel – Die so genannte »Akasha-Chronik« – Vergangenheit und Zukunft – Es gibt keine zuverlässige Prophezeiung – Lebenspläne – Gescheiterte Lebenspläne – Pfleger und Hüter der Bibliothek – Wird gesühnte Schuld gelöscht? – Erinnerung an frühere Inkarnationen – Der Sinn von Büchern – Umwandeln unschöner in schöne Formen

Der Innenraum mit dem Kind – 6. Juni 1995 203
Das so genannte »Nabel-Chakra« – Der Engel mit dem Kind – Das Kind: der »Immeranfang« – Repräsentant des Vaters – Heilung vergangener Erlebnisse – Heilung zukünftiger Gefahren – Die Macht des Kindes

König der Naturgeister – 8. Juni 1995 207
Benehmen bei Hofe – Rede des Königs Uri Makatasch – Langsame Zeitrhythmen – Genuss – Traditionen ehren – Landschaft erhalten – Schicksal akzeptieren – Neuerungen prüfen – Verhältnis zu Zeit und Raum

Über Florian – 14. Juni 1995 216
Beschützerengel, Schutzengel, Nothelferengel, Marienengel – Wie man Floriansengel bittet

Über Johannes – 17. Juni 1995 218
Die zwölf Jüngertage – Der Raum der Jünger – Die zwölf Strahlen – Johannes' Wesensart – Verfasser des Evangeliums und der Apokalypse? – Liebe und Strenge – Johannes und Petrus

Engel der Wehmut – 18. Juni 1995 223
Heimweh nach dem Vater – Geschenke und Würdigkeit – Dankbarkeit setzt Wehmut voraus – Wehmut macht die Welt durchsichtig – Unentbehrlichkeit der Wehmut – Zu Franz Schubert

Engel des Johannes – 25. Juni 1995 229
Die Engel der Jünger – Höherstehende als Diener

Heilarbeit mit Steinen – 28. Juni 1995 231
Mittler zwischen Engel und Naturgeistern – Die »Djinn« – Schatzkammer im Friedensdom – Die Steinmeister – Heilsteine – Individuelle Unterschiede – Übung in der Heilarbeit – Es gibt keine schädlichen Steine – Meister der Meister

Über Sinn und Sinnlosigkeit – 29. Juni 1995 241
Macht und Ohnmacht der Engel – Keine Eingriffe in die Freiheit – Sinn erkennen – Es gibt auch sinnlose Ereignisse – Wie unterscheidet man sinnvolle und sinnlose Ereignisse? – Das Beste daraus machen

Tages- und Stundenengel – 11. Juli 1995 244
Engel des Tages und der Nacht – Der »Große Tagesengel« – Die Engel des Tages – Die individuellen Tagesengel – Auch die Stundenengel sind dreistufig – Die blaue Stunde – Die violette Stunde – Verlorene Tage und Stunden – Himmlische Choreografie

Der Innenraum mit dem Sophienengel.
Über das Schweigen – 14. Juli 1995 251
Zweites so genanntes »Hals-Chakra« – Was bedeutet »schweigen«? – Schweigen in den Innenräumen – Schweigeübungen – Fortschritt in der spirituellen Arbeit – Fortschreiten und heimkehren

Warum das Böse zugelassen ist.
Warum es nicht siegen kann – 16. Juli 1995 257
Alles, was geschieht, ist zugelassen – Warum sind die dunklen Hierarchien zugelassen? – Was heißt »allmächtig«? – Was heißt: »den Himmel überzeugen«? – Auch die dunklen Hierarchien sind an Regeln gebunden – Warum das Böse nicht siegen kann – Das Übergewicht des siebten Strahls – Die Stellung des Menschen im Kosmos – Wie man mit dem Doppelgänger umgeht – Werden auch die dunklen Mächte erlöst werden?

Elementargeister – 17. Juli 1995 266
Die Hierarchie der Naturgeister – Die Herren der Elemente – Erdgeister – Erdschichten – Aufgaben der Erdgeister – Feuergeister – Die Berührungskraft des Stabes – Feuer der Begeisterung – Der Mensch zwischen Engeln und Naturgeistern – Wassergeister – Zeit und Ewigkeit – Flussübungen – Das Zeitproblem und seine Auflösung – Wassergeister als Wecker – Un-

dinen – Flügel – Luftgeister – Sich vom Irdischen lösen – Segnen – Zum Flugsport – Befreiung durch Klarheit

Strategien der Hierarchien zur Linken – 23. Juli 1995 283
Irminrad/Irminrod – Indirekte Kriegführung

Schutzmaßnahmen – 24. Juli 1995 286
Engel Unserer Lieben Frau – Nicht weichen – Vorwürfe meiden – Schwachstellen im Menschen – Grundregeln der Abwehr

Dom der Heiligen – 25. Juli 1995 293
Bruder Tullian – Ort des Domes – Wege zum Dom – Was tun die Heiligen? – Wie ruft man sie? – Was können sie bewirken? – Der heilige Antonius

Doppelgänger und Hierarchien zur Linken – 26. Juli 1995 . 297
Der Doppelgänger des Menschen – Warum er zu ihm gehört – »Erbsünde« – Mächtige und weniger mächtige Doppelgänger – Wie man mit ihnen umgeht – Gefallene Engel – Erlösungsarbeit – Gefallene Erzengel – Ihre Wirkungsweise – Das Paradies ausstrahlen – »Links« und »rechts« in der Politik – Die Namen der Hierarchien zur Linken meiden

Naturgeister zur Linken – 29. Juli 1995 316
Es gibt keine bösen, sondern nur verführte Naturgeister – Naturgeister in den Slums der Städte – Wie man Naturgeister überzeugt

Der Weg des Schülers – 30. Juli 1995 323
Andreasengel – Das Andreaskreuz – Der Weg zum aufrechten Kreuz – Kennzeichen des Meisters – Wie Naturgeister aussehen – Zum Sinn von Krankheiten – Lernen im Kindesalter – Der Trinität dienen

Nachwort *von Martin Kriele* 333
I. Zum Dolmetschen der Engelsprache II. Über Engelerfahrungen III. Zur Skepsis IV. Zur »aufgeklärten Weltanschauung« V. Das Verhältnis zur Kirche VI. Zur »aufgeklärten Theologie« VII. Zur Unterscheidung der Geister VIII. Über uns IX. Rückblick und Ausblick

Anmerkungen 363

Einleitung

Alexas Fähigkeit, die Sprache der Engel zu »verdolmetschen«, hat sich seit 1994 in weitem Umkreis herumgesprochen. Tag für Tag kommen von nah und fern Menschen zu ihr, tragen den Engeln ihre persönlichen Nöte und Fragen vor und empfangen von ihnen Rat und Hinweise.

Diese ernst zu nehmen hat sich wieder und wieder als sehr hilfreich erwiesen.

Ermutigt von dieser Erfahrung, wandte sich auch Alexas Mann Martin an die Engel, doch nicht nur mit persönlichen Problemen. Vielmehr stellte er zunehmend Fragen allgemeiner Art: zum Beispiel Fragen über die Engel selbst, ihre Aufgaben und ihre Wirkungsweise, über die höheren Hierarchien bis hinauf zur Heiligen Trinität, doch auch Fragen zu den Naturgeistern, Fragen zur Stellung des Menschen im Kosmos, nach der Innenwelt des Menschen, nach seinem Leben diesseits und jenseits der Schwelle, nach dem Sinn von Schmerz, Leid, Schuld und Tod, Fragen zu Lebensaufgaben, zu Krankheit und Heilung, zu Erziehung und Altersstufen, zu Arbeit und Beruf, zu Philosophie, Theologie und spirituellen Lehren, zur Weltlage im neuen Jahrtausend.

Die Engel antworteten nicht nur gern und ausführlich. Da diese und ähnliche Fragen viele Menschen bewegen, schlugen sie uns einen regelrechten Kursus vor, den wir veröffentlichen sollten. Darin würden sie uns und die Leser über die Zusammenhänge unterrichten, aus denen heraus solche Fragen beantwortet werden könnten. Es sei nämlich an der Zeit, verloren gegangenes Wissen über den Himmel und sein irdisches Wirken neu begreiflich und lebendig werden zu lassen. Dies sei derzeit ohnehin der Plan der Heiligen Trinität und ihrer Boten. Wir könnten ein Stück dazu beitragen.

Ob wir uns dafür zur Verfügung stellen wollten? Wir stimmten mit Freuden zu.

Der Leser wird der Meinung sein, dass wir durchaus auch zweifelnde und sehr grundsätzliche Fragen gestellt haben. Geschieht das mit Respekt, so antworten die Engel mit Freimut, oft fröhlich und humorvoll, oft auch sehr bewegend, ja erschütternd.

Nicht selten sind ihre Darlegungen überraschend und enthüllen ihre ganze Bedeutsamkeit erst bei längerem Nachsinnen.

Doch geht es keineswegs nur um Wissen an sich, so wichtig Orientierung, Klarheit, gedankliche Ordnung auch sind. Es geht vielmehr um die Umsetzung ins tägliche Leben, um die Ausrichtung auf den Himmel und die Zusammenarbeit mit ihm.

Die Engel haben deshalb auch manche Übungen, Arbeitsanleitungen und praktischen Anregungen gegeben. Sie stellten ihre Darlegungen gewissermaßen unter das Motto: »Wie im Himmel, so auf Erden«.

Auf Fragen, die im Zusammenhang mit einem solchen Kursus auftauchen können, soll im Nachwort eingegangen werden. Schon an dieser Stelle ist aber eines hervorzuheben: Jede »Engelstunde« ist eine Feierstunde. Wenn Engel erscheinen, ist man berührt von ihrer Lichtkraft und Schönheit, ihrer Liebe und Weisheit. Sie werden vernehmbar erst nach einiger Zeit der Ruhe und der Sammlung.

Deshalb ist auch dem Leser anzuraten, für die Lektüre nach Möglichkeit Stunden der Stille zu nutzen, damit er sich mit Geist und Herz so einstimmen kann, als wäre er unmittelbar dabei – freudig und offen.

Wir übergeben nun dieses Buch der Öffentlichkeit mit innigstem Ernst und bitten den Himmel, den Leser mit allen Gaben des Heiligen Geistes zu segnen.

Alexa und Martin Kriele

Montag, 20. Februar 1995

Innere Kapelle. Betender Engel

Ein Engel von außergewöhnlicher Größe und machtvoller Ausstrahlung: Fürchtet euch nicht und erschreckt nicht über meine Größe. Ich danke euch für die Absicht dieses Buches und beginne mit einer Information:

Jeder Mensch trägt in sich – in Höhe des Herzens – einen für die äußeren Augen unsichtbaren Kirchenbau, eine »innere Kapelle« oder »innere Kirche«. In ihr werdet ihr einen Engel finden, der am Altar steht oder kniet und betet. Stets, solange ihr lebt, betet er in eurem Herzen. Er ist weder identisch mit dem Schutzengel noch mit dem Führungsengel oder dem Sonnenengel.

Der betende Engel ist es auch, der in euch denkt. Wenn ihr ganz lauter und wahrhaftig seid, kann er manchmal durch euch sprechen, vor allem, wenn es um Lobpreis geht. Dann tragt ihr in die Außenwelt, was er im Innern tut. Auch im Singen oder in wissenschaftlichen Darlegungen kann sich sein Lobpreis ausdrücken. Sein Denken ist ein reines Denken, das freilich von egozentrischem Denken überschrien werden kann. Eriugena hatte Recht: In jedem Menschen lebt ein betender Engel.[1]

Ihr könnt mit geschlossenen – allerdings nach innen geöffneten – Augen eure innere Kapelle betreten. Versucht sie wahrzunehmen: Ist sie groß oder klein? Eher im romanischen, gotischen, barocken oder modernen Stil?

Welche Farben dominieren? Welche Bilder und Figuren findet ihr vor? Wie sind die Fenster gestaltet? – usw. Die innere Kirche ist aber nicht die »Kopie« einer äußeren – selbst wenn sie einer Kirche gleicht, die ihr in der Außenwelt kennt. Es ist umgekehrt: Architekten und Kirchenbaumeister waren inspiriert von inneren Kirchen und haben sie in der Außenwelt nachgebaut. Die Vielgestaltigkeit der äußeren Kirchen spiegelt die der inneren Kirchen wider.

Versucht euren betenden Engel wahrzunehmen und begrüßt ihn. Er wird sich freuen und euch segnen. Dann könnt ihr ihm zuhören und mit ihm beten. Ihr könnt ihn bitten, euch besonders liebe Gebete zu sprechen oder für andere Menschen zu beten. Ihr könnt auch gemeinsam mit ihm die Messe feiern.

Wenn man regelmäßig in die innere Kirche geht, wird sich das Bedürfnis einstellen, auch in die äußere Kirche zu gehen. Der Besuch der äußeren Kirche wird freilich nur lebendig, wenn ihr den Gottesdienst innerlich mitvollzieht, und das heißt letztlich: in der inneren Kirche, auch wenn euch das nicht bewusst ist. Der Besuch der inneren Kirche sollte allerdings den Kirchgang am Sonntag nicht ersetzen. Es bedarf einer gesunden Mischung von Innenwelt und Außenwelt.

Die innere Kirche entspricht dem, was man in der fernöstlichen Mystik und der an sie angelehnten »esoterischen« Literatur als das »Herz-Chakra« zu bezeichnen pflegt. Alle die verschiedenen so genannten »Chakren« sind, wenn man sie in ihrer vollen Wirklichkeit erfasst, Innenräume des Menschen. Was die »Chakren«-Lehren davon beschreiben, ist nur ein äußerer Aspekt. Es wird in unserem Kursus unter anderem darum gehen, mit diesen Innenräumen allmählich vertraut zu werden und zu lernen, wie man in ihnen und aus ihnen heraus mit dem Himmel zusammenarbeitet.

Zunächst bitte ich euch, häufig eure innere Kapelle aufzusuchen, sodass ihr darin mit der Zeit aus eigener Erfahrung heimisch werdet. Das gilt nicht nur für euch, sondern für alle Menschen.

Montag, 27. Februar 1995

Friedensdom. Kirche. Sonnenengel

Ein weißblauer Engel: Auch der Himmel ist voller Kirchen, von kleinen Kapellen bis hin zu großen Domen. Einer davon ist der »Friedensdom« mit den Friedensengeln. Der Dom ist in gotischem Stil gehalten, streng, aber nicht unfreundlich. Er ist immens hoch. Man geht durch den Mittelgang an vielen Sitzreihen vorbei. In ihnen findet ihr leise singende Friedensengel von taubenblau über blaugrau, blauweiß bis hin zu ganz weißen in den ersten Reihen. Am Altar seht ihr einen großen strahlend weißen Engel – ernst und feierlich. Sein Name ist Nadjamael. Er ist der oberste der Engel im Friedensdom. Links und rechts schließen sich kleinere weiße Engel an. Hier ist heute für euch eine »große Audienz«, ein festlich-freudiger Empfang. Tretet heran bis vor den Altarraum.

Nadjamael: Seid willkommen im Namen des Herrn! Der Beginn eurer Arbeit hat Turbulenzen positiver und freudiger Art ausgelöst, bis hoch hinauf. Zunächst eine Bitte: Ordnet den Text dieses Buches nicht selbstgestalterisch, beispielsweise nach Themengruppen, sondern gebt das Gesagte in seiner Reihenfolge wieder. Wir sorgen für die angemessene Abfolge der Themen. Verzichtet deshalb auf Zusammenstellungen nach Themengruppen und seid auch sparsam mit Vor- und Rückverweisen. Die Lehre, die ihr den Lesern vermittelt, wächst in kleinen Schritten, so ähnlich wie man ja auch Kinder in die Weltorientierung hineinwachsen lässt. Man nimmt sie sich nicht vor und sagt ihnen: »Heute erfahrt ihr alles Wichtige über Autos, morgen über Papa und Mama.« Wir werden auf alle Themen immer wieder zurückkommen und euch jedes Mal tiefer in sie einführen.

Bedenkt auch, dass, wenn wir euch mit Domen und anderen Räumen des Himmels vertraut machen werden, die Beschreibungen nicht im wörtlichen Sinn »räumlich« zu verstehen sind. Wenn ihr euch zum Beispiel jetzt in den Friedensdom hineinbegeben habt und euch fragt: Wo ist er eigentlich?, so ist die Antwort: Vor eurer Nase. Hineingehen bedeutet: sich von der Bewusstseinskraft her auf ihn einschwingen. Alle Hierarchien, auch die höchsten, befinden sich direkt bei euch, wenn ihr euch in den jeweiligen Schwingungszustand zu begeben vermögt. Nehmt es auf, wenn ihr könnt.

Mittelalterliche Scholastiker haben die Frage diskutiert, wie viele Engel auf einer Nadelspitze Platz haben. Man hat sich darüber lustig gemacht. Aber es lohnt sich, die Frage auch einmal ernstlich zu stellen. Die Antwort lautet: Alle, einschließlich der Trinität. Denn sie sind an den Raum so wenig gebunden wie an die Zeit. Wenn ihr versucht, euch in diese Antwort hineinzufühlen und sie in ihrer ganzen Bedeutung nachzuempfinden, wird sie euch in ihrer Großartigkeit sehr tief berühren. Deshalb rate ich euch, an dieser Stelle eine Zeit lang zu verweilen. Es bedarf eines Moments des Schweigens, der Sammlung und der Besinnung. – Bedenkt: Der Herr hat gesagt: »Wo zwei oder drei in meinem Namen versammelt sind, da bin ich mitten unter ihnen.« (Mt 18,20) Dieser Satz ist auf sehr reale Weise wahr. Er gilt an jedem Ort, auch hier. Was ich euch über die Bedeutung himmlischer »Räume« gesagt habe, liest sich leicht. Aber es gilt, es innerlich zu erleben.

Dann werdet ihr die Wichtigkeit dieser Aussage erfassen.
– Ihr dürft jetzt Fragen stellen.

In der vorigen Sitzung war von der Bedeutung der Kirche die Rede. Dürfen wir dazu Näheres hören?

Nadjamael: Die Kirche könnt ihr euch vorstellen wie eine Lichtbahn, die von der Trinität zur Erde führt. Sie durchläuft die verschiedenen Hierarchien, als wären diese wie durchsichtige Plastikfolien übereinander geschichtet. Die Kirche ist also viel mehr, als was man auf Erden darunter versteht: eine historische Institution, die sich mit irdischen Mitteln abgesichert und sogar Kriege geführt hat. Diese Kirche hat alle Fehler begangen, die Menschen auf Erden begehen. Dies ist jedoch nur die unterste, die »exoterische« Stufe der Kirche. Die Kirche als Ganzes ist jedoch »Exoterik und Esoterik« zugleich.[2] Wer das Erdgeschoss für das ganze Gebäude hielte, und nur weil es – wie alles auf Erden – staubig werden kann, das ganze Gebäude für verstaubt halten und aufgeben würde, täte der Kirche Unrecht. Die Kirche war nie ohne Lebendigkeit, ohne Innenwelt, ohne inneres Leben und Licht. Während die »exoterische« Kirche Macht ausgeübt und Macht grob missbraucht hat, gab es immer zugleich auch die Anbetung, die Frömmigkeit, die Anbindung an den Herrn. Der Herr war immer in ihr gegenwärtig, er ist es und er wird es immer sein. Wenn ihr das Credo sprecht, in dem es heißt: »Ich glaube an die heilige katholische Kirche«, so denkt nicht nur an die irdische Institution, die sich keineswegs immer so heilig gezeigt hat, sondern an die durch alle Hierarchien in die Vertikale ausgebreitete Kirche, die die »Mutter Kirche« ist und an der die irdische Institution allerdings teilhat. Das Wesen der Kirche findet eine der treffendsten Darstellungen bei Valentin Tomberg. Dessen Werke sind gegenwärtig das Authentischste und Beste: die reine Wahrheit und nichts als die Wahrheit.³

Sind evangelischer und katholischer Gottesdienst gleichwertig?

Der Schlüssel zur Beantwortung dieser Frage liegt in der Hinwendung zum Himmel, im Zulassen des Mystischen im Sinne der Öffnung für die Trinität und in der gläubigen Hingabe an sie. Wenn ein evangelischer Pfarrer mit seiner Gemeinde das Abendmahl feiert, dann ist der Himmel nicht weniger gegenwärtig als in einer katholischen Kirche. Denkt zum Beispiel an Johann Sebastian Bach. Er lebte ganz in der Kirche. Aber es gibt viele Protestanten, die der Kirche ferne stehen, ebenso freilich auch viele Katholiken. Es ist immer individuell zu beurteilen.

Die Auffassungsunterschiede zwischen den Kirchen werden vom Himmel zwar verstanden, aber differenzierter gesehen. Zum Beispiel gilt ihm die Amtseinsetzung auch eines evangelischen Pfarrers als »Weihe«, die ihn zur Reinheit und Wahrhaftigkeit in der Amtsausübung verpflichtet. Und der evangelische Gottesdienst gilt ihm – zumindest im Urgrund – als eine heilige Messe. Das Entsprechende gilt selbstverständlich für die orthodoxe Kirche und ebenso auch für Anglikaner, Baptisten und einige andere Gemeinschaften. Die Bedeutung der katholischen Kirche ist aber damit nicht infrage gestellt.

Was versteht man unter dem »Sonnenengel«, und wie unterscheidet er sich vom Schutzengel und vom »Führungsengel«?

Nadjamael: »Sonnenengel« ist ein anderes, besseres Wort für »höheres Ich« oder »Selbst«. Diese Wörter sind unglückliche Konstruktionen, wie man sie bildet, wenn man die Phänomene zu beschreiben sucht, ohne die Engel zu kennen. »Höheres Ich« ist ein »Ersatzterminus« – ein hübsches Wort, nicht wahr? – für Sonnenengel. Der Sonnenengel ist zu unterscheiden vom Schutzengel und vom Führungsengel. Diese sind die Begleiter des Menschen während seines Erdenlebens. Der Sonnenengel ist der Begleiter der Seele von Ewigkeit zu Ewigkeit.

Der *Schutzengel* steht in der Regel etwas nach rechts versetzt hinter euch und wacht. Ihr könnt ihn um etwas bitten, aber man betet nicht »zu ihm«, sondern »mit ihm«, das heißt, man spricht seine Gebete mit ihm gemeinsam, sodass sie gewissermaßen zweistimmig ertönen. Seinen Schutz braucht ihr nicht zu erbitten – ihn gewährt er euch sowieso. Aber er freut sich, wenn ihr mit ihm sprecht, vor allem, um ihm zu danken.

Zwischen dem *Führungsengel* und euch gibt es so etwas wie ein magnetisches Band, das ihr manchmal spürt, zum Beispiel, wenn ihr euch zu Dingen oder Menschen hingezogen, von Geschehnissen angezogen fühlt. Er arrangiert die so genannten »Zufälle«, die in Wirklichkeit Fügungen sind, das heißt, er vermittelt Begegnungen, bereitet euch den Weg.[4] Je besser ihr ihm folgt und euch führen lasst, desto stärker wird dieses magnetische Band. Je stärker das magnetische Band ist, desto weniger bedürft ihr der eigenen Kraft; euer Weg macht sich dann wie von allein. Wer statt des Eigenwillens die Folgsamkeit wagt, wird bald spüren, wie angenehm und aufregend das Leben dann wird. – An ihn könnt ihr euch wenden, um ihn um etwas zu bitten oder um ihm für seine Führung zu danken.

Der Sonnenengel ist zwar von der Seele zu unterscheiden, gleichwohl kann man doch auch sagen, dass er mit ihr in gewisser Weise eine Einheit bildet.[5] Er gehört zur zweiten Triade, er ist angesiedelt auf der Ebene der Exusiai (vgl. die Übersicht auf S. 42). »Sonnenengel« ist insofern eine treffende Bezeichnung, als der Sonnenengel von oben wacht und leuchtet wie die Sonne. Er blickt von oben auf die Seele, steht mit ihr in Verbindung, wartet die Lebenszeit ab und übernimmt sie beim Sterben. Man kann ihn kontaktieren, er ist gesprächsbereit, aber er greift von sich aus in aller Regel nicht direkt ein. Er zeichnet alles auf, was in eurem Leben geschieht, und besitzt einen vollständigen Überblick über alle Zusammenhänge.

Man betet nicht »zu ihm« und nicht »mit ihm«, sondern »unter ihm«, unter seinem Licht und in seinem Strahl, in seinem Schutz, in seiner Begleitung, unter seiner Wacht. Er leuchtet und wärmt wie die Sonne. Man flüchtet unter seinen Sonnenengel, wenn man meint, im Dunkeln zu sein. Wenn ihr betet, stellt euch vor, ihr erhebt euch ein wenig über euren Körper und seht euch knien. Über euch seht ihr das Bild der leuchtenden Sonne; ihr betet wie ein Mensch, der unter der Sonne wandelt.

Der Sonnenengel begleitet euch nach dem Sterben; er nimmt die Seele wie ein großer Sonnenvogel auf den Rücken. Der bewusste Kontakt zum Sonnenengel löst im Menschen Erinnerungen aus; er öffnet die Tür zum Wissen und zu den Erfahrungen des Himmels, die ihr gesammelt habt.

Gibt es die »Sphärenklänge«?

O ja. Der Sphärenklang ist der Klang der gesamten Schöpfung. Es gibt den Klang, der den Dingen und Lebewesen zugrunde liegt, den Klang der Materie in ihren verschiedenen Formen, den Klang von Gefühlen und Gedanken. Alles, was ist, hat seinen eigenen Klang, auch alle Wesen des Himmels, auch jeder Mensch, alle Völker, auch die Welt als Ganzes. Alle Klänge ordnen sich zu einem wunderbaren Ganzen – eben zu den Sphärenklängen.[6] Für eure Ohren freilich wären sie ein ungeheures, donnerndes Brausen. Der Klavierklang ist ein mikroskopisch winziges Abbild davon.

Sollen wir ein Klavier anschaffen?

Ein Klavier ist gut und schön, aber ein Betstuhl wäre uns lieber. (Nadjamael entlässt uns mit einem Segen. Das leise, feierliche Singen der Engel klingt noch lange in uns nach.)

Mittwoch, 1. März 1995
(Aschermittwoch)

Drei Reisen

(Erstes Treffen im »Viererkreis«, das heißt mit Gerhard und Isabel Bär [vgl. Nachwort]. Bärs bringen als Geschenküberraschung einen Betstuhl mit.) Unsere Führungsengel: Seid gegrüßt! Heute laden wir euch zu einer Reise ein. Es kommen für jeden von euch zusätzlich zwei Engel, die rechts und links von euch stehen, die Arme unterstützen und euch auf eurer Reise begleiten werden. – Es herrscht im Himmel solche Freude über die Bildung dieses Kreises! Es wird etwas Gutes und Schönes aus ihm hervorgehen, wenn ihr wollt. Diese Reise sei der Anfang, eine Art Empfängnis. Wollt ihr?

Ja, mit Freude.

Wir machen euch Zielvorschläge, zum Beispiel: in die Erde, durch die Zeit, zu bestimmten Hierarchien (als Beobachter), zum Hohen Rat und seiner Umgebung. Ihr könnt ein Reiseziel wählen, zuerst Isabel, dann Gerhard, dann Martin.

I. Isabel: *Zum Erdmittelpunkt.*

Das ist sehr klug gewählt. Denn je tiefer ihr nach unten verwurzelt seid, desto höher werdet ihr nach oben gelangen. Lasst uns zunächst eine Vorstellung von diesem Reiseziel erarbeiten. Ihr dürft Fragen stellen.

Besteht der Erdmittelpunkt aus Gold?

Ja und nein. Er besteht nicht aus Metall, überhaupt nicht aus Materie, sondern aus einem Hohlraum. Die Erde ist tatsächlich ein »Erdball«, ein im Zentrum leerer Ball. Aber sein geistiger Wesenskern ist reines Goldlicht, ist ein Herz wie aus purem Gold, und seine Schwingung ist sehr intensiv. Sie würde von Menschen als Hitze empfunden werden. Bestünde der Erdmittelpunkt aus Metall, wäre es für die euch begleitenden Engel schwierig hineinzuschlüpfen. Metallene Gegenstände, auch zum Beispiel Maschinen, sind für uns schwer zugänglich. Doch die Erde ist organisch, auch ihr Mittelpunkt ist organisch, lebendig und hell.

Also ist die Annahme abwegig, im Erdmittelpunkt befände sich das, was man die »Hölle« nennt?

Ja, das ist eine aberwitzige Konstruktion. Was wäre das für eine Erde? Wie wollte man da die Erde lieben? Sie ist doch eine Schöpfung Gottes! Möchtet ihr auf einem Planeten wandeln, wissend, dass unter euch das Höllenfeuer brodelt?

Zu klären wäre hier vielleicht, was die Hölle eigentlich ist. Nun, allgemein gilt sie als Ort der ewigen Verdammnis. Daran ist dreierlei verkehrt: Erstens herrscht dort nicht die Ewigkeit, denn Ewigkeit ist ein Attribut des Vaters, und in ihm ist kein Platz für Verdammnis. Der Ort mag lange existieren – sehr lange, aber nicht ewig. Zweitens ist es kein Ort der Verdammnis; denn niemand wird verdammt, es sei denn, er verdammt sich selbst. Und drittens ist die Bezeichnung »Ort« irreführend. Es handelt sich nicht um einen geografischen Ort, sondern um einen Zustand, der durch Lichtlosigkeit gekennzeichnet ist. Die Hölle ist kein lichter Ort (auch nicht durch Feuerschein erleuchtet), sondern im Gegenteil: der Bereich größtmöglicher Ferne vom Licht. Es herrscht Finsternis, Ungeborgenheit, Unlebendigkeit, Hoffnungslosigkeit, Verlorenheit. Aber dieser Bereich kann überall sein – oder nirgends. Bei dem Gedanken, sich dort aufhalten zu müssen, kann es einem Menschen allerdings heiß werden. Die »Hölle« selbst ist aber ein Zustand der Kälte, der Erstarrung. Wie sollte das Zentrum der Erde, eines Geschöpfes Gottes, aus Gottesferne bestehen?

Als Christus ins Reich des Todes hinabstieg, ging er also nicht ins Erdinnere?

Nein, sondern in den Mittelpunkt der Unlebendigkeit, eben in die so genannte Hölle. Nirgendwo steht geschrieben, dass Christus »in die Erde« hinabgestiegen sei – das ist eine sehr menschliche Schlussfolgerung aus dem Wort »hinabgestiegen«. – In das Reich des Todes hinabsteigen ist übrigens sehr viel schwieriger als in das Zentrum der Erde und käme für euch nicht in Betracht. Und es ist ohne ausdrücklichen Auftrag auch gar nicht gestattet.

Es gibt allerdings im Inneren der Erde eine Zwischenschicht, in der Wesen leben, die sich gern in Dunkelheit oder im Zwielicht aufhalten. Sie sind nicht eigentlich böse, sondern haben das Gefühl der Verlassenheit und die damit verbundenen Folgegefühle. Diese Schicht ist schattig, unklar, verworren. Ins Innere der Erde zu wandern heißt auch, diese Schicht zu durchschreiten, die Dichte, das Dunkel, die Verwundung zu sehen, unter denen die Wesen dort leiden. Das tiefste Innere aber ist reines Licht, reines Goldlicht, das wieder eine Verbindung zum Himmel hat. Denn es ist das Licht des Vaters, das Licht des Schöpfers.

Eine solche Reise vollzieht sich zugleich äußerlich und innerlich. Sie führt auch zum eigenen Mittelpunkt, in die tiefsten Tiefen der eigenen Person. Sie führt durch diesen Zwischenbereich der Verlassenheit hindurch.

Je tiefer ihr im Innern verwurzelt seid, desto höher werdet ihr hinaufragen können, so wie ein hoher Baum tiefe Wurzeln braucht. Den Weg in die Tiefe gehen heißt: eine Brücke zum Himmel bauen. Schließt jetzt die Augen. Habt keine Furcht, ihr werdet sicher geleitet ...

II. (Isabels Führungsengel übergibt an Gerhards Führungsengel. Gerhard soll jetzt ein zweites Reiseziel nennen.) Gerhard: *Zur Welt der Urbilder.*

Das ist schön! Die Welt der Urbilder ist sehr real, es gibt sie wirklich. Denke an einen beschädigten Baum. Da gibt es eine Welt über der Welt, wo sein Urbild in unbeschädigter Vollkommenheit vorhanden ist. Die Urbilder sind die Welt der Vollkommenheit. Alle Wesen blicken zu den Urbildern ihrer Art hinauf und sehnen sich nach Ähnlichkeit mit ihr. Die Schönheit und Harmonie in der Natur kommt daher, dass die Natur nach oben, auf die Welt der Urbilder hin ausgerichtet ist. Sie ist schön, nicht aus Zwang oder einfach nur so oder gar zufällig, sondern weil sie sich wünscht, schön zu sein, weil sie sich in der Schönheit wohl fühlt. Das mag schwärmerisch klingen, aber es ist so.

Die großen Künstler spüren diese Verbindung zwischen der Welt und der Welt der Urbilder. Sie verfügen mehr oder weniger bewusst über die »vertikale« Verbindung zu ihr. Je bewusster diese ist, desto mehr ist der Künstler ein Künstler im Sinne der Engel. Dazu kommt im günstigen Falle noch eine starke, mit Liebe erfüllte, horizontale Verbindung zur Natur. Und da diese ihrerseits mit der Welt der Urbilder in Verbindung steht, entsteht ein Dreiecksverhältnis zwischen Urbildern, Mensch und Natur:

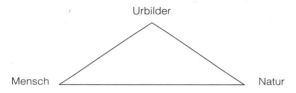

Der Mensch ist der Bewusstseinsfähige, der dieses Dreieck zu erkennen und sich mit Bewusstsein und Liebe den beiden anderen Elementen des Dreiecks zuwenden kann: sowohl zum Beispiel dem Baum als auch dem Urbild des Baumes. Indem er das tut und seine Verbindung zu beiden verstärkt, verstärkt er zugleich die Achse, die den Baum mit dem Urbild verbindet.

Wenn du ein Tier liebst und dir bewusst bist, dass du das Urbild dieses Tieres im paradiesischen Zustand liebst, trägst du dazu bei, dass sich das Tier seinem Urbild annähert. So wird das Tier »schön geliebt« oder »schön geschaut«. Schon durch das liebevolle Anschauen der Natur wirkt der Mensch wie ein Künstler, auch wenn er kein Künstler ist.

Dem echten Künstler werden immer treffendere, stimmigere Bilder gelingen, er wird Wesen und Wirken von Natur und Urbild immer besser erfassen. Die Natur ihrerseits kommt ihrem Urbild näher, und das Urbild kann sich der Erde einfügen. Die Natur wird heil und ganz, urbildhaft. Insofern leistet der Künstler tatsächlich eine Erlösungsarbeit.

Wissen die Künstler, welche verantwortungsvolle Aufgabe sie übernommen haben? Künstler sein in diesem Sinne ist also auch eine Form von Naturschutz.

Hingegen wirkt ein Kunstverständnis, das die Natur von ihren Urbildern trennt, zerstörerisch. Es führt dazu, dass sich die Natur anderem als ihren Urbildern annähert.

Im Prinzip ist jeder Mensch, nicht nur der Künstler, mit der Welt der Urbilder wie durch einen Seidenfaden verbunden. Diese Verbindung zum Idealen hält euch aufrecht. Ohne sie würdet ihr sofort zusammenbrechen. Sie ist jedoch meist nicht bewusst, sie besteht wie im Schlaf.

Ist die Evolutionslehre mit dem Wissen um die Welt der Urbilder vereinbar?

Sie ist sogar notwendig für ihre Bewusstwerdung. Die Verbindung nach oben gewinnt ihren vollen Sinn erst durch das Wissen um die Horizontale. Die Evolutionslehre entspricht der »horizontalen« Verbindung des Menschen zur irdischen Welt. Auf dieser Ebene hat sie – zumindest im Ansatz – Recht. Sie beschreibt etwas, was zur Gesamtheit der Welt als einer ihrer Aspekte hinzugehört, als der Aspekt, der sich auf Raum und Zeit bezieht. Die Evolutionslehre ergänzt die Vertikale um die Horizontale. Das heißt, sie nimmt eine »Ursuppe« wahr, in der die Urbilder mit ihren schönen Formen nicht sichtbar sind. Mit dem Mikroskop sieht man keine Urbilder, sondern einzellige Lebewesen. Die die Urbilder wahrnehmen, klettern in die Höhe, die anderen wandern in der Horizontalen zurück zu den Ursprüngen und verschiedenen Stufen der Evolution. Beide tun es mit demselben Recht. Wenn du horizontal wanderst und aus dem Wunsch, zu wissen, die Evolution wissenschaftlich zu durchschauen suchst, so ist das – wie überhaupt die naturwissenschaftliche Betrachtungsweise der Welt – durchaus legitim.

Auch praktisches Arbeiten mit der Natur ist zulässig, vor allem, wenn es um Pflege, Gestaltung und Erhaltung der Schöpfung und nicht um machtvolle Eingriffe in die

Schöpfung geht. Doch das Bestreben, Macht über die Natur zu erzwingen, kann gefährlich sein. Macht über die Natur auszuüben ist allerdings ungefährlich, wenn es darum geht, Sicherheit zu erlangen, zum Beispiel durch den Bau von Dämmen oder Blitzableitern. Machtstreben ist freilich auch illegitim, wenn man nach oben steigt: Es führt dann in schwarze Magie. Man steigt nach oben berechtigterweise nur, um zu lernen, zu staunen, entzückt zu sein.

Die wissenschaftliche Betrachtungsweise in der Horizontalen verhilft nicht nur zu äußeren Sicherheiten, sondern gibt ein weit darüber hinausgehendes Gefühl der Sicherheit. Sie scheint die Welt verständlich und damit handhabbar zu machen. Aber diese Sicherheit – so zeigt ja auch eure Erfahrung – hat Grenzen. Es ist sehr erstrebenswert, die Grenzen der so erreichbaren Sicherheit zu ermessen, weil man auf diesem Weg zur Suche nach der vertikalen Form der Sicherheit – nach der Verbindung mit der Welt der Urbilder – kommt.

Übrigens sind sich viele große Wissenschaftler dieser Grenzen bewusst geworden.

Liegen dem Recht Urbilder zugrunde?

Es gibt nicht für jedes Gesetz ein Urbild, aber es gibt ein Urbild des Rechts, und es gibt eine Tendenz in der Gesetzgebung und Rechtsprechung, das irdische Recht dem Urbild anzunähern. Du, Martin, sprichst ja in diesem Zusammenhang von dem Streben nach »Annäherung an die Gerechtigkeit«; das ist ein guter Ausdruck.

Das Urbild des Rechts ist weniger und mehr als die Summe der Rechtsnormen. Weniger, weil es sich auf drei Begriffe beschränkt, mehr, weil diese drei Begriffe den Urgrund, das Urbild aller Rechtsnormen darstellen. Diese drei Begriffe sind: Liebe, Strenge und Gnade. Ihr könnt euch ihre Anordnung wie ein Dreieck vorstellen, dessen Spitze die Liebe bildet: Sie ist das höchste aller Gesetze. Zum Recht gehören zweitens die Strenge, die Kausalität, die normative Klarheit und drittens die Gnade, die Aufhebung des Normativen unter Berücksichtigung des Einzelfalles:

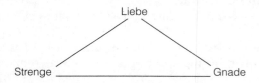

Sowohl Strenge als auch Gnade sind legitim, soweit sie in der Liebe begründet sind.

Ein guter Jurist braucht neben seiner fachlichen Ausbildung eigentlich auch spirituelle Kenntnisse. Vor allem sollte er wissen: Es gibt ganze Heerscharen von Engeln, unter anderen die Michaelsengel, die für die Gesetzlichkeit zuständig sind; diese Engelwesen sollte er kennen und sich mit ihnen beraten, mit ihnen zusammenarbeiten. Der oberste Richter ist der Sohn. Ein verantwortungsvoller Jurist sollte sich ganz besonders dem Sohn zuwenden, mit ihm verbinden und versuchen, in seinem Sinne zu denken und zu handeln.

Die Zusammenfassung dessen, was mit Strenge und Kausalität gemeint ist, sind die Zehn Gebote; die Zusammenfassung dessen, was mit Gnade gemeint ist, ist die Bergpredigt. Die Zehn Gebote kann man nur verstehen, indem man sie übers Herz erlebt. Man verspürt sie bis in jede Zelle des Körpers hinein. Lasst euch von ihrer Strenge und Klarheit treffen und erschüttern. Mit Kindern ab dem zehnten Lebensjahr könnte man die Zehn Gebote auch szenisch darstellen. Das wäre eine sehr wirksame Form der spielerischen Erziehung zum Recht. Entsprechendes gilt für die Bergpredigt: Lasst euch durch ihre Sanftheit und Klarheit erschüttern.

Wo sind die Urbilder?

Sie bilden eine Sphäre für sich, eine Insel im Kosmos, die mit den äußeren Augen nicht zu sehen, die aber sehr real vorhanden und mit den inneren Augen gut wahrnehmbar ist. Man kennt sie in der Tradition unter dem Namen »Paradies«. Das Paradies ist die Welt der Urbilder.[7]

Das Paradies, die Welt der Urbilder, ist nicht nur ein Urzustand, aus dem ihr vertrieben worden seid, sondern ein Zustand der ungebrochenen Präsenz Gottes, eine unverletzliche Sphäre, aus der die Welt neu geschaffen werden könnte. Die Verbindung zu ihr kann gestört sein, ist es auch teilweise, aber sie selbst ist nicht krank oder tot. Sie ist ewig und unzerstörbar. Dies, damit ihr wisst, dass es niemals einen Grund gibt, die Hoffnung aufzugeben.

Nun schließt die Augen und lasst uns reisen …

III. (Anschließend übergibt Gerhards Führungsengel an den von Martin. Martin wird aufgefordert, ein Ziel zu nennen:) *Zum Hohen Rat.*

Anm. Der »Hohe Rat« oder »Rat der Weisen«, zu dessen Besuch Alexa und Martin schon vor Beginn dieses Kurses einmal zugelassen waren, besteht aus zwölf Mitgliedern, die aus himmlischen Höhen herab die geistige Entwicklung der Menschheit weisheitsvoll lenken. Jeweils einer von ihnen inkorporiert sich in Menschengestalt, und zwar in jedem Jahrhundert einmal, und das rund 5000 Jahre lang. Danach kehrt er nicht mehr zur Erde zurück, sondern ist fortan vom Himmel aus an der Lenkung der menschlichen Angelegenheiten beteiligt, und ein anderer kommt an die Reihe.[8] Diese zwölf sind keine Engel, sondern besonders weit fortgeschrittene Menschen. Sie sind aber nicht zu verwechseln mit den Heiligen oder mit dem Rat der Ehrwürdigen.

Die Engel sprechen von dem jetzt gewissermaßen »Dienst habenden« Weisen als vom »Hohelehrer« und haben uns erläutert: So wie Melchisedek[9] der Hohepriester, das heißt der Priester der Priester ist, so ist der Hohelehrer der »Lehrer der Lehrer«. Er selbst verwendet den Ausdruck nicht: Er versteht sich als Diener. Doch wir schließen uns den Engeln an und nennen ihn im Folgenden »der Hohelehrer«.

Der Hohe Rat findet sich in einer himmlischen Kathedrale im gotischen Stil, umgeben von einer welligen, lieblichen Landschaft. Auf den Wiesen ringsumher lagern wunderschöne Marienengel. Im Inneren der Kathedrale dominieren die Farben Dunkelrot bis Violett, man könnte sie auch als Bordeaux, Magenta oder Fuchsia beschreiben. Die zwölf Weisen sitzen in einem Halbkreis, in dessen Mitte die heilige himmlische Sophia thront, eine Repräsentantin der göttlichen Mutter in ihrem Weisheitsaspekt.

Den Zutritt eröffnet ein Torwächter namens Amael. Er ist zwar ein Engel, doch sind seine Flügel nicht sichtbar. Er wirkt eher wie ein Mönch in einer Kutte, mit einer gedrungenen Gestalt, sehr freundlich und sehr humorvoll. Bei einem früheren Besuch stellte er sich Alexa und Martin mit den Worten vor: »Ich bin so eine Art Touristenführer hier oben. Nur kommen so selten Touristen vorbei.« Als er damals die Tür öffnete, glaubte Alexa zuerst, wir seien fehlgeleitet. »Was wollt ihr? Ihr habt ja keine Flügel!« Die Weisen warteten schweigend (und wohl ein wenig schmunzelnd), bis Alexa, beeindruckt von der Ehrfurcht gebietenden Ausstrahlung, erkannte, zu welch erhabenem Ort wir zugelassen waren. Der Hohelehrer hob eine Hand und begrüßte uns mit freundlichem Winken. – Jetzt also erbittet Martin erneuten Zutritt.

(Martins Führungsengel übergibt an Amael.)

Amael: Ihr werdet es kaum glauben: Ihr seid schon da. Auf Erden kommt erst die Erfahrung der Dinge, daran knüpfen sich die Fragen an. Hier ist es umgekehrt: Erst kommen die Fragen, und nur wer Fragen hat, dem erschließen sich die himmlischen Dinge. Ihr werdet zugelassen, aber erst bedarf es einer innerlichen Sammlung. Heute dürft ihr hier ausnahmsweise einmal persönliche Fragen stellen. Nutzt diese Gelegenheit. (Wir tun das mit großer Freude und Dankbarkeit.)

Amael (nachdem er uns wieder hinausgeleitet hat): Gut, dass endlich mal was los ist. Das war lustig. Wäre ich Touristenführer auf Erden, würde ich sagen: Ihr wart ein gutes Team.

Freitag, 3. März 1995

Über das Beten

(Die heilige Theresia von Ávila erscheint: Sie wirkt sehr gesammelt, hoheitsvoll, ehrfurchtgebietend. Sie ist begleitet von zwei Engeln.)

Ihr wolltet unterwiesen werden, wie man betet. Wenn ihr nicht in freien Worten beten wollt, dann am besten: Vater unser, Ave Maria und Credo. Wollt ihr Fragen universeller Art stellen und allgemeine Probleme erörtern, dann wendet euch an den Heiligen Geist; er wird die ihm besonders zugeordneten Engel veranlassen, euch zur Verfügung zu stehen. Will man persönliche Probleme besprechen, wendet man sich an den Sohn. Sprecht ihn in der Regel nicht als »Christus« an, sondern als »Jesus Christus« oder als »Sohn« oder »Herr«. An Gott oder den »Vater« unmittelbar wendet man sich in freien Worten nur sehr selten, nur dann, wenn es um letzte Fragen und Antworten geht. An die »Mutter« oder an »Maria« könnt ihr euch immer wenden, wenn Fragen der Seele, der Gefühle euch bewegen, vor allem bei Kummer, Leid und Krankheit oder wenn ihr für andere bitten wollt.

Ein freies Gebet besteht in der Regel aus drei Teilen: 1. grüßen, lobpreisen, aber auch fragen, ob es den Angesprochenen gut geht, 2. mitteilen, was ihr auf dem Herzen habt, wie es euch geht, was euch bedrückt, und Fragen oder Bitten aussprechen, 3. danken für alles, was war und was kommt. Also: Lobpreis, Bitte, Dank. Dabei solltet ihr immer Raum für Antworten lassen. Also aktiv grüßen, berichten, fragen und bitten, dann jeweils passiv warten, innere Pausen machen. Wer unablässig spricht, kann die Antworten nicht vernehmen. Richtet euch an den Angesprochenen und nehmt euch dann zurück. Auch wenn ihr ganz konkret sprecht – zum Beispiel: »Weißt du, es ist ein schöner Tag heute« –, wartet stets die Reaktion ab.

Spricht man auch im freien Gebet unmittelbar mit den höchsten Instanzen – mit einer der Personen der Trinität – oder nur mit Engeln?

Das »nur« ist unangebracht. Der Engel ist der Bevollmächtigte Gottes, des Sohnes, der Mutter oder des Heiligen Geistes. Er ist ebenso ehrwürdig wie der, durch den er gesandt wurde. Eine direkte Antwort Gottes wäre viel zu intensiv – bis an die Grenzen des Erträglichen, sie könnte sogar tödlich sein. Doch Engel sind in der Lage, sich dem Menschen auf eine verträgliche Art und Weise zu nähern. Der Engel ist Bote, das heißt Repräsentant des Vertretenen.

Ihr könnt euch dennoch ruhig an die Trinität wenden – es sind dann Engel, die eure Botschaft dorthin weiterleiten und die Antworten überbringen. Ihr könnt euch auch unmittelbar an Engel wenden. Sie sind euch näher und sind vollkommen auf euch eingestellt. Im Regelfall wendet man sich an beide: Zunächst ehrt die höchsten Instanzen, dankt ihnen, dann bittet die Engel um Hilfe. Ihr könnt auch an einem Tag das eine, am anderen das andere tun. Betet mehrmals täglich.

Bei den höheren Instanzen ist die richtige Gebetshaltung folgende: knien, Hände falten, Augen schließen. Mit Engeln könnt ihr auch im Sitzen oder Liegen oder während anderer Tätigkeiten sprechen, beispielsweise bei der

Hausarbeit. Das macht ihnen nichts aus. Schlimmer ist es für sie, wenn ihr nicht mit ihnen sprecht, sie gar nicht ernst nehmt oder nicht einmal wahrnehmt. Stellt euch einmal vor, ihr wäret ein Schutzengel und ihr würdet 70 oder 80 Jahre einen Menschen schützen und begleiten, ohne jemals angesprochen zu werden!

Wenn ihr betet, so bedarf es einer freudigen Freiheit: Nur auf dieser Grundlage ist das Gebet sinnvoll. Es bedarf aber auch disziplinierter Strenge; ohne sie geht es nicht. So solltet ihr beispielsweise auch im Tagesablauf Ordnung halten. Die Seele stellt sich auf bestimmte Zeiten ein, und das tun auch die Helfer. Auch das Ohr des Vaters liebt Ordnung. Betet zum Beispiel regelmäßig nach Sonnenaufgang oder am frühen Morgen oder bei Sonnenuntergang oder vor Mitternacht. Richtet euch also nach Tageszeiten – beispielsweise zum Sonnenaufgang –, nicht nach Uhrzeiten – beispielsweise sechs Uhr morgens: Das kann vor oder nach Sonnenaufgang liegen und ist eine menschliche Konstruktion, die der kosmischen Ordnung nicht angemessen ist. Die Menschheit kam die längste Zeit ohne Uhren aus. – Habt ihr Fragen?

Im Vaterunser wird manchmal gesagt: »Erlöse uns von dem Bösen«, manchmal »von dem Übel«, wie ist es richtig?

Wir sagen: vom »Bösen«. Das Wort »Übel« ist vieldeutig, es drückt eine menschliche oder gesellschaftliche Bewertung aus. Was man als Übel empfindet, kann auch das Gute sein. Aber das Böse ist eindeutig das Böse.

Was ist vom Meditieren zu halten?[10]

Das ist eine hübsche Übung, die für manche Menschen sehr wichtig ist, aber nicht für euch. Im Gebet ist immer auch eine meditative Komponente enthalten.

Welche Bedeutung hat die Kontemplation?[11]

Dazu hat Tomberg das Nötige gesagt.[12] Stellt keine überflüssigen Fragen. Ihr kontempliert am besten, indem ihr die Heilige Schrift lest und lebt beziehungsweise nacherlebt oder indem ihr Tomberg lest und lebt. So wird schließlich das Leben selbst zu immer währender Kontemplation und zu immer währendem Gebet. Ihr solltet nicht immer fragen: Was ist noch wichtig zu wissen? Wichtig ist euer Tun. Es ist schön, dass ihr wissen wollt, wie man richtig betet. Aber uns ist jeder Mensch, der auch nur ansatzweise betet, lieber als einer, der Bücher mit Betregeln füllt, ohne selbst zu beten.

Sonntag, 5. März 1995
(Auszug)

Der vierte Rosenkranz

(Samuel, ein roter Engel mit Laute, spielt einfache Weisen.) Alexas Führungsengel: Samuel symbolisiert mit der Laute, die zu ihm gehört, die Liebe des Herrn. Er ist der Engel der Stille. Er schenkt jene Stille, die nötig ist, um Wort und Weisung des Herrn entgegenzunehmen, um sich ganz auf ihn hin ausrichten zu können.

Samuel: Der Herr hat stets geholfen, wo Hilfe nötig war. Wollt ihr es ihm gleichtun? So gewöhnt euch an, etwas für alle diejenigen zu tun, von denen ihr wisst, dass sie in Not sind, dass sie leiden. Wisst ihr vom vierten Rosenkranz? Ihr könnt ihn als Fürbitte beten:

> »*Gegrüßet seist du, Maria, voll der Gnaden,*
> *der Herr ist mit dir.*
> *Du bist gebenedeit unter den Frauen,*
> *und gebenedeit ist die Frucht deines Leibes, Jesus,*
> *der XY einen Engel senden möge.*
> *Heilige Maria, Mutter unseres Herrn,*
> *bitte für XY jetzt und in der Stunde seines (ihres)*
>   *Sterbens.*«

Man sagt besser: »seines Sterbens« als »seines Todes«, weil das Sterben ja nicht den Tod bedeutet.

Ihr könnt 10 bis 15 Personen nennen, Menschen, die euch nahe stehen, zum Beispiel Kinder, Kranke, Sterbende. Betet das Gebet, wenn möglich, mehrmals. Die ersten Male nennt ihr Menschen namentlich, im weiteren dann ganze Familien, Menschengruppen oder Völker in Not. Ihr könnt auch für Tiere oder Pflanzen oder überhaupt für die Natur bitten. Dann betet am Ende statt »jetzt und in der Stunde seines Sterbens« »jetzt und immerdar« oder »jetzt und bis an das Ende ihrer Zeit«.

Zwischenbemerkung

Im Folgenden beginnt ein Kursus über die so genannten »Hierarchien« *der Engel. Um das Verständnis zu erleichtern, sei ein schematischer Überblick vorangeschickt. Die Engel gliedern sich in drei* »Triaden« *von je drei Stufen. An der Spitze steht die Trinität.*

Das Schema wurde in dieser Gestalt zuerst von Dionysios Areopagita dargelegt[13] *und in der Tradition – mit diesen oder entsprechenden Namen – wiederholt aufgegriffen, zum Beispiel von Bonaventura und Thomas von Aquin, im letzten Jahrhundert unter anderem von Valentin Tomberg.*[14] *Seine Richtigkeit wird von den Engeln bestätigt und liegt dem Aufbau unseres Kurses zugrunde. Auch die Einordnung des Menschen als zehnte Hierarchie (chorus decimus) hat eine alte kirchliche Tradition. Sie findet sich zum Beispiel bei Hrabanus Maurus, Hildegard von Bingen und Bonaventura.*[15] *Wir fügen die deutschsprachigen Begriffe bei, mit denen die Hierarchien seit Martin Luther bezeichnet werden:*

Trinität

1. Triade	1. Hierarchie	Seraphim
	2. Hierarchie	Cherubim
	3. Hierarchie	Throne
2. Triade	4. Hierarchie	Kyriotetes (Herrschaften)
	5. Hierarchie	Dynameis (Mächte, Fürstentümer)
	6. Hierarchie	Exusiai, Elohim, Sonnenengel (Gewalten, Mächte)
3. Triade	7. Hierarchie	Archai (Urbeginne, Kräfte)
	8. Hierarchie	Archangeloi (Erzengel)
	9. Hierarchie	Angeloi (Engel)
	10. Hierarchie	der Mensch

Sonntag, 12. März 1995

Über Engel

(Ein wunderschöner, großer, sehr eindrucksvoller Lehrengel aus dem Strahl des Andreas erscheint. Er trägt auf einem weißen Untergrund rote Schärpen um die Taille und in Kreuzform über die Schultern gelegt, darüber ein Gewand in einem warmen Korallenrot mit Grün versetzt. Seine Flügel sind goldfarben. Er hat eine eher männliche als weibliche Ausstrahlung. Er vermittelt den Eindruck, er knie mit einem Bein und halte das andere aufgestützt. Der Oberkörper ist leicht nach vorn geneigt; die Flügel hält er beschützend wie einen Baldachin oder ein Dach nach vorn über uns.)

Wenn ihr bereit seid, beginnen wir heute unsere Begegnungen mit den Hierarchien. Ihr werdet mehrfach durch die Hierarchien geführt werden. Dann möget ihr bitte eure Fragen strukturieren:

1. Das Wesen der jeweiligen Hierarchie.
2. Ihre Wirkungsweise.
3. Ihre Wünsche an euch.
4. Ihre Wirkung, wenn Menschen in idealer Weise mit ihnen zusammenarbeiten.

Zunächst solltet ihr euch vergegenwärtigen, dass der Mensch seine Stellung in der Ordnung der Hierarchien hat, er bildet nämlich die zehnte Hierarchie. Im Prinzip kann man auch dem Menschen »Flügel« anpassen. Sein Abstand zu den Engeln ist also verhältnismäßig gering. Deshalb hat der Mensch die Möglichkeit, in bewussten Kontakt zu ihnen zu treten, und die Engel haben die Möglichkeit, sich seinen organischen Schwingungen anzupassen, sich ganz auf sein Wesen, seine Stimmung und seine Situation einzustellen und ihn demgemäß zu stützen, zu schützen und zu führen.

Allerdings wird diese Kommunikation zwischen Engeln und Menschen auf vielfältige Weise gestört. Zu den wichtigsten Störfaktoren gehören:

1. Maschinen und elektrische Geräte.
2. Alles Künstliche von der Kunstfaser bis zum Modeschmuck. Es stört das menschliche Energiefeld und verzerrt oder verhindert die Wahrnehmung subtiler Bereiche.
3. Der Gebrauch bestimmter Wörter. Eines der unglücklichsten ist »müssen«. Es kommt nicht aus lichten Bereichen. Macht euch klar: Kein Engel und auch kein Mensch »muss« irgendetwas. Er will, er kann, er sollte, er darf, er hat den Wunsch oder das Bedürfnis – vielleicht sogar dringend –, er empfindet etwas als seine Aufgabe, aber er muss nichts. »Müssen« legt einen Mantel aus Druck und Zwang um den Menschen. Verzichtet auf dieses Wort. Aber auch der Missbrauch von Wörtern wie »Irrsinn«, »Wahnsinn« (die derzeit Modeworte sind) etc. löst sehr schädliche Schwingungen aus. Die Engel ziehen sich dann zurück.
4. Begrenzende Gedanken wie: »Das ist alles Humbug«, »Das ist unmöglich«, »Das kann nicht sein«, »Das kann ich nicht«, »Ich bin nicht reif dafür« oder »Ich bin dafür nicht gut genug«. Diese und ähnliche Gedanken mauern die Menschen ein und blockieren tatsächlich ihre Fähigkeit, die Engel wahrzunehmen.

5. Mangel an Begeisterung, also ein Tun ohne inneres Dabeisein oder ein Dabeisein ohne echtes Interesse an der Sache, nur zum Beispiel an Neuheiten oder den »Knalleffekten. Spirituelles Arbeiten ohne wirkliche innere Anteilnahme kann euch keinen Zugang zu den Engeln eröffnen.

Der Mensch kann die Engel zwar durch Denken erreichen, aber auch im Fühlen und Empfinden, und auch durch Musik, Bewegung, Tanz, Gesang. So ist immer ein ganzheitlicher Kontakt möglich. Wartet nicht, bis ihr uns seht. Engel sind für die Menschen leichter hörbar als sichtbar. Sprecht mit uns, arbeitet mit uns, und ihr werdet eines Tages erstaunt feststellen, dass ihr euch längst daran gewöhnt habt, uns wahrzunehmen.

Wir Engel lieben es, wenn der Mensch die rechte Mischung aus *Respekt* und *spielerischer Freude* zeigt. Zu viel Ehrfurcht schafft Distanz. Ein Mangel an Ehrfurcht andererseits ist für die Engel zwar zu ertragen, schadet aber euch selbst. Bedenkt: Engel führen und begleiten euch, und sie erfüllen eure Innenräume. Der Respekt, den ihr ihnen zollt, den zollt ihr letztendlich euch – der zehnten Hierarchie. Und selbstverständlich gefährdet der Mangel an Ehrfurcht die Annäherung an die Trinität.

Wir bitten euch, uns immer und überall wie Partner ins Leben einzubeziehen, im Bewusstsein unserer Teilhabe an all eurem Tun. Wir lieben es, bewusst eingeladen zu werden – wie liebe Freunde. »Bewusst« heißt nicht »pflichtbewusst«, sondern in einem freudvollen, klaren Bewusstsein. Wenn ihr die Namen der Engel, die euch begleiten, kennt, sprecht sie mit ihrem Namen an.

Einer der bekanntesten Engel in unmittelbarer Nähe des Menschen ist der *Schutzengel*. Er trägt denselben Namen wie sein Schutzbefohlener. Der *betende* Engel in der inneren Kirche hat manchmal einen eigenen Namen, manchmal nicht, das ist von Fall zu Fall verschieden. Der *Sonnenengel* hat einen eigenen Namen, einen anderen als den, den der Mensch, der zu ihm gehört, auf Erden trägt: den ewigen Namen des Menschen. Diesen Namen könnt ihr erfragen, wenn ihr dazu bereit zu sein meint und wenn der Sonnenengel diese Meinung teilt. Auch der *Führungsengel* hat einen eigenen Namen. Er wird ihn euch gern nennen, wenn ihr ihn darum bittet.

Ihr dürft Fragen stellen.

Der Herr hat gesagt: »In meines Vaters Haus sind viele Wohnungen.« Wo wohnen die Engel?

Das geografisch verorten zu wollen wäre eine arge Simplifizierung. Zwar bevölkern wir kosmische Räume, aber kosmische Räume sind nicht örtlich festzulegen. Sie unterscheiden sich nach Energie, nach Form und Intensität der Schwingung. Engel verschiedener Hierarchien können sich räumlich an derselben Stelle befinden, ohne sich zu stören. Sie können sich auch dort befinden, wo auf materieller Ebene ein Möbelstück steht. Wenn man das im Bewusstsein behält, so kann man zum Beispiel sagen: Die Friedensengel wohnen im Friedensdom, den ihr ja schon kennen gelernt habt (27.2.1995). Es gibt zwölf solche Dome, in denen Engel wohnen. Sie wohnen aber auch an verschiedenen anderen »Orten« des Himmels.

Was bedeuten die Flügel?

Engel wechseln den Ort in einem Augenblick; dazu haben sie Flügel.[16] Diese stellt euch aber nicht wie feste Körperteile vor. Sie sind keine Fluginstrumente, sondern eher einer Antenne vergleichbar. Sie wandeln ihre Form je nach Auftrag oder damit verbundener Bewegungsrichtung. Sie ändern sich so leicht, wie beim Menschen die Stimmung schwankt. Verschiedene Flügelformen deuten auf verschiedene Aufgaben oder Aufträge der Engel hin. Ist die Aufgabe der Engel, Verbindungen zwischen Menschen oder zwischen Engeln oder zwischen Menschen und Engeln herzustellen, so sind die Flügel breit wie Schwingen eines Vogels und aufgefächert. Sind sie Boten von oben nach unten, bringen sie beispielsweise eine himmlische Botschaft zu einem Menschen, so sind die Flügel oben rund, unten spitz. Erfüllen sie Aufträge nach oben, wie die Übermittlung von Dank und Lobpreis an die Trinität, so sind die Flügel oben spitz, unten rund. Es gibt auch mehr in sich gekehrte Engel, bei ihnen kreuzen sich die Flügelspitzen. Die höheren Hierarchien haben allerdings stabile Flügelformen.

Kann man sich die Engel in etwa so vorstellen wie auf den Bildern der großen Meister?

Alle großen Engelmaler haben die Engel irgendwie treffend gemalt, keiner aber ganz vollkommen. Es wäre auch nicht möglich, »den Engel« zu malen; denn es gibt unendlich viele Formen. Es gibt strenge, feine, zarte, machtvolle, größere oder kleinere, männlich oder weiblich wirkende Engel. Wer Engel malt, ist in aller Regel von Engeln dazu inspiriert. Deshalb sind die Bilder der Engel, wenngleich nie ganz treffend, so doch auch selten ganz verfehlt.

Welche Farbe haben die Engel?

Was die Farben der Engel betrifft, gilt Folgendes: Je niedriger die Hierarchie, desto mehr spaltet sich das Licht auf. Alle Farben außer Schwarz kommen vor. Es gibt mehrfarbige Engel, zum Beispiel schillernd wie Perlmutt in Rosa, Blau, zartem Grün. Andere treten in verschiedene Farben ein, je nach ihrem jeweiligen Auftrag, zum Beispiel ändert sich die Farbe der Engel der Heilung je nach dem Patienten. Um euch näher zu sein, machen sie sich die Mühe, sich ähnlich einem menschlichen Körper und in ein Gewand gekleidet zu zeigen. In Wirklichkeit sind sie natürlich körperlose Lichtwesen.

Die Farbe ist gleichzeitig auch Klang. Alle Engel zusammen haben alle Farben in allen Mischungen und Nuancen und bilden ein riesiges Orchester. Lernt die Farben zu »sehen«, dann entwickelt ihr auch die Wahrnehmungsfähigkeit für den Klang, aber auch für andere Schwingungen, zum Beispiel für den Duft. Es gibt beispielsweise Engel, die einen Rosenduft verbreiten. Andere duften nach Lilien, wieder andere nach einem ganzen Blumengarten, wieder andere duften wie ein junger Frühlingsmorgen, wieder andere wie die Natur nach einem Gewitter. Lernt es, Klang-Farben und Farb-Töne wahrzunehmen.

Was tun die Engel beim Tod eines Menschen?

Beim Tod – oder besser: beim Sterben, denn das Sterben führt nicht in den Tod – führen der Schutzengel und der Führungsengel den Menschen, bis der Sonnenengel ihn übernimmt. Das Sterben ist ein sehr feierlicher Vorgang, wie ein Einzug in die Kirche. In der Mitte »schreitet« die Seele, vom Schutzengel, vom Führungsengel und auch von anderen Engeln begleitet. Hat der Sonnenengel die Seele übernommen, so wird der Führungsengel frei für neue Aufgaben. Der Schutzengel bleibt noch eine Weile zurück und kümmert sich um den Körper. Er trauert, er sitzt beim Leichnam. Die Engel haben viel Sinn für Tradition: Sie lieben ein Zeremoniell, das schlicht, feierlich und schön gestaltet ist, liebevoll mit Kerzen und Blumen.

Und was tun die Engel bei der Geburt eines Kindes?

Der Schutzengel ist erst ab der Geburt anwesend, genau genommen ab dem ersten Atemzug. Bis dahin ist der Sonnenengel wirksam. Das ungeborene Kind ist wie eine Verlängerung seines Sonnenengels. Dieser steht bei der Geburt dabei wie eine Hebamme. Dann folgt ein feierliches Ritual: Der Sonnenengel des Kindes und der der Mutter begrüßen sich, blicken einander in die Augen und reichen sich die Hände. Dann ziehen sich die Sonnenengel wieder in ihren Platz hoch oben zurück, und der Schutzengel des Neugeborenen tritt zu seinem Menschenkind, das er zeitlebens nicht mehr verlassen wird.

Wirken Engel auf die Namensgebung des Neugeborenen ein?

Die Namensgebung geschieht durch den Sonnenengel des Kindes. Die Eltern und der Schutzengel schließen sich an. Es gibt keine unpassenden Rufnamen, es sei denn durch Verständigungsschwierigkeiten. Dann ändert sich der Name meist wie von selbst und ganz »zufällig« im Laufe des Lebens. Der Mensch trägt dann zum Beispiel einen selbst gewählten Rufnamen oder einen Kurznamen. Der Mensch hat nicht die Macht, etwas zu erschaffen, das nicht in Übereinstimmung mit der Seele ist. Es ist also nicht richtig zu meinen, die Eltern wählten den Rufnamen alleine nach ihrem Gutdünken. Vielmehr informiert der Sonnenengel des Kindes die der Eltern über den Namen, der der Seele entspricht, der ihre Struktur in Klang umsetzt und den zu ihr passenden Heiligen als Namenspatron herbeiruft. Es ist also durchaus berechtigt, im Rufnamen eine Andeutung der Struktur der Seele und der Ansätze und Tendenzen zu finden, die für dieses Leben charakteristisch sind. Wenn die Römer sagten: »Nomen est omen«, so ist das nicht so abwegig, wie ihr meinen mögt. Die Namensgebung ist ein feierlicher Akt, in dem die Eltern Vermittler zwischen Himmel und Erde sind und in dem sie sich am väterlichen Akt der Erschaffung beteiligen. Denn: »Ich habe dich bei deinem Namen gerufen.« (Jes 43,1)

Dienstag, 14. März 1995

Über Schutzengel

Ein Engel in tief leuchtendem Blau erscheint und spricht: Vorweg möchte ich um zweierlei bitten. Einmal: Es ist wichtig, in der Wohnung einen Ort für das spirituelle Arbeiten, Beten, Kontemplieren einzurichten. Sodann: Ein großer Teil der spirituellen Arbeit sollte dein Kennenlernen der Innenräume des Menschen dienen, in erster Linie der inneren Kirche, dann den himmlischen Orten, zunächst insbesondere dem Friedensdom. So wie der Mensch äußere Beziehungspunkte hat (Haus, Stadt, Muttersprache, Familie, Freunde), braucht er auch innere, um sich zu stabilisieren: die Innenräume mit ihren Bewohnern und die Engel, die zu ihm gehören, die ihn besuchen oder die er in ihren himmlischen Domen aufsuchen kann. Weitere Begegnungen, Übungen, Arbeiten können dann in der inneren Kirche oder in anderen Innenräumen oder von dort ausgehend stattfinden.

Nun zu dem Thema der Schutzengel. Sie sind den Menschen nicht unbekannt, sondern im Grunde altvertraut. Ganz generell, nicht nur beim Thema »Schutzengel«, gilt: Wenn man dir nach einem Vortrag sagte, du habest heute viel Neues gebracht, wäre das kein gutes Zeichen. Weise und fortgeschritten ist nicht, wer Neuigkeiten lehrt, sondern wer das Altbekannte zum Klingen bringt. – Das Thema »Schutzengel« ist für das alltägliche Leben sehr wesentlich, und du wirst sehen: Die Menschen sind wie ausgetrocknete Schwämme, die Lebenswasser aufsaugen.

Schutzengel übernehmen den Namen ihres Menschen, auch den Spitznamen oder Kosenamen etc. Nimmt dieser im Laufe des Lebens einen anderen Rufnamen an, dann tut das auch der Engel. Den Namen »seines« Menschen anzunehmen ist ein Geschenk des Schutzengels. Es bedeutet, dass der Schutzengel dem Menschen nah ist, ganz und gar auf ihn ausgerichtet und ihm zu Diensten. Er macht sich quasi zu einem Teil seines Schutzbefohlenen. Er ist und wirkt nur für ihn. Wäre das nicht Grund genug, ihn öfter anzusprechen und, vor allem, ihm von Zeit zu Zeit auch zu danken?

Schutzengel können etwas größer sein als der Mensch, aber nicht viel, meist sind sie gleich groß. Sie sehen etwa so aus wie die Menschen, zu denen sie gehören, im Alter von 18 bis 24 Jahren aussahen. Im jüngeren Alter sehen sie selbst aus wie Kinder, sie wachsen gleichsam mit, bleiben dann aber im Jünglingsalter, tragen dieses Bild weiter und stellen es dar, altern also nicht mit. Wie frisch und schön der Gesichtsausdruck eines Menschen ist, hat auch damit zu tun, wie nahe und wie gern der Mensch seinen Schutzengel an sich heranlässt. Wenn man sich im Alter noch jung fühlt, ist das der erlebte Ausdruck seiner Nähe. Der Schutzengel verlässt seinen Menschen nie. Er ist immer bei ihm – bis an sein Lebensende. Schutzengel haben folgende Aufgaben:

1. Sie schützen den Menschen gegen Strahlungen und Gedanken übel wollender Mächte. Ein böser Gedanke ist wie ein giftiger Pfeil; der Schutzengel versucht ihn abzuwehren. Er steht in der Regel rechts hinter seinem Menschen, aber er kann auch wirken wie ein Mantel, eine Kapuze, ein Polster, ein Kissen, ein Kopfschutz, im Notfall gar wie ein Schutzschild. – Er schützt seinen

Menschen auch vor den strengen Blicken der oberen Hierarchien und der Trinität, nimmt ihn gewissermaßen unter seine Fittiche. Deren Blicke treffen dann ihn. Er schützt seinen Menschen wie eine Mutter ihr Kind, auch wenn sein Mensch sich versündigt. Auch dann geht er den Weg mit seinem Menschen, obwohl er sich selbst mit ins Unrecht setzt. Er belehrt euch nicht moralisch, er weist euch nicht zurecht und straft nicht. Er leidet einfach. Er würde für seinen Menschen »durchs Feuer gehen«.
2. Der Schutzengel stützt den Menschen, wenn er verzagt, ermüdet, hoffnungslos wird. Er gibt ihm gewissermaßen einen Knuff in den Rücken: »Jetzt komm.«
3. Er sorgt für Geschmeidigkeit bis in die Physis hinein. Es klingt eigenartig, aber es ist so: Er lockert verspannte Partien, als wenn er sie mit den Händen massiert. Man bekommt eine weichere, entspanntere, lockerere Mimik, wenn man den Schutzengel bis an die Gesichtszüge heranlässt. Bei Schmerzen kann man ihn bitten, seine hilfreichen Hände dorthin zu legen, wo es wehtut.
4. Schutzengel sorgen für die Reinhaltung und die Funktionstüchtigkeit der Energiefelder um den Menschen herum, sie reinigen sie morgens und abends mit Händen und Flügeln.
5. Sie warnen, wenn Gefahren drohen: Sie stehen zum Beispiel plötzlich vor euch und schreien euch an: »Sofort bremsen!« oder »Diesen Schritt vermeiden!«
6. Sie hüten den Schlafenden. Sie wehren die Versuche des Doppelgängers und der Wesen, die durch ihn Zugang zum Menschen suchen, ab, sodass sie dem Körper und den Energiefeldern des Schlafenden nicht schaden oder gar sich dort niederlassen können. Der Schutzengel sitzt am Bett, manchmal am Kopf-, meistens am Fußende, und schaut seinen Menschen mit inniger

Liebe an. Es ist ihm eine Qual, wenn die Diskrepanz zu seinem Menschen sehr groß ist und der Mensch aussieht wie im Zerrspiegel. Er verhält sich zu seinem Menschen wie die Mutter zum Kind: Er umfängt ihn mit Wärme und Zärtlichkeit.
7. Er trägt euren »Schatten«. Damit ist nicht der Doppelgänger gemeint, sondern das, was ihr an euch nicht liebt, was der Mensch nicht integrieren kann, was aber unmittelbar zu ihm selbst und zu seinem Entwicklungsgang gehört. Das ist eine schwere Aufgabe; viele Schutzengel haben am Schattenhaften des Menschen sehr schwer zu tragen.

Ihre Aufgaben sind also: schützen, stützen, entspannen, reinigen, warnen, den Schlaf hüten, den Schatten tragen. Und während sie das alles tun, werden sie oft von ihren Menschen nicht bewusst wahrgenommen, ja ausdrücklich verleugnet oder ins Lächerliche gezogen, ignoriert, abgetan und lebenslang angeschwiegen. Das vergebliche Warten auf einen bewussten Kontakt mit ihrem Menschen gehört zum Schwersten für die Schutzengel.

Um mit ihnen in Kontakt zu kommen, macht einmal folgende *Übungen*:

1. Bittet euren Schutzengel, rechts oder links zu stehen, einen Schritt zurückzutreten, sich zu nähern, die Flügel um euch zu legen, euch am Arm oder Knie zu berühren. Versucht zu spüren, wie sich das anfühlt. Oder hebt einen Arm und haltet ihn aus eigener Kraft, dann bittet den Schutzengel, ihn zu stützen – merkt ihr den Unterschied? So lernt ihr, den ätherischen Raum um euch herum zu ertasten und die Nähe der Engel zu spüren.
2. Vergegenwärtigt euch, wie er aussieht. Schaut euch im Spiegel an und versucht, hinter euch euer schönes jun-

ges Doppel zu erblicken. Sprecht ihn an – mit eurem eigenen Namen: »... hallo du.«
3. Hört, wie er zu euch spricht: von rechts ins Ohr, dann zum Beispiel über die linke Schulter. Was sagt er euch?
4. Dann sprecht ihn noch einmal an – sagt ihm zum Beispiel: Berühre mich jetzt bitte am Oberarm. Oder: Lege beide Hände aufs Genick – und überzeugt euch davon, dass er tut, um was ihr ihn bittet.

So lernt ihr, den Schutzengel zu spüren, und ihr macht die Erfahrung, dass er eure Worte hört und auf sie reagiert. Nehmt euch Zeit für diese Übungen.

Wenn ihr erst einmal die Erfahrung gemacht habt, dass ihr mit eurem Schutzengel sprechen könnt, dann fasst Mut, ihm ganz konkrete und praktische Fragen zu stellen, und lernt, seine Antworten zu hören, zum Beispiel: Welcher von zwei Wegen ist der richtige? Wann wäre ein Anruf günstiger, vormittags oder nachmittags? Ziehe ich besser dies oder jenes an? Er kennt genau das momentane Energiefeld. Bei Kleidung zum Beispiel weiß er: Das passt zu dir, sodass du dich harmonisch zu dir selbst verhältst. Allerdings ist er mit Wetter, Temperatur und Erkältungsgefahren weniger vertraut. Aber bis hin zur Frisur kann er euch raten. Wer seinen Führungsengel nicht kennt, kann seinen Schutzengel bitten, eine Bitte an den Führungsengel weiterzuleiten, zum Beispiel dieser möge einen Anruf erbitten.

Begegnet euch ein Mensch, so schaut das Bild seines Schutzengels an, das solltet ihr euch angewöhnen. Er ist hinter dem Menschen zu sehen, meist nach rechts versetzt: das gleiche Gesicht, nur schöner. Es wirkt, wie wenn man schielt und doppelt sieht. Beachtet die Farben des Schutzengels. Sie sind unterschiedlich je nach dem jeweiligen Zustand des Menschen. Wenn dieser zum Beispiel in Trauer ist, haben sie gedämpfte Farben wie im Kerzenlicht. Am Zustand des Schutzengels wird der Zustand des Menschen offenbar; ihr könnt in ihm lesen. Achtet auf die Gesten, die der Schutzengel des anderen macht, vielleicht will er euch mit ihnen ein Zeichen geben. Sie können begrüßend sein oder warnend: »Haltet Abstand.« Oder er streichelt seinen Menschen über die Wange und will euch sagen: Schau, er braucht Wärme. Oder er hält ihn fest und will sagen: Das ist nötig, sonst geht er auf euch los. Also: Farbe, Gesicht und Handhaltung des Schutzengels anderer Menschen anschauen und beachten!

Er schützt nur, soweit erstens der Mensch es zulässt, zweitens der Sonnenengel es gestattet. Dieser ist befugt, ihm Weisungen zu erteilen. Auch der Führungsengel, der ja eng mit dem Sonnenengel zusammenarbeitet, ist weisungsbefugt gegenüber dem Schutzengel, aber natürlich immer nur der eigene, nie der Führungsengel eines anderen Menschen.

Der Schutzengel ist unter den Engeln gleichzeitig der niedrigste und einer der höchsten, der ohnmächtigste und einer der mächtigsten, der bescheidenste und einer der großartigsten. Hütet euch zu sagen: »Nur der Schutzengel.« Schutzengel verdienen größte Achtung. Lernt mit ihnen im Alltag umzugehen.

Ihr könnt jetzt Fragen stellen.

Wie ist die Wirkungsweise der Schutzengel in der technischen Welt? Lernen sie den Umgang mit Maschinen?

Ja, es gibt eine Art Engelschule, wo sie das Nötige erfahren können. Sie interessieren sich für alles, was Menschen so einfällt. – Was den Ausdruck »technisches Versagen« angeht, so haben Engel eine eindeutige Haltung: Es gibt nur menschliches Versagen, keine »technischen Fehler«. Das gäbe Maschinen eine Würde, die sie nicht haben. Irgendwo war da immer ein Mensch, der Fehler beging: Wartungsfehler, Rechenfehler, die Wahl falschen Materials usw. – also Leichtsinn, Oberflächlichkeit, zu schnelles oder zu träges Handeln, falsche Kombination, Denkfehler usw.

Kennen sich die Schutzengel auch bei gefährlichen Motordefekten aus? Lernen sie Autotechnik?

Nein, aber die Naturgeister. Der Schutzengel hat nur Informationen darüber, dass das Autofahren heute für dich gefährlich ist, er weiß aber nicht, warum. Technische Einzelheiten kennt er nicht. Die Naturgeister melden, wo etwas nicht in Ordnung ist. Dein Naturgeist lernt Motortechnik, weil er neugierig ist, er ist schrecklich neugierig. Er kennt in deinem Auto alle Ecken der Schrauben, die Farben aller Kabel usw. Der Kontakt zwischen Schutzengeln und Naturgeistern ist die beste Versicherung, die es gibt.

Lernen die Schutzengel die jeweiligen Regeln der Straßenverkehrsordnung?

Sie kommunizieren mit einer besonderen Gruppe von Engeln, den Ordnungsengeln. Es gibt sie auf allen Ebenen: zum Beispiel solche, die darauf achten, dass die Bewegungen der Hierarchien ordnungsgemäß verlaufen, solche, die die Fortschritte der Schüler oder der Suchenden auf dem Weg überwachen. Es gibt aber auch Ordnungsengel, die ihre irdische Entsprechung in der Polizei haben. Sie lernen unter anderem die Straßenverkehrsordnung. Sie können euch auch zum Beispiel einen Parkplatz suchen helfen. Das tun sie nicht um euretwillen, sondern um der Ordnung willen. Sie tun das für jeden, der sie darum bittet. Sie helfen dir nicht, weil du gut bist, sondern weil du so vorausblickend warst, die Engel zu fragen. Die Ordnungsengel wollen Ordnung auf der Ebene des Straßenverkehrs, aber auch Ordnung auf der Ebene der Gedanken und Gefühle, sie wollen zum Beispiel Aggressionen und Wut im Straßenverkehr vermeiden.

Ich möchte die Gelegenheit nutzen, um meinem Schutzengel zu danken, vor allem dafür, dass ich, als ich einmal auf der Autobahn einschlief, sofort aufwachte.

Ich danke für den Dank, möchte jedoch klarstellen: Ich habe zwar eingegriffen, aber nicht ich bin es, dem du dein Leben zu verdanken hast. Der Schutzengel hat über die Tatsache einer Lebens- oder ernsten Gesundheitsgefahr auch Informationen vom Sonnenengel. Er erfährt davon über bestimmte Schwingungsänderungen. Wenn es um Leben und Tod geht, schalten sich höhere Hierarchien ein. Die Sonnenengel geben Auftrag, ob das Leben zu erhalten ist. Wenn der Sonnenengel Weisung vom Vater erhält – der allein über die Todesstunde zu entscheiden hat –, so gibt er sie an den Schutzengel weiter. In diesem Falle hätte ich nicht eingreifen dürfen, du wärest nicht erwacht.

Stimmt es, dass Schutzengel sich »materialisieren«, das heißt sichtbar werden können?

Schutzengel intervenieren mitunter von vorn und sind momentan sichtbar, allerdings nur ganz ausnahmsweise und nur in Übereinstimmung mit dem Sonnenengel. Dieser kann ihm sozusagen sein Energiereservoir zur Verfügung stellen und ihm einen direkten Energieschub zusenden, der bewirkt, dass der Schutzengel auch für das untrainierte menschliche Auge sichtbar wird. So wird der Mensch letztendlich durch sich selbst gewarnt, da sich der Schutzengel ja nur zeigen kann unter Inanspruchnahme der Energie des eigenen Sonnenengels, also des höheren

Ichs seines Menschen. Da steht ein Engel vor euch – und eigentlich seid ihr es selbst. Hübsch, nicht wahr?

Zum Abschluss übt noch einmal: Nehmt die Schutzengel wahr, versucht sie zu spüren, lasst euch von ihnen berühren, fühlt die Berührung und hört das Wort, das sie euch sagen: »Ich liebe dich.«

Donnerstag, 16. März 1995

Über Führungsengel

Unsere Führungsengel: Heute beginnen wir mit einer Art Reinigungssitzung. Es ist nötig, von Zeit zu Zeit Orte und Zeiten zu reinigen. Orte – das heißt Energiefelder, Gegenstände, Zimmer und die Beziehungen der Menschen dazu, auch Gedanken und Gefühle. Doch man kann auch Zeiten putzen und aufpolieren wie eine verstaubte alte Chronik oder ein in Vergessenheit geratenes Theater- oder Musikstück. Man macht Entdeckungen, trägt Übertünchungen ab, korrigiert falsche Bewertungen, bringt Fälschliches ans Licht, rehabilitiert Menschen, lernt Helden realistischer einzuschätzen usw. (Es werden verschiedene Übungen gemacht.)

Es ist angebracht, in der Wohnung nicht zu streiten. Konflikte sollen nicht verdrängt, aber am besten ins Freie verlegt werden. Unstimmige Schwingungen werden dort leichter neutralisiert; Naturgeister übernehmen diese Aufgabe.

Streit im weiten Sinn – vom Geplänkel bis zu Handgreiflichkeiten – liegt wie Staub in den Häusern. Die Engel und Naturgeister kommen mit dem Reinigen nicht hinterher, es ist zu viel. Die Menschen sollten helfen, die energetische Ebene sauber zu halten, aber auch, wenn nötig, sie zu reinigen. Für die Reinigung von Wohnungen ist vor allem Folgendes hilfreich:

1. Schöne Musik, Singen, Tanzen.
2. Lachen – Humor wirkt wie Licht!
3. Beten. Man kann einen Raum reinigen, indem man in jede Himmelsrichtung ein Vaterunser spricht.
4. Man kann die Engel oder auch die Naturgeister bitten, die Räume zu säubern.

Zu den Aufgaben der Führungsengel gehört aber auch das Reinhalten der Beziehungsfelder der Menschen durch Stabilisierung des Schwingungsfeldes. Wenn dieses Feld klar und rein ist, so bleibt gewährleistet, dass nur passende und stimmige Beziehungen eingegangen werden beziehungsweise erhalten bleiben. Die Führungsengel sind jedoch an die Schwingungen des Menschen gebunden; sie können sie nicht ohne weiteres erhöhen. Wenn die Verbindung des Menschen zu seinem Führungsengel nicht optimal ist und dieser Schwierigkeiten hat, das Schwingungsfeld zu reinigen, kann der Mensch leicht in unstimmige, verletzende, kränkende Beziehungen geraten.

Der Führungsengel ist gehalten zu warten, bis der Mensch seine Unstimmigkeit erkennt – sei es an körperlichen, sei es an seelischen, sei es an sozialen Symptomen – und die »Erlaubnis« zu einer Reinigung erteilt. Die Auswirkungen spürt der Mensch dann in einer Klärung seiner Beziehungen. Die Reinigung wirkt sich in allen seinen Beziehungen aus – in der Beziehung zu seinem Körper, zu seinen Emotionen und Gefühlen, zu seinen Wünschen und Zielen oder zu Lebensumfeld und Mitmenschen. Durchlaufen die Beziehungen zu anderen Menschen den Prozess der Reinigung, so führt dies teils zu einem Näherrücken, teils zu einer Distanzierung. Reinigung kann also entweder zur Verbesserung oder auch zur Lösung von Beziehungen führen.[17]

Nun noch einige ergänzende Informationen zum Thema »Führungsengel«: Jeder Führungsengel handelt zwar im Auftrag des Sonnenengels, aber jeweils in individueller Manier. Einer liebt zum Beispiel die »letzte Minute«, die Überraschung, ein anderer das subtile, langsame Vorbereiten. Der eine lässt seinen Menschen an der »langen Leine« und vertraut auf seine freiwillige Nachfolge; wenn dieser gute Reaktionen zeigt, operiert er »mit allen Finessen«. Der andere führt straff, ja streng. Der eine führt wie ein Regisseur, der andere wie ein Feldherr.

Je nach Führungserfahrung gibt es geübte und weniger geübte Führungsengel. Dazu brauchen wir Kenntnisse über allgemeine Gegebenheiten der Zeit, über die fernere und nähere Umgebung »unseres« Menschen, über sein karmisches Umfeld und die Aufgaben dieses Lebens. So müssen wir untereinander gut zusammenarbeiten und lernen ständig dazu.

Die Führungsengel werden vom Sonnenengel ausgesucht und unterliegen strikten Weisungen in Bezug auf die »Tendenz« und die Ziele ihrer Führung. Wir führen euch stets nur im Einverständnis mit dem Sonnenengel.

Nadjamael: Zu den Aufgaben der Führungsengel gehört vor allem, Begegnungen zu fügen und die äußeren Bedingungen für wichtige Lebensentscheidungen herbeizuführen. Der Führungsengel führt Tag und Nacht. In der Nacht sorgt er dafür, dass ihr lernt, Erfahrungen überprüft, eure Handlungen moralisch bewertet, die richtigen Lehrer findet. Er kann auch Träume beeinflussen und auf diese und andere Weise dafür sorgen, dass ihr Informationen zur richtigen Zeit aus der richtigen Quelle bekommt.

In dem Maße, in dem ihr euch des Wirkens der Engel bewusst werdet, wird daraus eine Zusammenarbeit. Man wird hellhöriger, feinfühliger, bereitwilliger, Folge zu leisten. Das Leben nimmt an Geschwindigkeit zu, das Schicksal gewinnt an Dynamik. Das Leben wird nicht stiller, sondern voller, reicher, kompromissloser. Es ist also nicht richtig zu glauben, wenn man mit der geistigen Welt bewussten Kontakt aufnimmt, dann könne man sich zur Ruhe setzen. Das kann man eher, wenn man keinen Kontakt hat. Es geht also nicht so wie bei der Yogi-Weisheit, wo man sich in die Stille zurückzieht. Das gibt es zwar auch, ist aber eher die Ausnahme.

Bei jeder Begegnung mit einem anderen Menschen, wer immer es sei, auch mit dem Zeitungsjungen, steht jeder im Führungsengel des anderen. Die Begegnung von Mensch zu Mensch richtig zu verstehen stellt einen hohen Anspruch: selber zurückzutreten und die Engel wirken zu lassen. Dies ist aber auch eine Hilfe und eine Freude. Es ist also wichtig zu begreifen, dass ihr in der Begegnung mit einem Menschen in dessen Führungsengel steht, und zwar ganz real und konkret.

Das Bibelwort »Er wird seinen Engel vor dir her senden« ist wörtlich zu verstehen: Es spricht von einem Führungsengel.[18] Es gibt euch einen Einblick in die Großartigkeit des Vaters, der das alles so eingerichtet hat. Da die Führungsengel ihren Auftrag vom Herrn haben, geht in gewisser Weise durch sie immer der Herr vor dir her. Was du deinem Führungsengel antust, tust du in gewisser Weise dem Herrn an. Und wenn du einen anderen Menschen angreifst, greifst du auch seinen Führungsengel und in ihm den Herrn an.

Die bewusste Arbeit mit dem Führungsengel macht euch möglich, dass ihr ihn beim Namen ruft und ihn bittet, Bestimmtes zu tun. Zum Beispiel könnt ihr ihn zu anderen Führungsengeln schicken, wenn ein persönliches Treffen mit einem Menschen nicht möglich ist, um Nachrichten oder Informationen zu überbringen. Das geht auch, wenn ihr den Namen des Führungsengels des Empfängers eurer Botschaft nicht kennt. So könnt ihr eure Führungsengel bewusst in euer Leben einbeziehen. Macht dazu folgende Übungen:

1. Fragt euch: Wann hat mein Führungsengel etwas arrangiert, in welcher Art und Weise? Wo hat etwas nicht geklappt? Woran hat es gelegen? So werdet ihr mit seiner Wirkungsweise allmählich vertraut.
2. Beginnt den Tag mit Gedanken an ihn und begrüßt ihn. Wenn Eheleute einander guten Morgen sagen, können sie auch den Führungsengel des anderen begrüßen und ihn mit Namen ansprechen, wenn der ihnen bekannt ist.
3. Am Abend sprecht dann dem Führungsengel euren Dank aus. Er freut sich, wenn ihr euch seiner Tätigkeit bewusst werdet und mit ihm sprecht.

Ein Bote des Heiligen Erzengels Michael:
Im Umgang mit den Engeln braucht ihr mehr Vertrauen und Initiative. Es gibt uns! Der Zweifel ist ein Drache, den es zu bezwingen gilt, auch der Zweifel daran, dass wir die Vollmacht haben, euch im Namen und Auftrag des Herrn zu belehren. Musst du den Herrn erst sehen, um zu glauben? Müssen die Engel ihre Aussagen erst beweisen oder etwa logisch herleiten, bevor du ihnen vertraust? Stellt ihnen Fragen, dann können sie antworten. Vertraut euch ihnen an, dann können sie euch führen.

Samstag, 18. März 1995

Über Erzengel

Der Andreasengel (vgl. 12.3.1995)
Seid ihr einverstanden, dass wir jetzt weitergehen zur Ebene der *Erzengel*?
Ja.
Die Flügel der Erzengel sind so groß wie die Engel selber, oben rund, unten nach außen weisend. Die Farben der Erzengel sind noch heller, klarer, strahlender als die der Engel, sie leuchten von innen her: Diese Farben haben eine starke, berührende, ja erschütternde Wirkung. Uriel erstrahlt in den Feuerfarben Rot und Orange, Michael in Rubinrot bis Blaurot, Gabriel in Blau, Raphael in einem frischen Grün. Das sind die bekanntesten Erzengel, es ist keine vollständige Aufzählung. Bei Erzengeln hört man nicht einen »Klang«, sondern einen machtvollen, brausenden Akkord.

Erzengel wachen über Menschengruppen, nicht nur über Völker, auch über kleinere Gruppen, mitunter auch über einzelne Menschen. Sie wirken selten direkt, sondern senden Engel, die zu ihrem jeweiligen Farbstrahl gehören und in ihrer Heerschar dienen. Sie sprechen sich ab: Wer übernimmt zum Beispiel diese oder jene neue oder sich abspaltende Gruppe? Sie sind sehr flexibel und arbeiten eng zusammen.

Die Erzengel sind nicht nur Begleiter von Völkern und Gruppen, sie sind auch die Hüter von Geburt und Tod. Sie helfen den Seelen, sich so zu inkarnieren, dass ihr Leben ein sinnerfülltes werden kann. Mit anderen Worten: Sie sichern die Sinnhaftigkeit des menschlichen Tuns und Erlebens. Erzengel sind Sinnstifter und Auftragsvermittler. Wer sein Leben für sinnlos hält, möge den Blick zum Himmel richten und versuchen, die Erzengel wahrzunehmen und sie zu achten. Sie werden ihm Sinn und Aufgabe seines Lebens erkennbar machen und ihm Hilfe senden. Die Erzengel wirken aber nicht nur auf die Erde hinab. Sie vermitteln auch den nichtverkörperten Seelen Erfahrungen, Erkenntnisse und Aufträge.

So wie die Begegnung mit den Engeln nur richtig gelingt, wenn sie in einer Mischung aus Respekt und spielerischer Freude geschieht, erfordert die Begegnung mit den Erzengeln eine Mischung aus *Demut* und *Sammlung*. Diese Haltung einnehmen zu können erfordert kontinuierliche Bemühung, Strenge und Disziplin sowie Dankbarkeit, Begeisterung und Liebe. Es ist wichtig, dass die Seele ein Bewusstsein von der Hoheit und Größe der Erzengel entwickelt und die angemessene Distanz wahrt. Nicht dass der Erzengel die Anbetung des Menschen bräuchte, aber der Mensch selbst braucht sie. Er sollte eine angemessene Wertschätzung für seinen eigenen Auftrag entwickeln; dazu bedarf es der Demut gegenüber dem Erzengel, der der Hüter seines Auftrags ist.

Haben Könige und Regenten unmittelbaren Kontakt mit Erzengeln?

Das ist lange her, so wie es auch lange her ist, dass man ein Verständnis für Bedeutung und Wirkung der Insignien hatte. Sie dienten ursprünglich nicht der Demonstration von Macht und Reichtum, sondern verstärkten oder harmonisierten den Kontakt des in die Verantwortung gestellten Regenten mit seinen himmlischen Helfern. Zum

Beispiel intensivierten die Kronen die Verbindung zum Erzengel, die über das Scheitel-Chakra hergestellt wurde.

Heute haben Erzengel in der Regel nur indirekten Zugang zu Staatsmännern, zum Beispiel über Träume oder Eingebungen. Sie geben den Führungsengeln Hinweise, und diesen gelingt es dann, »ihre« Menschen weisungsgemäß zu führen – freilich nicht immer. Für einen direkten Kontakt zu Erzengeln bedürfte es der bewussten Zuwendung vonseiten des Regenten.

Sofern der Erzengel Hüter oder Begleiter eines Volkes ist, beeinflusst die heutige Mischung der Völker die Wirkungsmöglichkeiten des Erzengels? Bis zu welchem Grad ist die Vermischung der Völker wünschenswert?

Diese Mischung ist nicht negativ zu sehen. Es ist nicht Aufgabe des Erzengels, eine nationale oder staatliche Einheit zu stiften und zu erhalten. Man sollte sich ihn nicht so vorstellen, dass er wie ein Luftballon zum Beispiel über Deutschland schwebt, und man kann »Michael« draufschreiben. Er begleitet vielmehr Deutsche in der ganzen Welt. Damit sind alle Menschen gemeint, die zu diesem »Sprachleib« gehören.

Es gibt ja verschiedene Ebenen der Kommunikation: die körperliche (die Körpersprache), die psychische (Stimmungen) und die verbale (Sprache und Schrift). Das Wichtigste an der Kommunikation ist jedoch die spirituelle Ebene, das Begreifen des Auftrags des anderen. All das zusammen ist es, was die Erzengel »Sprachleib« nennen und was sie hüten.

Nimmt Michael auch Einfluss auf den »Geist einer Epoche«?

Ja, Michael hat nicht nur Aufgaben als Hüter des Sprachleibs, sondern auch Zeitaufgaben und Weltaufgaben. Nur so viel sei hier gesagt: Die Erzengel unterstützen die Tendenz zum Kosmopolitismus, zum Weltbürgertum. Das tun alle Erzengel, nicht nur der Heilige Erzengel Michael, doch tut er es mit besonderem Nachdruck. Zu seinen Zielen gehört, dass die ganze Menschheit durch ein großes, sie alle einendes Band des Rechts verbunden ist, nicht nur des Völkerrechts, sondern auch eines Rechts, in dem jeder Mensch überall die gleiche Achtung vor seiner Menschenwürde und seinem Anspruch auf Freiheit findet.[19] Zu ihren Zielen gehört ferner, dass die Menschen ein Gefühl dafür gewinnen, sie könnten auch in anderen Sprachen und Kulturen, in anderen Zeiten und sogar in anderen Religionen zu Hause sein. Je mehr sie dieses Gefühl haben, desto näher stehen sie dem Heiligen Erzengel Michael. Das bedeutet aber nicht, dass sie ihre Wurzeln aufgeben, im Gegenteil: Deine Wurzeln halten dich in der Erde, in der Realität. Nur ein ganz und gar verwurzelter Baum vermag eine weit ausladende Krone mit ihren Ästen, ihren Früchten, ihrem Blätterdach zu tragen. Es gilt die Wurzeln zu hegen und zu pflegen und dennoch ein Kosmopolit zu werden. Zu deinen Wurzeln gehören die Heimat, die Stadt, das Land der Herkunft, die Religion, die Muttersprache, aber auch Arbeitsplatz, Familie, Verein usw. Je verwurzelter du bist, desto weiter ausladende Äste kannst du tragen und mit ihnen die ganze Erde umspannen. Und dann wirst du sehen: Diese Äste sind zugleich Wurzeln im Himmel – sie saugen Kräfte wie die Wurzeln, aber nicht aus der Erde, sondern aus dem Himmel.

Was bedeutet der Satz: »Sie werden in einer neuen Sprache sprechen«?

Es wird eine Sprache des Lichts oder des Klanges sein. Die Engel helfen, andere Menschen auch anders als über die Sprache zu verstehen, also auch auf der körperlichen

Ebene – es gibt ja die »Körpersprache« der Gesten, der Mimik und der Bewegung –, auf der psychischen Ebene die Wahrnehmung der Gefühle, der Sympathien, der Liebe, aber auch auf der spirituellen Ebene: Was ist der Auftrag des anderen, worum geht es der Seele in diesem Leben? Worum geht es ihr gerade jetzt? Schließlich kann man dann auch karmische Beziehungen erkennen.

Gegenwärtig geschieht das alles über die Engel: Das Vermitteln von Körpersignalen und Stimmungen liegt in den Händen der Schutzengel beziehungsweise auch des Doppelgängers. Die Führungsengel fügen die so genannten »Zufallsbegegnungen«. Der Sonnenengel lässt den Führungsengel unter anderem so genannte »karmische Beziehungen« eingehen, das heißt Begegnungen mit »Altbekannten«. Das Begreifen des Auftrags des anderen aber geschieht über Erzengel.

In der Zukunft werden die Menschen allmählich lernen, die »Sprachen« unmittelbar zu verstehen, sie sollen sich das aneignen, es üben und trainieren. Das geht nur schrittweise. Stell dir vor, du wolltest Gewichtheber werden. Dann stemmst du nicht gleich 50 Kilogramm, sondern beginnst mit fünf Kilogramm und fügst dann immer weitere fünf Kilogramm hinzu. So auch hier. Schließlich werden die Menschen »in neuer Sprache sprechen« und einander liebend verstehen. Man richtet die Augen auf den anderen Menschen, und das so genannte »dritte Auge« ist dem Himmel zugewandt, der freilich nicht nur »oben«, sondern auch hier auf der Erde ist. So sieht man nicht nur den anderen Menschen, hört nicht nur seine Worte, fühlt nicht nur seine Stimmung, sondern erfährt auch, welcher Lebenssinn, welcher Auftrag und welche Aufgaben ihm übergeben wurden.

Ich möchte noch ein anderes Thema ansprechen: Vom Erzengel »berührt« zu werden ist etwas anderes, als ihn zu betrachten. Die Berührung durch den Erzengel hat eine sehr erschütternde Wirkung. Ihr könnt um diese Berührung bitten, aber bitte nur, wenn es um sehr gravierende Probleme geht, zum Beispiel, wenn ein lieber Mensch stirbt oder wenn ihr in einer tiefen Sinnkrise steckt. Normalerweise richtet man an Erzengel keine Bitten, so wie etwa an den Schutzengel, sondern nimmt eine Haltung des Dankes ein. Mit Erzengeln übt man auch nicht wie mit Schutzengeln. Wenn man aber einen von ihnen um Beistand bittet, so mache man sich darauf gefasst, dass er das ganze Wesen des Menschen erfasst bis in die letzten Winkel des Denkens, der Psyche und des Körpers.

Nun begebt euch in eure innere Kirche und wendet euch an den Erzengel, von dem ihr berührt werden möchtet.

Sonntag, 19. März 1995

Über Archai

Ein uns bisher noch nicht bekannter Engelbote: Seid ihr bereit zu einem Besuch bei den Archai?
Ja.
Der Aufstieg zu den Archai erfolgt über eine Art Stufenleiter, die aus Schritten des Dankes besteht. Begebt euch in eure innere Kirche. Beginnt bei der untersten Hierarchie, dem Menschen. Dankt zunächst den Menschen, denen ihr besondere Dankbarkeit schuldet. Dann geht eine Stufe weiter zur Ebene der Engel. Bedenkt einige und sprecht ihnen euren Dank aus. Dann wendet euch einem der Erzengel zu, den jeder sich aussuchen mag, und dankt ihm. Durch diesen Dank schwingt ihr euch auf die jeweilige Ebene ein und »gewöhnt« euch an die Höhe. Dann öffnet sich ein Tor, das zu den Archai führt. Sprecht auch dafür euren Dank aus. (Wir verfahren so. Alexa beschreibt den Ort: etwa wie ein langes, breites Tal, Berge sind erahnbar. In recht großer Entfernung lichte Wesen, die zwar als Einzelwesen erfühlbar, jedoch nicht als solche sichtbar sind, ähnlich einem Feuer, das aus einzelnen Flammen besteht und doch ein Feuer ist.)

Ihr seht, es gibt viele verschiedene Archai, doch sie bilden alle eine große lichte Einheit; sie sind nicht als Einzelwesen in Einzelfarben erkennbar. Ihr Klang ist wie ein dröhnender Orchesterakkord. So wie die Begegnung mit den Engeln Respekt und spielerische Freude, mit den Erzengeln Demut und Sammlung erfordert, so erfordert die Begegnung mit den Archai *Unterwerfung und Schweigen*.

Ein direkte Begegnung von Angesicht zu Angesicht ist nicht möglich. Sie erlauben euch aber, Fragen zu stellen, und werden antworten durch einen Vertreter mit dem Namen »Zusmael«, dem ihr mit Dankbarkeit und Achtung begegnen sollt. Er ist derjenige, der mich zu euch gesandt hat. Ich bin also ein Bote Zusmaels. Zusmael ist die Instanz, an die ihr euch stets wenden könnt, wenn ihr mit den Archai in Kontakt zu kommen sucht. Er ist so etwas wie ihr Kind. Es gibt noch andere Sprecher der Archai, aber Zusmael ist der euch angemessene.

Zusmael: Die Wirkungsweise der Archai richtet sich auf das Allgemeine im Besonderen. Das ist in dem Sinne gemeint, wie beispielsweise die Dramen großer Dichter durch ihren besonderen Inhalt das Allgemeine zum Ausdruck bringen.

Die Archai impulsieren ganze Kulturepochen. Sie berühren Menschen, die in einer Kultur sinnstiftend wirken, ihr die Form geben. Sie haben zwei Möglichkeiten zu wirken: Sie halten die Hand über eine Zeit im Ganzen – eine zärtliche Geste –, und sie wirken speziell über einzelne Menschen, die zu Trägern der Kulturepoche werden: über Dichter, Denker, Künstler, Maler, Musiker, Schriftsteller, manchmal (selten) auch über Politiker. Das irdische Schaffen eines Werkes kann von ihnen inspiriert und begleitet werden, wenn der Schaffende sich stetig nach oben ausrichtet und bereit ist, sich ihnen zu unterwerfen und sich bewusst in ihren Dienst zu stellen. Zeiten, die sich von den schönen Künsten und Geisteswissenschaften abwenden, entfernen sich von den Archai. Ganz verschließen können sie sich jedoch nie.

Denker und Künstler, die sich in den Dienst dieser Hierarchie stellen, werden also zu Trägern einer Kultur.

Das bedeutet aber kein Aufgeben der individuellen Persönlichkeit, ganz im Gegenteil: Diese kommt dadurch zur Reife. Doch das Tor zu den Archai öffnet sich nur in besonderen heiligen Stunden. Dass einzelne Menschen durch die Archai unmittelbar berührt werden, geschieht nur selten. Wo es geschieht, bringt es einen Hauch der Ewigkeit in das Leben hinein; dann findet man Zugang zu den höheren Sphären. Das ist immer ein Geschenk. Man kann es weder fordern noch erzwingen. Wenn es geschieht, ist es angebracht, mit gesenktem Haupt niederzuknien.

Ihr dürft fragen, aber erwägt die Fragen sorgfältig, denn ihr könnt nicht lange bleiben.

αρχή *(sprich: »Arché«) heißt: Anfang, Urbeginn. Bedeutet der Name »Archai«, dass ihr die Erstlinge der Schöpfung wart?*

Es gibt keine Beziehung zwischen den Archai und der Schöpfung. Die Archai sind nicht früher geschaffen als die anderen Hierarchien, oder gar vor der Entstehung der Zeit.

Dürfen wir trotzdem etwas erfahren von den Uranfängen der Welt?

Es gibt keinen zeitlichen Beginn der Schöpfung, keinen Anfang und kein Ende: Die Schöpfung ist eine immer währende. Wenn ihr die Schöpfung begreifen wollt, dann versucht, die Vorstellungen von Zeit, von Anfang, Ende und Evolution wegzulassen und den Gedanken auf euch wirken zu lassen: Schöpfung ist ständig.

Sie ist ein großartiges Schauspiel: wie ein unglaublich großer, wunderbarer Wasserfall. Es ist wie ein Tanzen von kristallenen Tropfen. Jeder ist ein kleines Universum. Er birgt in sich Zeiten und Räume, Möglichkeiten und

Gaben. Der »Wasserfall« wirkt sehr feierlich, sehr schön, doch auf den ersten Blick auch verwirrend: so durcheinander und vielgestaltig wie das Chaos. Es herrschen aber Ordnung, Stimmigkeit und Harmonie. Jeder Tropfen springt und fällt und glänzt in geordneter Schönheit. Hier erlebt man Schöpfung als Kunstwerk, sie kann wie dieses nicht Gegenstand sachlich-nüchterner Betrachtung und Beschreibung sein; dabei ginge das Wesentliche verloren, wie wenn man ein Feuerwerk sachlich analysieren wollte. Man kann nur sehen und staunen. Staunen und empfinden, wie da gefeiert wird. Es ist unglaublich schön.

Stellt der Satz »Im Anfang war das Wort« am Beginn des Johannesevangeliums einen Bezug der Sprache (des Logos) zu den Archai her?

So viel lässt sich sagen: Die Sprache ist eine Aufgabe der Archai. Es geht ihnen darum, den Klang der Ewigkeit in die Sprache einzubetten – ebenso wie in die Musik – und wesentliches Wissen in menschliche Sprache einzubringen, sodass Sprache zu spiritueller Nahrung wird.

Um das zu verstehen, gilt es zunächst, sich die Mehrschichtigkeit der Sprache zu vergegenwärtigen. 1. Eine Ebene ist die der Information, doch das ist nur ihre unterste, die materiellste Schicht. 2. Mit der Information verbunden ist die der Intention, die auf die Gefühlsebene wirkt: Will ich besänftigen, trösten, aufschrecken, bestürzt machen, aufregen usw.? 3. Hinzu tritt die gedankliche Ebene: Hier ist der Kontext hinzuzudenken, in den hinein man Informationen übermittelt und gefühlsmäßige Reaktionen auslöst, um Fragen zu klären, Entscheidungsgrundlagen zu schaffen, Orientierung zu geben. 4. Es gibt aber noch die spirituelle Ebene: Jedes Wort hat seine Lichtkraft und setzt Energien frei, es kann mächtige Schwingungen aufbauen und zum Beispiel heilen, schützen, unter Umständen heiligen – oder zerstörerisch wirken. Jedes Wort ist eine Zusammensetzung aus farbigem Licht, und diese Lichtkraft wird wirksam durch den Klang: Sie ist anders beim A als beim O oder I. Die Lichtorgeln in Diskotheken sind ein (vergeblicher) Versuch, den Vorgang in die materielle Ebene zu übersetzen; man sieht sie mit Schmunzeln.

Für den suchenden Menschen gilt: Die Sprache ist ein Tor zu den Archai, wenn man sie in ihrer Mehrschichtigkeit erlebt. Sprache ist also ein mächtiges Mittel, man sollte sie bewusster und feierlicher verwenden.

Das ist wie das Brechen des Brotes im Abendmahl.

Ja, aber derzeit wird die Sprache verwendet wie Kaugummi, den man herumkaut und ausspuckt und der alles verschmutzt. Die Archai unterstützen demgegenüber die Hingabe an die Sprache und die Arbeit an der Sprachpflege.

Welche Gegenstände oder Themen künstlerischen Schaffens sind den Archai die liebsten?

Zusmael: Ihr Lieblingsthema ist die Liebe. Jedes ihr gewidmete Kunstwerk vermittelt den Kontakt zu ihnen.

Unter dem Stichwort »Legitimität der Neuzeit« diskutieren zeitgenössische Philosophen die Frage, ob die Ablösung des Mittelalters durch die neuzeitliche wissenschaftlich-technische Zivilisation positiv oder negativ zu bewerten sei.[20] Könnt ihr dazu Stellung nehmen?

Beides stimmt: Die wissenschaftliche Methode führt normalerweise zuerst – und für die meisten Wissenschaftler überhaupt – zu einer Ferne vom Schöpfungsgedanken und von Christus. Andererseits bringt sie damit eine größere Möglichkeit der individuellen Entscheidung mit sich. Gerade ein wissenschaftlich orientierter, bewanderter und befähigter Mensch kann frei entscheiden, ob und wie weit er sich dem Herrn nähern möchte. Das führt im günstigen Fall zu einer individuellen und bewusst eingegangenen Nähe zu Christus, und um die geht es.

Die Naturwissenschaften vermitteln euch zwar »Erkenntnisse«, aber auch das Erlebnis der Ferne, das Gefühl der Ungeborgenheit, der Zerbrechlichkeit, ja sogar der Sinnlosigkeit, die sich ausdrückt in den Vorstellungen von »Zufall« und Beliebigkeit und in negativen Prognosen. Aber gerade diese extremen Empfindungen können dazu führen, eine andere Richtung einzuschlagen und sich dem Himmel zuzuwenden. Es ist wichtig, sich bewusst zu werden, dass Erkenntnis kein Selbstzweck ist, sondern ein Weg, der zu etwas führt. Wohin? Entweder in die Ungeborgenheit – dies geschieht sehr häufig auf dem Weg wissenschaftlicher Erkenntnis – oder in die Geborgenheit durch das Erkennen des Herrn.

Die Erkenntnisse, die die Naturwissenschaft vermittelt, können also in ihren Zusammenhängen durchaus zutreffend und gültig sein. Aber von »Wahrheit« kann man da eigentlich nicht sprechen. Wissenschaft ist wertfrei. Sie proklamiert geradezu die Wertfreiheit als eine der Grundbedingungen wissenschaftlicher Erkenntnis. Der Begriff der »Wahrheit« aber ist heilig; denn er ist gebunden an den Herrn. Wissenschaftliche Interpretationen und Erkenntnisse sind deshalb nicht »Wahrheit«.

Die Naturwissenschaft der Neuzeit hat also eine gravierende Folge für die Haltung, die der Mensch gegenüber dem Himmel einnimmt. Sie fördert die Tendenz des Menschen, sich von jeder Wertung und damit vom Herrn zurückzuziehen. Man findet dann nur noch durch bewusste individuelle Entscheidung zum Herrn. Eine so gewonnene Christusverbundenheit kann dann allerdings zu einer viel tieferen Verankerung führen als eine, die durch die kulturellen Prägungen der Zeit vermittelt ist.

Das wissenschaftliche Zeitalter birgt also große Gefahren und Chancen zugleich. Die Neuzeit ist eine Zeit der Extreme in Bezug auf die innere Haltung der Menschen: Die Menschen bewegen sich zwischen äußerster Christusferne und innigster Christusverbundenheit.

Wie finden wir zu einer »Versöhnung« und »Vermittelbarkeit« von Wahrheit und wissenschaftlicher Erkenntnis?

Das sind nicht die richtigen Worte. Wahrheit und wissenschaftliche Erkenntnis stehen nicht im selben Rang. Die Naturwissenschaft kann sich von sich aus nicht auf die Ebene der Wahrheit erheben. Sie hat ihre Gültigkeit unabhängig von dieser. Ihr versteht das Problem am ehesten, wenn ihr die Naturwissenschaft als einen Zustand oder eine Tätigkeit des Menschen begreift, der Orientierung in der Zeit sucht. Wahrheitssuche ist Orientierung an der Ewigkeit.

Ein anderes Thema möchte ich noch kurz ansprechen: Es gibt einen Unterschied zwischen dem Berührtwerden durch einen Erzengel und dem Berührtwerden durch die Archai: Das Berührtwerden durch Archai ist zugleich ein Berührtwerden von der ersten Triade, also von Seraphim, Cherubim und Thronen. Denn die Archai wirken wie eine Vermittlungsstation zwischen der obersten Triade und der Erde.

Darf ich noch eine letzte Frage stellen? – Ja. – *Wann ist das Wiedererscheinen Christi im Ätherischen zu erwarten?*[21]

(Die Archai wenden sich zum Lobpreis nach oben, schweigen eine Weile und beantworten für den Moment keine weiteren Fragen.)

Zusmael dann: Ihr werdet es bald erleben, wenn alles gut geht. Alle, die sich dem Himmel und seinen Wesen öffnen, wirken mit an dem Teppich, auf dem Christus schreiten wird.

Nun beginnt der Abstieg: Dankt den Archai, dann wieder einem Erzengel, dann den Engeln und schließlich den Menschen und findet euch in eurer inneren Kirche ein.

Freitag, 24. März 1995

Über Sonnenengel

Ein Engelbote: Seid ihr bereit, im Laufe des Jahres zur zweiten Triade, zunächst zu den *Exusiai* aufzusteigen und dort auch etwas über die Sonnenengel zu erfahren, die sich auf dieser Ebene befinden? – *Ja.* – Dann werden wir euch heute einige vorbereitende Informationen geben. (Er verlangt nochmals von jedem Einzelnen seine Zustimmung.)

Zunächst steigt wieder die »Leiter des Dankes« empor wie beim Aufstieg zu den Archai: Geht in die innere Kirche, dankt den Menschen, dann den Engeln, dann einem Erzengel, dann Zusmael, dann den Hütern am Tor der Exusiai. (Wir verfahren so.) Die zwei torhütenden Engel wirken wie ein Sonnenglas, sonst bestünde die Gefahr der Verletzung. Ihr seht: Das Tor ist von einem rosagrünen schleierhaften Licht überzogen, auch dieses dämpft die sonst gefährlich blendende Helligkeit der Exusiai. Hinter dem Tor wird eine enorme Weite ahnbar.

Einer der Torhüter: Ihr könnt das Tor nicht durchschreiten, ihr würdet Helligkeit und Schwingung nicht ertragen. Die Exusiai sind nur aus großer Distanz anschaubar; sie sind viel heller als die Sonne. Auch ein Berührtwerden durch sie ist deshalb im Moment nicht möglich.

Den Exusiai begegnet man mit *dreimal großem Respekt und dreimal großer Freude.* – Wenn ihr euch zur Rechten wendet, steht ihr den Gefilden der *Sonnenengel* gegenüber. Ihr dürft am Tor verweilen und mir (dem Torhüter) Fragen stellen.

Da der Sonnenengel des Menschen sein »höheres Ich« bildet, möchte ich mit der Frage beginnen, wie das Verhältnis des »Ich« oder des »Ich bin« zum Christus in uns zu verstehen ist?

Der Hüter: Zunächst verweisen wir euch auf die Ich-bin-Worte Christi. Wenn der Mensch die Fähigkeit entwickelt, in vollem Einklang mit seinem Sonnenengel, rein und ungetrübt »ich bin« zu sprechen, so ist das der Weg zum Herrn zurück. – Das ist ganz offensichtlich und doch sehr geheimnisvoll.

Es bedeutet aber nicht, dass es unmittelbar der Christus in euch wäre, der das Wort ausspricht. Das würde ja bedeuten, dass ihr mit ihm, der zur Heiligen Trinität gehört, identisch wäret. Zwar tragt ihr Christus auch in eurem Herzen – er wohnt in einer bestimmten Szene seines Erdenlebens in eurer inneren Kirche –, die Vorstellung aber, er lebe und wirke durch das menschliche »Ich«, wäre nicht nur irrig, sondern auch höchst gefährlich.

Zunächst gibt es die irdische Fähigkeit des Menschen, »ich« und »ich bin« zu sagen und zu erleben. Wirkst du so ins Leben hinein, so bist du nicht allein – einerseits wirkt der Doppelgänger mit dir und sucht dein Tun zu verdunkeln, andererseits wirken dein Führungsengel, dein Schutzengel, dein betender Engel und auch noch andere Wesen mit dir. Auch der in dir wohnende Christus kann heilbringend durch dich wirken. Auf dieser Stufe bist du vom Sonnenengel – von deinem »höheren Ich« – unterschieden.

Es gibt aber zweitens die Möglichkeit, mit dem Sonnenengel in Verbindung zu stehen und in vollem Einklang mit ihm »ich bin« sagen zu können. In solchen Augenblicken sind dein irdisches »ich« und dein »höheres Ich« identisch. Der Sonnenengel – dein »höheres Ich« – ist ebenfalls nicht identisch mit Christus, sondern er ist ein Geschöpf, das auf die Trinität – und damit auch auf Christus – hin ausgerichtet ist.

Wenn man diese Ordnung der Dinge verwirrt, so verfehlt man die Transzendenz auf dreifache Weise. 1. Es fehlt dann die Transzendenz zu dir selbst; du vergisst zum Beispiel den Doppelgänger und gerätst in die Gefahr der »Inflation«, der Aufblähung des Selbstbewusstseins. 2. Es fehlt die Transzendenz zum Sonnenengel; identifizierst du dich mit ihm, ohne mit ihm durchweg im Einklang zu stehen, so hebst du dich auf seine Höhe und verlierst jegliche Selbsterkenntnis. 3. Es fehlt die Transzendenz zur Trinität und damit zum Herrn. Damit entsteht die Gefahr, dass du dich schließlich mit ihm identifizierst – und das ist das Schlimmste, was einem Suchenden widerfahren kann; es bedeutet die Katastrophe schlechthin. Der Betreffende findet aus eigener Kraft nicht mehr heraus und ist durch kein Argument mehr zu erreichen. Man kann dann nur noch auf den Absturz warten, und dieser kommt so gewiss wie bei einem Flugzeug, dem der Sprit ausgeht. Dies ist ein Zustand, in den gerade hoch entwickelte Eingeweihte verfallen können. Sie lenken dann bei ihren Schülern die Verehrung und Anbetung, die dem Herrn gebühren, auf sich selbst, und diesen Schülern steht ein schlimmes Erwachen bevor. Ihr könnt Näheres dazu bei Valentin Tomberg nachlesen.[22]

Wenn das höhere Ich die übrigen Wesensglieder des Menschen nicht richtig durchdringt – wirkt das dann krank machend? Und wie ist damit umzugehen?

Zunächst: Das »höhere Ich« ist nie krank, sondern allenfalls seine Verbindung zum Menschen. Das »höhere Ich«

ist identisch mit dem Sonnenengel. Wenn die Menschen »ich« sagen, so bewegen sie sich meist auf der irdischen Ebene und stehen nicht im vollen Einklang mit ihrem Sonnenengel. Sagen sie aber in reinem ungetrübtem Einklang mit ihm: »Ich bin«, so bringen sie die Menschlichkeit in ihrer ungebrochenen Ausrichtung auf die Trinität zum Ausdruck. Wer so »ich bin« sagt, sagt damit zugleich »der Herr ist«, das heißt: Ich bejahe meine persönliche Existenz in meinem Sonnenengel, und gemeinsam geben wir sie zurück in die Hände des Herrn.

Wo diese Transzendenz fehlt, kann man in der Tat von »Krankheit« sprechen. Die Engel auf der Ebene der Exusiai sind aber keine Therapeuten, Heilen ist nicht ihre Aufgabe, aber auch nicht das intellektuelle Erklären. Sie wirken über die Tat. Ihr Tun ist ein Samenlegen. Dass der Mensch »ich« und »ich bin« sagen kann, ist ein Samen, den sie in den Menschen gelegt haben, genauer: in das, was der inkarnierte Mensch meint, wenn er »ich« sagt. Dieser Samen geht in dem Maße auf, in dem das »ich« mit dem »höheren Ich«, also mit dem Sonnenengel im Einklang lebt. Wenn der Mensch »ich« sagt, schwingt das bis in die Ebene des Sonnenengels hinauf, wie alles, was er denkt und tut. Es kommt darauf an, dass er in der rechten Weise »ich« sagen lernt, das heißt so, dass sein Sonnenengel einstimmt. Das »Ich« eines Menschen ist viel mehr, als was ihm in seinem Tagesbewusstsein gegenwärtig ist. Es umfasst alle in ihm lebenden Engel und Wesen, auch den Christus, der in ihm wohnt, und den Sonnenengel, und damit alle seine vergangenen und künftigen Inkarnationen.

Darf ich noch einmal nachfragen? Wie ist es zu verstehen, wenn man sagt: »Christus in mir«?

Man darf sich den Sohn nicht zu eindimensional vorstellen. Er ist im Menschen anwesend und zwar nicht nur symbolisch. Der Mensch bildet die zehnte Hierarchie. Er ist auf Erden Vermittler und Überbringer des Herrn. Der Herr wirkt durch den Menschen, er lebt in ihm und wird durch ihn lebendig, er heiligt in ihm und bringt durch ihn Heilung, und zwar in dem Maße, in dem der Mensch sich ihm zuwendet und ihn durch sich walten lässt. Und in ebendiesem Maße öffnet sich sein inkarniertes »ich« dem »Ich« des Sonnenengels und wird eins mit ihm. Der Sonnenengel ist ein bevollmächtigter Repräsentant des im Himmel waltenden Christus. Das war immer so und ist überall so; insofern ist jeder Mensch ein Christ, auch wenn er es in seinem Tagesbewusstsein nicht weiß. Der Sohn ist in jedem Menschen anwesend und zugleich unversehrt und heilig an seinem Platz: Er ist wir alle, wir alle sind Er. Trotzdem ist Er Er, und wir sind wir – und das alles gleichzeitig. Seine vielfältige Existenz ist sehr real und nicht etwa nur symbolisch oder psychologisch zu verstehen. Er lebt tatsächlich in jedem Menschen.

Auch in jemandem wie Adolf Hitler? Wie ist das vorstellbar?

Das irdische Leben des Christus diene euch als Vorstellungshilfe: Er ist in manchen Menschen gekreuzigt, in anderen ist Er in die Wüste gegangen, in anderen liegt Er als Kind in der Krippe, in manchen schwitzt Er Blut und Tränen, in wieder anderen predigt oder heilt Er, in anderen wird er gegeißelt und ans Kreuz geschlagen. Hinter dem Altar der inneren Kirche werdet ihr eine Nische finden und in ihr den dort lebenden Christus in einer bestimmten Phase seines Erdenlebens. Er aufersteht auch in manchen Menschen: nicht als Bild oder Symbol, sondern ganz und gar wirklich und tatsächlich.

Übt einmal folgende Schritte, um zu lernen und euch anzugewöhnen, den Menschen so – als Wohnstätte des Christus – zu sehen:

1. Anfangs schaut einen Menschen mit euren zwei Augen an.
2. Dann auch mit dem »dritten Auge«. (Es mag anfangs vorteilhaft sein, dazu die Augen zu schließen.) Mit ihm sieht man einen Menschen unter dem Gesichtspunkt, dass in ihm Christus lebt. Schaut man dem Menschen nicht aufs Gesicht, das den inkarnierten Menschen zeigt, sondern ins Herz, in seine innere Kirche, so erblickt man das »Ich bin« des Christus Jesus, das heißt, man sieht den Christus im anderen so, wie er dort lebt.
3. Wendet eure innere Aufmerksamkeit nun auch dem Christus in euch selbst zu.
4. Schließlich entsteht ein direkter Kontakt zwischen dem Christus in euch und dem im anderen Menschen. Ihr werdet Betrachter einer ganz realen Begrüßung. Es wäre gut, wenn mehr Menschen die menschlichen Begegnungen so erlebten.

Was besagt dann der Satz: »Wo zwei oder drei in meinem Namen versammelt sind, da bin ich mitten unter ihnen«? (Mt. 18,20)

Nehmt eure Gruppe als Beispiel. Christus ist in jedem von euch und außerdem zugleich in eurer Mitte anwesend, also vier Mal und ein weiteres Mal, und das alles gleichzeitig. Mach dir keinen Knoten in den Kopf, der wird es ohnehin nie begreifen. Vielleicht kannst du es fühlend erfassen, es im Herzen empfinden.

Wenn man seinen Sonnenengel anspricht, sagt man dann zu ihm »ich« oder »Du«?

Das inkarnierte »Ich« ist ein Teil des Sonnenengels, insofern besteht kein prinzipieller Unterschied zwischen dem Sonnenengel und dem inkarnierten Wesen. Aber der

Sonnenengel ist mehr als das inkarnierte Ich, er ist die Gesamtheit aller Erfahrungen in Raum und Zeit, selbst jenseits von Raum und Zeit. Du bist ein Teil von dir. Deshalb sollte man zum Sonnenengel »wir« sagen. Aber es stört ihn nicht, wenn du »du« sagst. Es wäre eine gute Übung, sich anzugewöhnen, immer wenn man »ich« sagt, »wir« zu meinen, das heißt die Präsenz des Sonnenengels zu spüren, die Sonne, die über einem steht. Man kann auch vom »großen Ich« sprechen: Das Ich erstreckt sich durch alle Stufen bis hinauf zur Ebene der Exusiai. Denn die Sonnenengel sind Teil der sechsten Hierarchie – sie bilden dort eine Gruppe für sich. Wenn die Menschen wüssten, wie groß sie sind!

Wie kann man sich die Zusammengehörigkeit des irdischen »Ich« mit dem Sonnenengel vorstellen?

Am Scheitel-Chakra ansetzend, führt ein goldener Strahl direkt nach oben zum Sonnenengel. Übe dich darin, diesen goldenen Strahl wahrzunehmen, erst für wenige Minuten in einer Meditation, später ständig bei allem, was du tust. Willst du ihm nah sein, stell dir vor, von ihm geküsst zu werden.

Wie kann an frühere Zeiten und Erfahrungen angeknüpft werden, was kann man tun, um zum Beispiel Informationen aus früheren Leben zu erhalten?

Der Sonnenengel wacht darüber, dass nicht zu schnell zu viele Informationen vermittelt werden. Menschliches Bemühen allein kann die Informationen nicht herbeiführen, sondern nur Kanäle öffnen. Die Information ist immer ein Geschenk von oben, nicht nur Frucht eurer Arbeit.

Es gibt jedoch einige Arbeitsmethoden für das »Erweitern des Kanals« und damit für eine immer bewusstere und kräftigere Verbindung zum Sonnenengel:

1. Die Regelmäßigkeit der spirituellen Arbeit.
2. Ausdauer.
3. Die Einbindung ins praktische Leben. Dies ist besonders wichtig!
4. Die rechte Mischung von Mitteilungsfreude und Verschwiegenheit.
5. Wahrhaftigkeit.
6. Ehrfurcht vor der Trinität und den Hierarchien, vor großen Meistern und Lehrern, ja vor allen Wesen, auch den Ameisen, den Blättern und Grashalmen, den Regentropfen usw., kurz: Respekt und Achtung vor dem Himmel und der Erde.
7. Dankbarkeit – und keine unbilligen Forderungen.

Der Sonnenengel achtet auf alle Ebenen. Nur wenn diese Kriterien ausgewogen und über einen längeren Zeitraum vom Sonnenengel konstatiert werden können, erweitert er vorsichtig den Informationskanal.

Wie kann man seinen Sonnenengel wahrnehmen?

Die Arbeit des Sonnenengels geschieht in der Regel sehr sanft, langsam und bedächtig. Er wirkt nur selten über erschütternde Erlebnisse, über Aufbruch, Zusammenbruch oder Abbruch. Die Brüche sind in der Regel nicht von ihm geplant, sondern entstehen durch die Menschen. Sie nehmen die Brüche oft ernster und bewerten sie höher als die allmähliche Entwicklung. Aber darin irren sie sich.

Die Weise, in der sich der Sonnenengel vernehmbar macht, ist wie nachklingend, nachhallend. Sein Klang ist eigenartig hell, wie ein helles fröhliches Lachen. Wenn die Verbindung des Menschen zu seinem Sonnenengel ungetrübt ist, so kann er kontinuierlich diesen Klang vernehmen. Darin zeigt sich dann die Einheit des »Ich«, also die Einheit zwischen dem »ich«-sagenden inkarnierten Menschen und seinem höheren Ich, dem Sonnenengel.

Ist es die Aufgabe der Elohim, die sich ja ebenfalls auf der Ebene der Exusiai und der Sonnenengel befinden, den Menschen zum »Ich« zu führen?

Sie führen nicht zum »Ich«, sondern zum Herrn – doch indem der Mensch zum Herrn findet, findet er auch zu seinem Ich. – Die Elohim sind aber sehr streng, viel mehr noch als die Sonnenengel. Sie in eigener Erfahrung zu erleben ist ein sehr feierlicher Vorgang.

Kann man die Elohim als Schöpfermächte sehen, die in das künstlerische Gestalten der Menschen hineinwirken?

Der Hüter: Diese Frage müssten sie selbst beantworten, ich kann sie aber im Moment nicht weitergeben. Die Elohim sind derzeit nach oben gewandt, es ist jetzt nicht die Zeit zu fragen; man kann sie nicht zu jeder Zeit behelligen.
Sie leben wie in einer Art göttlichen Atems, abwechselnd nach oben und nach unten gewandt, so wie es dies im Erdenrythmus Tag und Nacht gibt. Sie wenden sich im Lobpreis nach oben und dann mit Licht erfüllt nach unten. Wenn sie sich nach oben wenden, sind ihre Schwingungen für euch zu intensiv. Ihr könnt euch aber aus der Ferne an ihrem Lobpreisen beteiligen (vgl. 3.4.1995). Nun steigt bitte über die »Dankesleiter« langsam wieder hinab zur inneren Kirche.

Montag, 3. April 1995

Lobpreis der Elohim

Bruder Tullian (er gehört – wie Amael und Elion – zu den Lichtwesen mit nicht sichtbaren Flügeln; er wirkt wie ein Klosterbruder in einer braunen Kutte, sehr streng, schlicht und still, aber doch freundlich, zugleich dienend und väterlich. Er hat nicht den Witz und die Komik von Amael, ist aber auch sehr liebenswürdig.)

Um den Aufstieg zu den Dynameis vorzubereiten, bedarf es einer Unterweisung, die euch heute eine Gruppe von Elohim geben wird. Es geht um Lobpreis, Dank und Sammlung. Ihr dürft an der Anbetung Gottes durch die Elohim teilnehmen. Wenn ihr das regelmäßig tun werdet, wird das Auswirkungen auf den Christus in eurer inneren Kirche haben und euch den Aufstieg in der zweiten Triade ermöglichen. Diese Übung ist nicht geheim, aber sie setzt Menschen voraus, die bereit und in der Lage zu ehrfürchtiger Anbetung sind und diese Sphäre nicht beschmutzen. Die Elohim sind für die Reinhaltung der Anbetung verantwortlich, und diese Verantwortung übernehmt auch ihr, wenn ihr die Unterweisung weitergebt.

Macht folgende Übung zweimal täglich – morgens und abends – in würdiger Kleidung (das heißt nicht im Alltagsgewand) in einem Raum, in dem ihr weder streitet noch esst, morgens nach Osten, abends nach Westen gewandt, der auf- und untergehenden Sonne zu.

Begebt euch in die innere Kapelle. Jeder von euch wird von zwei Engeln begleitet. Der Aufstieg erfolgt wie bisher: mit Dank an Menschen, die Engel, einen Erzengel, an Zusmael; an die Hüter des Tores zu den Exusiai. (Alexa: Der Hüter öffnet das Tor, eine Gruppe von Elohim – sehr schlicht, fast mönchisch wirkend – nimmt uns in Empfang und führt uns in eine Landschaft, die man am besten mit einem Hochplateau im Gebirge vergleichen kann. Die aufgehende Sonne beginnt, den Horizont rötlich zu färben. Ihr zugewandt stehen die Elohim und beten.)

Der Torhüter: Stellt keine Fragen, sondern reiht euch schweigend ein und macht mit. Steht aufrecht mit über der Brust gekreuzten Armen, die Hände auf den Schultern, mit gesenktem Blick und sprecht mit uns das »Sanctus«:

> *Sanctus, sanctus, sanctus*
> *Dominus Deus, Sabaoth,*
> *Pleni sunt coeli et lerra gloria tua,*
> *Hosanna in excelsis.*
> *Benedictus qui venit in nomine Domini.*
> *Hosanna in excelsis.*[23]

Nun sprecht mit uns das Tedeum, aber in einer Variante in der ersten Zeile, und begleitet das Sprechen mit zugehörigen Gesten:

> *Großer Gott, wir danken dir,*
> *Herr wir preisen deine Stärke (Blick zum Horizont).*
> *Vor dir neigt die Erde sich (neigen)*
> *und bewundert deine Werke (offene Arme).*
> *Wie du warst vor aller Zeit*
> *   (mit einer schöpfenden Geste),*
> *so bleibst du in Ewigkeit (Arme nach oben erheben).*

Nun blickt zum Horizont und nehmt den Sonnenaufgang wahr. Ihr erblickt eine Station aus dem Leben Jesu. Das Bild steigt auf, wandert über euch hinweg und entschwindet im Himmel. Jetzt seht wieder einen Sonnenaufgang und eine weitere Station aus dem Leben Jesu. Das wiederholt sich mehrmals, und es wird jedes Mal heller. Durch die Sonne hindurch seht ihr das Bild. Alsdann werden dahinter zwei große wunderbare Engel sichtbar, glorios und mächtig. Dahinter erscheint schließlich ein Bild ... (schweigen)

Intendiert die Bilder nicht, sondern lasst sie kommen, wie sie kommen. Die Wahrnehmung gelingt nur über das Herz-Chakra in einem inneren Berührtsein; nicht über den Kopf.

Die Übung hat eine direkte Wirkung auf den in euch lebenden Jesus: Das ganze Leben Jesu, von dem ihr jeder nur einen Teil in euch tragt, wird in euch lebendig (Geburt, Tempel, Taufe, Wunder, Heilungen, Reden, Passion etc.).

Bruder Tullian: Noch einmal: Die Übung ist nur für Menschen bestimmt, die mit Respekt und Ehrfurcht damit umgehen. Die Elohim wachen über die Reinhaltung der Anbetung. Sie wünschen keinen Missbrauch, und das heißt auch keinen oberflächlichen Gebrauch.

Die Erkenntnis der Hierarchien ist nicht Selbstzweck, sondern ein Weg zum Lebendigwerden des Christus in euch. Ihr wollt bloß lernen, aber die Absichten der Engel mit euch gehen viel weiter. Ihr werdet noch öfter durch die Engelsphären wandern. Es ist sehr wichtig, dass ihr eure Fragen strukturieren lernt und die angegebenen Übungen macht.

(Die begleitenden Engel geleiten uns wieder abwärts und mahnen:) Beim Menschenreich dankt auch den Menschen, von denen ihr – zu Recht oder Unrecht – annehmt, dass sie euch nicht wohlgesonnen sind.

Der 3. April ist übrigens der historische Jahrestag der Kreuzigung Jesu. Für die Engel beginnt an diesem Tag (also heute) das Nacherleben der Leidenszeit.

Donnerstag, 6. April 1995

I. Der Innenraum mit der Quelle.
II. Vorbereitung auf die Karwoche

I. (Fröhliche Engel in verschiedenen Farben führen uns auf eine liebliche Waldlichtung mit einer sprudelnden Quelle, an der ein Engel sitzt.)

Jeder Mensch trägt in sich solch eine sprudelnde Quelle, so wie er auch eine innere Kirche in sich trägt. Die innere Kirche entspricht dem, was man in der Esoterik oft als das »Herz-Chakra« bezeichnet, und hat ihren Ort in der Höhe des Herzens. Die innere Quelle entspricht dem darunter liegenden Chakra. Sie hat ihren Ort im Solarplexus.

Schließt nun die Augen, öffnet den Blick nach innen und begebt euch zur inneren Quelle. Seht die Landschaft und sucht euch einen Weg zu eurer inneren Quelle. Auf dem Weg betrachtet die Natur – was für Bäume, Sträucher, Blumen und Gräser gibt es da? Welche Tiere könnt ihr sehen oder hören? Hört auch die Stille, das Plätschern eures Quellwassers. Hört ihr vielleicht auch leises Singen oder helles Lachen – Engelstimmen? Dann betrachtet eure Quelle – vielleicht auch das Quellbecken, den Teich oder See, der sich dort gebildet hat. Ihr könnt vom Wasser trinken, darin baden oder einfach nur dasitzen und ins Wasser blicken. Es ist der Quell des Lebens, das Wasser des Lebens, das ihr hier in euch besucht. Es lebt und belebt, bringt Freude und Lebendigkeit.

An der Quelle findet ihr einen Engel, der sehr sanft und ernst wirkt; er ist ziemlich groß und eindrucksvoll. Dieser »Engel an der Quelle« hat großes Wissen über Reinigungsübungen, und zwar auf allen Ebenen: von der körperlichen über die psychische und geistige bis hin zur spirituellen. Ihr könnt ihn um Rat und Vorschläge bitten. Ihr könnt euch aber auch schlicht zu ihm setzen und den Kontakt mit ihm suchen.

Er wird sich euch gern zuwenden, und das Gespräch mit ihm wird euch beleben und Freude spenden. – Mitunter findet ihr an der Quelle nicht nur einen, sondern mehrere Engel.

So wie ihr in der inneren Kapelle den betenden Engel findet und an der inneren Quelle einen oder mehrere Engel, so ist für jeden Innenraum im Menschen, für alle Chakren ein besonderer Engel zuständig, manchmal sind es auch mehrere. Es gibt also nicht nur die vier Engel für jeden Menschen, von denen bisher die Rede war (Sonnenengel, Schutzengel, Führungsengel, betender Engel), sondern ein ganzes kleines Universum. Die Anzahl der Engel ist bei verschiedenen Menschen unterschiedlich.

Der Führungsengel kann sich an jeden dieser inneren Orte begeben. Zudem kann er in den Innenraum den Führungsengel eines anderen Menschen einladen oder sich auch auf dessen Einladung in den Innenraum eines anderen begeben. Doch können sich so auch zwei Menschen gegenseitig verstehen lernen. Sie verstehen einander in dem Maße, in dem die Führungsengel die inneren Orte des anderen kennen. Bestimmte Engel unterweisen die Menschen in der Kunst, die Initiative zu ergreifen und die Führungsengel zu bitten, sie mögen miteinander Kontakt aufnehmen, oder sie mögen gegenseitig in den anderen Menschen hineinreisen und ihre inneren Orte kennenlernen: die so genannten »Engel des Regenbogens«. Sie helfen euch also, Brücken zueinander zu schlagen und euch verstehen zu lernen.

II: Der Engel an der Quelle: Ich gebe euch nun eine Übung aus Anlass der bevorstehenden Karwoche. Es geht darum, euch auf die Leidenszeit so vorzubereiten, dass ihr diese dann bewusst und intensiver als sonst, in einer Haltung der Sammlung, des Vertrauens, der Ruhe, nach innen gewandt, nacherleben könnt. Diese Vorbereitungszeit beansprucht sechs Tage. Am besten beginnt man sie sechs Tage vor Palmsonntag; ihr könnt sie aber auch jetzt noch aufnehmen, sodass sie die sechs Tage vor Gründonnerstag ausfüllt. Und zwar arbeitet folgendermaßen:

Zwei Tage beschäftigt euch mit eurer Vergangenheit. Versucht euch mit ihr auszusöhnen.

Zwei Tage lang lebt ihr ganz in der Gegenwart und führt innere Gespräche mit den Menschen, die euch umgeben, fast als wolltet ihr allen ein letztes Wort sagen, aber auch mit den Wesen über euch und den Engeln. Betet auch zum Vater, zum Sohn, zum Heiligen Geist, zu Maria.

Zwei Tage lang beschäftigt euch mit der Zukunft: Überprüft eure Ideale und eure Wunschvorstellungen: Woran wollt ihr euch binden?

Lebt in dieser Zeit möglichst weitgehend in der Innenwelt.

Wo vor allem?

In den Innenräumen, in denen ihr euch am wohlsten fühlt. Äußerlich solltet ihr in dieser Zeit so entspannt leben, wie es eure Pflichten euch erlauben, und viel in der Natur wandern. Das Ganze ist eine Art Reinigungstherapie.

Donnerstag, 13. April 1995
(Gründonnerstag)

Teilhabe an der Passion

Ein »Verkünder«: Die Teilhabe an der Leidenszeit der Karwoche wird von den Menschen von Jahr zu Jahr intensiver, persönlich ergreifender erlebt, und zwar, weil sich die Wiederkunft Christi im Ätherischen vorbereitet und weil deswegen der Mensch in seinem Ätherleib stärker mitschwingt, ja mit beteiligt ist.

In der Karwoche erleben alle Seelen, besonders aber die, die damals anwesend waren, und alle ihre Engel die Passionszeit noch einmal: Sie erleben alles, was damals geschehen ist, bis ins letzte Detail, nun aber ergänzt um das moralische Empfinden. Wer damals Jesus nicht erkannte, wer ihn misshandelte, wer johlte, kühl zuschaute, wer in irgendeiner Weise mitmachte oder Desinteresse zeigte, der empfindet das schmerzlich und ist von Scham ergriffen. Seine Engel tun stellvertretend Buße.

Der Kreis derer, die sich an dem intensiven Nacherleben des Passionsgeschehens beteiligen, wächst jährlich: Zu den Menschen, die damals anwesend waren, und ihren Engeln treten die Engel, die jene Seelen in seitherigen Inkarnationen begleitet haben, sowie die den Menschen und den Engeln jeweils wieder zugehörigen Menschen: ihre Familienangehörigen, ihre engen Freunde etc. und wiederum deren Engel. Sie alle umspannen die Erde mit einem Netz von bewusst oder unbewusst Trauernden und Lobpreisenden. Der Chor wird von Jahr zu Jahr mächtiger, man hört ihn durch alle Hierarchien, er wird immer lauter, eindringlicher, dichter. Er übt eine Anziehungskraft auf Christus aus: Er sehnt seine Wiederkunft im Ätherischen herbei.

Alle Seelen, die auf diese Weise die Karwoche direkt oder indirekt, bewusst oder unbewusst wieder erleben, stimmen mit den Hierarchien in Trauer und Lobpreis ein. Hier zeigt sich ein wunderbarer Plan. Die Erde kann deshalb unter gar keinen Umständen verloren gehen. Das ist unmöglich, weil die Leidensgeschichte in die Erdenhülle eingeschrieben ist und sich jährlich wiederholt und weil die Zahl der Miterlebenden von Jahr zu Jahr wächst. Dadurch wird die Anziehungskraft auf Christus immer stärker. Schon deshalb kommt Christus mit Sicherheit wieder. Und aus diesen Gründen dürft ihr gewiss sein: Es ist unmöglich, dass die Welt verloren geht.

Freitag, 14. April 1995
(Karfreitag)

Über die Trauer

(Die Engel tragen alle Trauer, das heißt, ihr Haupt ist geneigt und ernst, ihre Flügel sind zusammengelegt. Sie tragen kein Schwarz, aber alle Farben sind von einem Grauschleier überzogen, wie in der Abenddämmerung.

Ein »Engel der Trauer« in graublau gedämpften Farben:) Der Himmel weint, die Tränen fallen in die Mitte eures Kreises. Lasst uns ein wenig in Stille verweilen. Wir machen euch den Vorschlag, heute etwas zum Thema Trauer zu sagen. Es wird aber keine traurige Stunde werden. Wollt ihr das bewusst und freiwillig? – *Ja.* – Es ist bei uns nicht üblich, vom »Tod« zu sprechen, sondern vom »Sterben« oder vom »Gang über die Schwelle«. Ihr solltet deshalb auch das Gegrüßet seist du Maria mit den Worten schließen: »… und in der Stunde unseres Sterbens«. Denn das Sterben führt nicht in den Tod.

Von einem »Todesengel« zu sprechen ist deshalb eine Unmöglichkeit in sich. Der Tod hat keine ihm zugehörigen Engel: Ein solcher wäre ein Wesen, das ist, indem es nicht ist, das seinen Wesenskern im Nichtsein hat. Es gibt aber »Schwellenengel«, und zwar von zweierlei Art: Engel, die die Schwelle behüten, und Engel, die die Seelen über die Schwelle begleiten.

Was in der Heiligen Schrift »Tod« genannt wird, ist nicht das Sterben, sondern das »Dunkel«, das heißt die

Abwesenheit des Lichts, so weit, wie die Hierarchien zur Linken es treiben können. Das ist ein Zustand der Seele, nicht ein besonderer Aufenthaltsort, auch wenn die Seele ihn als solchen erleben mag. Auch was die Kirche die »Hölle« nennt, ist das Dunkel.[24] Im so genannten »Tode« aber ist normalerweise Licht, es sei denn, die Seele hat den Weg über die Schwelle nicht gefunden und irrt als so genannte »verlorene Seele« noch im Dunkel herum. Doch jenseits der Schwelle ist Licht. – »Sterben« bedeutet auch nicht etwa, sich aufzulösen.

Gibt es die ewige Hölle, also das ewige Dunkel?

Nein! Es gibt immer die Gnade. Doch das ist kein Grund, erleichtert oder gar erfreut zu sein. Denn auch nur ein einziger Tag im Dunkel ist furchtbar.

Durch welche Vergehen kommt man in das Dunkel?

Nie durch Taten in der Außenwelt allein, sondern immer auch durch Tendenz und Färbung der Innenwelt, und zwar:
1. Durch die Unfähigkeit, sich selbst zu vergeben, und die darin begründete Annahme, dass es auf irdischer Ebene keine Vergebung gebe. Die Bitte um Vergebung richtet sich zwar zuerst an den anderen, aber es ist wichtig, sie auch an sich selbst zu richten: Bitte deinen Nächsten um Vergebung wie dich selbst.
2. Durch den Gedanken, dass es auch im Himmel keine Gnade gebe.
3. Durch den Gedanken, dass es gar keine Instanz gebe, die Gnade walten lassen könne.

Wenn sich ein Mensch vergangen hat, richtet sich die Bitte um Vergebung zuerst an den Vater und an den, dem Schaden zugefügt wurde. Ebenso wichtig ist indes, auch sich selbst um Vergebung zu bitten für das, was man sich selbst zugefügt hat, indem man anderen Schaden zufügte oder Unrecht tat. Auch wenn es nicht immer so scheinen mag, die strengste Instanz ist das eigene Gewissen. Es mag verdrängbar sein – für eine gewisse Zeit, vielleicht sogar ein ganzes Leben lang –, aber es ist unbestechlich. Oft nimmt die Selbstbetrafung – sei es gleich oder viele Inkarnationen später – absurde Formen an. Ohne sich selbst zu vergeben, bleibt die Seele wund. Noch wichtiger aber ist: Sich selbst zu vergeben, befähigt erst dazu, die Vergebung von oben anzunehmen. Die Gnade ist viel wirksamer und präsenter, als ihr denkt. Sie kann aber von dem nicht angenommen werden, der sich selbst nicht vergibt. Sich selbst nicht vergeben können blockiert die Wirksamkeit der Gnade.

Das Dunkel ist also nur möglich, wenn die Seele beschlossen hat, weder die Existenz eines gnädigen Gottes noch die eigene Gnadenwürdigkeit anzuerkennen. Der Gang ins Dunkel ist dann selbst gewählt. Er ist nicht von oben verordnet, aber von oben geduldet. Wir sehen diese Seelen mit großer Trauer und großer Hochachtung, denn es ist der schwerste aller Wege, den die Seele sich aussuchen kann. Niemand unter den Menschen kommt in seiner ganzheitlichen, spirituellen Entwicklung weiter, wenn er nicht Verständnis hat und Hochachtung empfindet für die, die diesen Weg beschlossen haben. Auch deshalb legt die Heilige Schrift so viel Wert darauf, keine Geringschätzung dem Geringen gegenüber zu empfinden.

Zudem ist keiner von euch ohne Erfahrung des Dunkels. Es gibt in jedem Menschen einen Anteil, der diesen Zustand sehr gut kennt, aus dieser oder einer früheren Inkarnation. Kennte er ihn nicht, Härte und Hochmut würden grenzenlos.

Um mindestens gefühlsmäßig zu begreifen, wer der Vater ist, ist Trauer einer der ersten Schritte. Trauer ist immer ein Berührtwerden vom Dunkel, manchmal ein Erschüttert- oder Geängstigtwerden. Dann sucht die Seele den Vater und sehnt sich nach ihm. Wer aber vom Dunkel nicht nur berührt wird, sondern sich ins Dunkel begibt, der hat es sehr schwer, allein aus dem Dunkel herauszufinden. Viele Engel und Heilige sind damit beauftragt, helfend einzugreifen. Auch inkarnierte Menschen können helfen. Dies geschieht im Rahmen dessen, was man Erlösungsarbeit nennt.

Was heißt, die Sünde wider den Heiligen Geist könne nicht vergeben werden?

Das ist eine missverständliche Kurzfassung. Diese Sünde wird von der Seele selbst als so schwer wiegend empfunden, dass sie meint, sie könne nicht vergeben werden, deshalb kann sie es auch nicht, denn die Vergebung muss vom Menschen angenommen werden können, bevor sie gegeben werden kann.

Es gibt Sünden, die vielleicht erst am Jüngsten Tag vergeben werden. Aber es gibt nichts, was nicht vergeben wird. Vergesst nicht, dass ihr Geschöpfe Gottes seid. Wenn euch nicht vergeben würde, würde ja der Vater sich selbst nicht vergeben. Vergesst nicht: Ihr seid immer die Kinder des Vaters geblieben. Es ziemt sich daher nicht, eine ewige Hölle zu denken. Die Verantwortung des himmlischen Vaters für seine Kinder ist – anders als im Irdischen – absolut. Es braucht Jahre, um die Tragweite dieses Satzes wirklich zu begreifen.

Um was wird getrauert, wenn man doch weiß, dass der Verstorbene in ein lichtes Reich kommt?

Menschen trauern um sich selbst, um Teile der eigenen

Seele, nicht um den Verstorbenen. Aber das bedeutet nicht Egozentrizität. Man weint zum Beispiel aus neu entstandener Ungeborgenheit, Heimweh und Einsamkeit. Man weint um verpasste Chancen, um zerbrochene Vorstellungen und Werte, um beendete Wege, kurz darum, dass Menschen von einem gehen, manchmal auch darum, dass nun vielleicht neue Menschen in die Nähe kommen. Sich dessen bewusst zu werden bedeutet die Umlenkung der Konzentration weg von der Außenwelt hin zur Innenwelt. Sie ist das Tor zur Trauer. Um sich selbst zu trauern heißt, sich ehrlich und offen selbst zu begegnen. Das hat eine heiligende und heilende Wirkung. Man kann dann Christus in sich begegnen: Trauer ist ein Tor zu Christus. Durch sie wird die Seele empfänglich für eine heilende Berührung durch Christus. Sie ist ein erster Schritt zu einer grundlegenden Wandlung, zum Ganzwerden, zum Wesentlichwerden, zum Heilwerden. Deshalb ist die Trauer ein großes Geschenk. Trauer ist nie als Strafe oder Belastung oder als unschicklich anzusehen, sondern immer als ein Geschenk.[25]

Wie soll man eine Trauerfeier gestalten?

So, dass sie den Menschen das Gesagte erlebbar macht. Es ist schwer, aber sehr schön, Menschen die innere Wandlung fühlbar, im inneren Bild vorstellbar, erlebbar zu machen. Es geht nur, wenn sie sich berühren lassen. Man kann Engel um Hilfe bitten; sie stellen sich dem Menschen als Begleiter zur Seite. Es geht zunächst um die Wendung von der Außenwelt zur Innenwelt, also um die Trauer um sich selbst, um Aspekte des eigenen Lebens, um Erfahrungen, Erinnerungen, Gedanken. So öffnet man die Seele für die Begegnung mit Christus. Dann muss man es jedem Einzelnen überlassen, wie er diese Begegnung erfährt. Zum Abschluss achtet bitte darauf, dass die Feier mit einem Lächeln endet. Lächeln wirkt wie ein Pflaster auf die wunde Seele.

Der Aufbau der Feier ist also so zu gestalten:

1. Zunächst geht es um die Außenwelt – um den Verstorbenen.
2. Sodann folgt die Wendung in die Innenwelt: Ich habe ihn verlassen, ihm gewisse Dinge nicht gesagt, ihn gebraucht, noch so viel mit ihm vorgehabt; er hat mir viel gegeben, das mir nun fehlt; er hat mich verlassen, mich im Stich gelassen ..., die Emotionen können bis hin zur Wut gehen.
3. Dann sollte aber ein heilender Schritt folgen, die Begegnung mit Christus: Ich weine auf einer gewissen Ebene um den Herrn, den man allein gelassen hat, den man verraten, gegeißelt, gekreuzigt hat. Für das innere Erleben kann man sich das entsprechende Bild aus der Bibel vergegenwärtigen, zum Beispiel: Ich bin verraten worden – Jesus ist verraten worden. Ich bin »geschlagen« worden – Jesus ist geschlagen worden. Wenn das begriffen ist, kann Christus in dir aktiv werden; denn er hat Leid und Schmerz und das Dunkel überwunden.

In der so genannten »therapeutischen Trauerarbeit« wird meist die dritte Stufe versäumt. Doch ohne sie ist eine seelische Heilung nicht möglich. Man sollte immer einen Engel der Trauer hinzubitten.

Ist Trauer für Engel anders als für Menschen?

Ja, sie ist eine besonders liebevolle Form von Lobpreis. Es gibt für die Engel nicht die drei Stufen der Trauer, sondern eine Einheit: Trauer ist für sie inniger Lobpreis. Wenn zum Beispiel ein Mensch eine Entscheidung trifft, die die Engel anders gewünscht hätten, trauern die Engel. Sie distanzieren sich damit nicht von dem Menschen, sondern im Gegenteil: sie bleiben nah bei ihm, versetzen sich in seine Situation hinein. Gleichzeitig preisen sie das Gute, Sinnvolle, Heilende dieser Situation. Und sie halten Ausschau danach, welche hilfreichen Impulse sie ihrem Schützling geben können.

Je höher die Hierarchie, desto untrennbarer ist die Einheit von Trauer und Lobpreis, denn desto größer ist ihre Kenntnis des Reiches des Dunklen und damit die Fähigkeit, das Dunkel zu verstehen. Sie dürfen das, ihr nicht. Sie sind voll der Trauer und voll der Freude, unendlich erfüllt von beidem zugleich. Sich mit diesem Schmerz, dieser Ergriffenheit vor den Herrn zu stellen ist für Menschen nicht nachvollziehbar. Es wäre schwer auszuhalten, es wirkte bis in den Körper hinein. Nur einige Heilige haben diese Ergriffenheit erlebt, vor allem die Stigmatisierten, auch Johannes vom Kreuz.

Eine Ergriffenheit, wie sie der Herr in Gethsemane erlebte, ist nicht mit äußerer Bewegung verbunden, sondern mit innerer Bewegung, die äußerlich häufig wie große Ruhe wirkt. Das Zentrum von Ergriffenheit und Bewegung ist große Ruhe.

Wer war der Engel, der dem Herrn in Gethsemane Stärkung gebracht hat?
Was meinst du?
Ein Cherubim?
Nein, aber er gehörte zur ersten Hierarchie, zu den Thronen, die den Willen stärken.[26]

Was bedeutete der Ausruf Jesu am Kreuz: »Mein Gott, warum hast du mich verlassen?«[27]

Er war ein Ausdruck für den Extrempunkt der Trauer, den Punkt der größten Ferne, wo man sich im Dunkeln verlassen fühlt. Jesus war aber nicht allein. Es war ja ein Psalmwort[28], und dieses formuliert eine Frage, keine Aussage über die Realität: Es ist der Ausruf einer menschlichen Seele. Viele Menschen kennen diesen Extrempunkt des Gefühls der Verlassenheit. Doch er ist zugleich der Punkt der Wende, der Punkt, an dem man sich entweder im Dunkel des Haders und der Verzweiflung verliert oder aber sich hinwendet und heimkehrt zum Licht. Man muss den Ausruf in Verbindung sehen mit dem späteren Wort: »Es ist vollbracht.«[29]

Jede Trauer ist ein Kreuzweg. Der Christus in euch geht den Weg mit euch, und zwar ganz real. Er hält euch an der Hand, wenn ihr wollt, als ein Geschenk an euch. Christus ist auch in anderen inneren Lebensprozessen lebendig, zum Beispiel bei Hochzeit und Heilung, aber eben auch bei Trennung oder Schmerz oder Verleumdung. Er geht in euch den Kreuzweg – bis zur Auferstehung.

Was erlebte Christus nach seinem Sterben am Kreuz?

Er ist »hinabgestiegen in das Reich des Todes«, das heißt in die Dunkelheit. Im Moment wäre euch eine weitergehende Antwort nicht zuträglich. Aber die Frage ist legitim, bewahrt sie für später auf.

Zum Abschluss wiederum: Die Himmel weinen, die Tränen tropfen in die Mitte dieses Kreises. Jede Träne ist ein Kleinod. Wir danken, dass wir zu euch sprechen durften.

Sonntag, 16. April 1995
(Ostersonntag; mittags)

Ein Engelbote: Die Führungsengel lassen grüßen und bitten auf den Abend. Derzeit waltet unter ihnen große Geschäftigkeit mit allerlei Begegnungen und Beratungen, sie sind in sehr freudiger Stimmung, man möchte sagen: Sie sind bester Laune. Es ist ein heiliger Tag für das Knüpfen von Beziehungen, ein heiliger Tag der Begegnungen und der Freundschaft. Es gibt mehrere solcher Tage im Jahr.

Sonntag, 16. April 1995
(Ostersonntag; abends)

(Auszüge)

Führung und Freiheit

(J. erbittet Ratschläge in Lebensfragen: Soll ich so oder so entscheiden?)

Ihr Führungsengel: Die Engel begleiten zwar den Menschen, aber sie nehmen ihm die Entscheidungen nicht ab. Das dürfen sie nicht. In Situationen, wo ihr Lebensentscheidungen zu treffen habt, meint ihr immer: Erst soll das Pferd da sein, dann beschließt ihr, dass ihr reiten lernen möchtet. Es geht aber nur andersherum: Erst bedarf es des Entschlusses, etwas Bestimmtes zu tun, dann kommt die Frage nach den Mitteln. – Der Weg entsteht beim Gehen. Die Meinung, es gebe feste Wege, ist ein Missverständnis. Es gibt Tendenzen, gewisse Absprachen, Knotenpunkte, Kreuzungspunkte, aber keinen vorgezeichneten Wanderweg. Jeder Weg ist in sich neu und einzigartig. Er entsteht, während man ihn geht. Wichtiger als ihn zu kennen ist, ihn zu gehen. Die praktische Realität ordnet sich der gedanklichen unter. Der Entschluss wirkt bestimmend für die praktische Realität. Engel können nur helfen, wenn Entscheidungen gefallen sind. Wenn sie feststehen, könnt ihr euch mit Hoffnung und Vertrauen an die Engel wenden und sie bitten, sie mögen hilfreich werden. Bis dahin warten die Engel ab.

(J. fragt nach der Bedeutung eines Traumes):

Träume bilden nicht die reale Welt ab, sondern seelische Bilder von ihr: Sie spiegeln deine Subjektivität. Es gibt allerdings auch Engel, die durch Träume wirken, und solche, die den Traum behüten. Aber Engel arbeiten am liebsten mit bewussten Menschen. Traumdeutung ist nicht Engelsache.

(M. fragt, wie sich eine ihm bevorstehende Begegnung abspielen wird):

Sein Führungsengel: Darauf gibt es jetzt keine Antwort, denn du sollst diese Tage voll und ganz durchleben und nicht wie ein Beobachter. Vorhersagende Auskünfte wären aus drei Gründen nicht gut.

1. Sie würden die Gleichheit mit deinem Gesprächspartner aufheben und dir eine privilegierte Stellung verschaffen. Das wäre nicht fair.
2. Der reinigende und wandelnde Aspekt, den die Begegnung haben kann, würde behindert.
3. Dein Verhalten wäre deinem Gesprächspartner vielleicht fremd und unverständlich. Du könntest zum Beispiel lächeln, weil du Zusammenhänge kennst, die er nicht kennt; das würde ihn sehr irritieren. Das ist auch eine Sache des Ehrenschutzes!

Samstag, 22. April 1995

Über Ehe und Partnerschaft

(Es erscheint ein rosafarbener, aber auch in Grün und anderen Farben schillernder »Engel der Ehe und Familie«, begleitet von zwei Engeln mit einer Färbung, die die rosa Nuance seines Wesens verstärken.) Der Engel: Rosa ist der Aspekt der Liebe, Grün der Aspekt der Heilung. Beides gehört zur inneren Kirche. Für das Christsein sind diese Farben die wichtigsten. Ich möchte euch heute einiges zum Thema »Ehe« sagen, wenn ihr wollt. – *Ja.*

Eine wirkliche Ehe kann man daran erkennen, dass sich bei der entscheidenden Begegnung eine Ad-hoc-Klarheit eingestellt hat: Beide Partner wussten sofort mit innerer Gewissheit, dass sie ihr ganzes weiteres Leben in inniger Liebe verbunden bleiben. Das ist ein Zeichen dafür, dass ihre Sonnenengel und auch ihre Führungsengel ganz eng miteinander verknüpft sind. Man nennt dieses Erlebnis oft »Liebe auf den ersten Blick«. Das ist nicht falsch, kann aber zu Missverständnissen führen.

Erstens gilt es, dieses Erlebnis nicht mit spontaner Verliebtheit zu verwechseln. Diese ist mit Faszination, Aufgeregtheit, romantischer Begeisterung, Unruhe und Leidenschaft verbunden. Sie führt in das große Tralala: das theatralische Spiel der Werbung und Verführung mit all ihrem Brimborium. Das Ad-hoc-Erlebnis hingegen hat den Charakter von schlichter, sachlicher, ruhiger Klarheit und Gewissheit. Man schaut sich an und weiß mit fast erschreckender Nüchternheit: So ist das.

Zweitens muss sich dieses Ad-hoc-Erlebnis nicht unbedingt auf den ersten Blick einstellen. Es kommt vor, dass man sich längst kennt, zum Beispiel aus der Schulzeit, als Nachbar, vom Arbeitsplatz her. Doch plötzlich steht man sich nicht mehr neutral gegenüber, sondern weiß: Jetzt beginnt etwas Neues, von diesem Moment an ist es klar und bleibt klar. Das Zusammensein hat dann nicht den Charakter der so genannten »Beziehungskiste« mit ihrem Hin und Her, ihrer Leidenschaft und Sinnlichkeit, ihrer Passion und ihren Krächen und Trennungen. Das ist das Gegenteil des Gemeinten.

Drittens kann die so genannte »Liebe auf den ersten Blick« einseitig sein: Der eine fühlt sich zum anderen hingezogen und sagt sich: Mir ist es klar, dass wir zusammengehören, dir werde ich das schon beibringen. Das von uns gemeinte Ad-hoc-Erlebnis stellt sich bei beiden gleichzeitig ein; es ist ein Erlebnis auf spiritueller Ebene. Sinnliche Anziehung mag zwar hinzutreten, doch auch dann sprechen beide Körper gleichzeitig.

Viertens kündigt sich das Ad-hoc-Erlebnis meistens an: Beide wissen, es wird etwas Entscheidendes geschehen, sind in Unruhe und in einer Erwartung, die in die Träume hineinspielen kann. Wenn man sich dann gegenübersteht und spontan zur Klarheit findet, weiß man: Das ist die Begegnung, die wir erwartet haben. Wenn man hingegen zögert, zweifelt, sich anderweitig umschaut, dann aber von der Mühle des Umfelds erfasst wird und sich mit Vernunftsgründen zum Eheentschluss überredet, dann handelt es sich nicht um eine wirkliche Ehe und man täte besser daran, in einer freien Beziehung miteinander zu leben oder auseinander zu gehen.

Fünftens gibt es dieses Ad-hoc-Erlebnis nicht nur bei der Begegnung von Mann und Frau, sondern auch von

Freunden oder von Lehrer und Schüler. In entsprechender Weise kann es sich einstellen, wenn man mit einer neuen Aufgabe konfrontiert wird und plötzlich weiß: Dies ist meine Lebensaufgabe, oder wenn man das Buch findet, das für die künftige Lebensarbeit maßgeblich wird, oder wenn man das Haus entdeckt, in dem man wohnen wird, oder ein Notenblatt mit der Musik, die einen künftig vor aller anderen erfüllt und beglückt.

Wo sich dieses Ad-hoc-Erlebnis nicht einstellt, geht davon aus, dass die Sonnenengel und die Führungsengel von Mann und Frau nicht in dieser engen Verbindung zueinander stehen. Dann wäre es gut, mit der Eheschließung zu warten, bis der Partner kommt, bei dem sich das Ad-hoc-Erlebnis einstellt. Doch kann dann trotzdem eine gute Beziehung entstehen. Es ist nicht richtig, dass Männer und Frauen nicht in freien Beziehungen miteinander leben dürfen. Diese haben ihren Sinn und sollen sogar sein. Auch das Kinderzeugen ist aus unserer Sicht nicht an die Ehe gebunden. Uneheliche Kinder sind für den Himmel völlig gleichberechtigt.

Der Himmel erwartet allerdings, dass die Kinder aus einer nichtehelichen Partnerschaft gesichert werden und dass sich weder Vater noch Mutter der Verantwortung für sie entziehen. Aus diesem Grunde billigt er die sozialen und rechtlichen Regelungen, die auf Eheschließung auch dort drängen, wo die Menschen eigentlich nicht zu einer Ehe verbunden sind. Das hat für ihn also weder sakramentale noch prinzipiell moralische, sondern praktische Gründe: Es geht zum Beispiel um die Sicherung der Kinder, um die Nachweisbarkeit der Abstammung und Herkunft, um vermögensrechtliche und erbrechtliche Gesichtspunkte, um die Fragen der Personensorge: Wer hat was zu sagen, wer tritt für die Kinder ein? Da handelt es sich um Ordnungsregeln, die die Menschen aus vernünftigen Gründen der Sicherung und der Zuweisung von Verantwortlichkeiten verfügt haben und die der Himmel versteht und billigt. Aber solche »Ehen« sollten aus seiner Sicht nur bürgerlich-rechtlich, nicht sakramental geschlossen werden.

Denn wir sind, was die sakramentale Ehe angeht, viel strenger, als man auf Erden zu sein pflegt: Es werden viel zu viele Ehen geschlossen, die in Wirklichkeit gar keine Ehen, sondern nur gute Beziehungen sind. Die strenge Ehelehre der Kirche dürfte sich eigentlich nur auf die wirklichen Ehen beziehen. Diese sind in der Tat unscheidbar, aber in ihnen macht sich das Beieinanderbleiben von selbst. Man klagt ja mit Recht, dass so viele Ehen geschieden werden. Aber dahinter steht ein sehr ernstes Problem: Ehen werden viel zu häufig, zu schnell und zu leichtfertig geschlossen.

In einer wirklichen Ehe, wo sich die beiden Sonnenengel und die beiden Führungsengel miteinander verbinden, entsteht ein neues Wesen, sozusagen ein dritter Engel. Die Namen der Sonnenengel werden zu einem gemeinsamen Namen zusammengesetzt. Das geschieht auch dann, wenn die Ehe nur bürgerlich, aber nicht sakramental geschlossen wird, zum Beispiel, weil ein kirchenrechtlicher Hinderungsgrund entgegensteht.

Auch die beiden Führungsengel bilden in einer wirklichen Ehe ein »Wir«, stehen aber zugleich auch »ihrem« Menschen je einzeln zur Verfügung. Ihr könnt euch das wie ein Dreieck vorstellen mit der Spitze im Himmel.

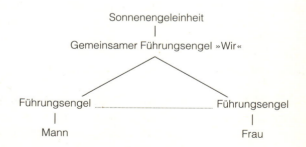

In einer wirklichen Ehe gibt es zwar zwei menschliche Körper – auch wenn sie sich vereinigen können – und zwei Seelen – auch wenn sie für Momente das Gefühl der Vereinigung haben. Das Erleben der körperlichen Einheit ist das flüchtigste, das des seelischen Gleichklangs ist beständiger. Doch auf der spirituellen Ebene gibt es eine unbedingte und andauernde Einheit.

Dass die Führungsengel einerseits getrennt wirken und sich andererseits doch zu einem »dritten Engel« vereinigen, drückt sich häufig darin aus, dass man bei der Eheschließung zwar die Vornamen behält, aber einen gemeinsamen Nachnamen annimmt. Wenn Ehepartner, wie es heute öfter geschieht, ihre Nachnamen beibehalten oder sie mit einem Bindestrich zusammenfügen, so kann das, wenn auch kein Beweis, so doch ein Indiz dafür sein, dass es sich aus der Sicht ihrer Sonnenengel nicht um eine wirkliche Ehe handelt. Denn wo die Sonnenengel einen einheitlichen Namen annehmen, inspirieren sie ihre Menschen über die Führungsengel, das Gleiche zu tun. Natürlich ist nicht etwa umgekehrt der gemeinsame Nachname auch ein Indiz für eine wirkliche Ehe, auch heute nicht, wo die Wahl des Namens freier ist als früher.

Die katholische Auffassung ist in Bezug auf die Ehe sehr rigoros. Das führt zu vielen Missverständnissen und Kritik an der Kirche und oft überhaupt an der Religion. Da bedarf es noch einer anderen Haltung und eines weiseren Umgangs mit dem Thema Ehe. Wir betonen noch einmal, dass das Zusammenleben ohne Ehe vom Himmel nicht missbilligt wird.

Sind Ehen prinzipiell unscheidbar?

Ehen, die im Sinne des Himmels wirkliche Ehen sind, bei denen also die Sonnenengel miteinander verbunden sind, sind in der Tat unscheidbar. Aber bei ihnen stellt sich das

Problem nicht: Die Partner werden niemals die Scheidung wünschen. Das Problem entsteht, wenn sich Menschen zu einer Ehe verbunden haben, ohne dass ihre Sonnenengel eine Einheit bilden. Auch dann ist allerdings große Zurückhaltung geboten. Die Scheidung ist aus unserer Sicht zwar möglich, aber nur in besonderen Situationen. Sie setzt sowohl eine entwickelte moralische Struktur der Beteiligten voraus als auch die richtigen Motive. Scheidung sollte zur Heilung, zur Befreiung und zum Wachstum der Beteiligten dienen, und zwar beider beteiligter Ehepartner. Sind gar noch nicht erwachsene Kinder involviert, wird die Sache vollends problematisch. Denn wer von den Eltern wollte behaupten zu wissen, dass die Scheidung der Heilung und Befreiung der Kinder dient?

Eines sollte Ehepaaren klar sein: Wer sich zusammentut, eine Familie gründet, begibt sich nicht nur in besondere Lebensumstände. Er schenkt einem Wesen das Leben: dem Wesen »Familie«. Trennung bedeutet auch, dieses Wesen zu zerstören. Hier sind wir Engel noch strenger als die Kirche. Das auf die Dauer angelegte unverheiratete Zusammenleben betrachten wir ähnlich wie eine Ehe und Trennungen daher ähnlich wie eine Scheidung. Die meisten Scheidungen sind nicht in unserem Sinne. Scheidung gleicht einem sehr wirksamen, aber daher auch gefährlichen Instrument. Daher unser Rat: Vorsicht! Das Skalpell gehört in die Hand eines erfahrenen Chirurgen, nicht eines Kindes.

Ist die katholische Auffassung, dass Ehen unscheidbar seien, ein Fehler?

Nein. Die Kirche macht den Regelfall zur Regel, und das ist auch gut so. Zur sakaramentalen Bedeutung der Ehe gehört der Satz »… bis dass der Tod euch scheidet.«

Würde die Kirche die Scheidbarkeit zugestehen, so wäre dieser Satz relativiert: »Es sei denn, ihr trennt euch vorher.« Diese Relativierung brächte eine Öffnung (wie jede Relativierung). Menschen begrüßen das. Aber nicht nur Menschen, auch ganz andere Wesen freuen sich über diese Öffnung und halten fröhlich Einzug ... Versteht also: Die Kirche darf gar nicht anders handeln. Wohl jeder Priester weiß, dass Ehen unrettbar scheitern können. Die Kirche weiß das auch. Und dennoch ist die irdische Institution Kirche gehalten, an dem Satz »... bis dass der Tod euch scheidet« festzuhalten. Sonst würde er schon im Augenblick der Eheschließung nicht ernst genommen, auch von den Ehepartnern nicht, selbst wenn sie sich dessen nicht einmal bewusst wären.

Eine andere Frage ist, was geschehen soll, wenn er ernst genommen wird und später die Ehe trotzdem unheilbar scheitert. Aber es gibt Dinge, die, obwohl wahr, von der Kirche nicht gesagt werden sollen. Es geht dabei nicht um Geheimhaltung, die die Information unauffindbar macht, die täuscht oder verschließt, sondern um Fernhaltung, die Distanz herstellt und den Weg zur Information an die moralische Entwicklung des Einzelnen bindet. Die kirchliche Auffassung von der ausnahmslosen Unscheidbarkeit der Ehe ist also gleichzeitig richtig und nicht richtig. Ihr müsst lernen, mit solchen scheinbaren Widersprüchen zu leben und verständnisvoll umzugehen.

(Wir werden zum Hohen Rat gerufen, aber nicht in das Hauptschiff, sondern in einen schlichten Nebenraum, einen Privatraum, wo uns der Hohelehrer – der Lehrer der Lehrer –, auf einem etwas erhöhten Stuhl sitzend, freundlich begrüßt.) Der Hohelehrer: Ich möchte noch einiges ergänzen. Vorweg: Wenn wir hier Fragen allgemeiner Art erörtern, so dürft ihr Freunde mitbringen: Die Freunde meiner Freunde werden stets willkommen sein.

Es handelt sich nicht um einen Widerspruch zwischen Ja und Nein, sondern darum, dass die Sache auf verschiedenen Ebenen verschieden zu betrachten ist. Auf der Ebene der irdischen Institution der Kirche sind Ehen prinzipiell unscheidbar: Die Rechtsordnung der Kirche kann nicht anders, als an generell abstrakten Regeln festzuhalten, ohne nach dem Einzelfall zu differenzieren, weil ihr ja das Wissen um die Besonderheiten, auf die es ankommt, in der Regel nicht zugänglich ist. Die Engel, denen es zugänglich ist, differenzieren nach dem Einzelfall, ohne dass sie sich deshalb gegen die Kirche, ihre Rechtsordnung, ihre Priester stellen. Sie achten sie im Gegenteil und sind ihr in besonderer Weise verbunden. Aber sie sehen zum Beispiel, dass manche Ehen nicht hätten geschlossen werden sollen und von den Sonnenengeln auch tatsächlich nicht geschlossen worden sind: Für sie handelt es sich trotz der kirchlichen Trauung um eine Paarbeziehung, die als solche eine Zeit lang berechtigt war, aber nicht den Charakter einer Ehe angenommen hat. Es ist nicht im Sinne des Himmels, Fehler zu zementieren.

Das ist kein Freibrief. Auch solche »Ehen« sollten in aller Regel nicht geschieden werden. Es ist nicht im Sinne des Himmels, wenn Menschen einfach den Partner tauschen und dasselbe Leben ähnlich wie bisher fortführen. Aber es ist etwas anderes, wenn durch die Scheidung beide Partner heil werden und sich einer Tätigkeit im Dienste des Himmels angeloben können, einer Arbeit, die den ganzen Menschen erfasst und der eine wirkliche Berufung zugrunde liegt und die in der bisherigen familiären Konstellation nicht oder nur »lauwarm« durchführbar wäre: Man lebt halb hier, halb da. Dann billigt der Himmel die Herstellung der Bedingungen, unter denen sie praktisch möglich wird. Er billigt auch Scheidung und Wiederheirat, wenn damit eine Umorientierung des Lebens in Richtung auf den Himmel verbunden ist. Er fordert sie nicht. Wenn jemand aus Respekt vor dem Kirchenrecht auf seine Mission verzichtet, so gilt das für den Himmel als ein guter Grund, der geachtet wird. Der Himmel achtet immer die in Freiheit getroffenen Entscheidungen der Menschen.

Es ist das Risiko jeder Gemeinschaft, auch der Ehe, dass sich die Wege trennen können, zum Beispiel sind die Wandergeschwindigkeiten unterschiedlich. Einer wartet auf den anderen; wird der Unterschied aber gravierend, dann besteht die Lösung des Problems in der Lösung voneinander. Die Untreue hat dann ihre Wurzel in der Treue zum eigenen Weg. Man wird unschuldig schuldig. Niemand kann dafür.

Oder die Partner haben verschiedene Wege zu gehen, keiner kann den Weg des anderen als seinen eigenen akzeptieren. Dann steht jeder vor der Alternative: Entweder er verzichtet auf seinen eigenen Weg und schleppt sich an der Seite des anderen weiter – »irgendwie wird's schon gehen« –, oder er verlässt den Partner, um seinen Weg zu nehmen. So oder so wird er unschuldig schuldig. Man kommt an einen Punkt, wo sich die Entscheidung nicht mehr vermeiden lässt. Für beide Alternativen gibt es gute Gründe; der Himmel achtet die eine wie die andere.

Die Kirche hält daran fest, dass die Entscheidung für den Partner auch in solchen Situationen unbedingt Vorrang habe: Der andere Mensch ist das Wichtigste, was es gibt. Unter allen Umständen an seiner Seite zu bleiben sei ein Gebot der Treue, der Bescheidenheit, der Hingabe, der Bereitschaft zum Verzicht. Das sind gute Gründe, die der Himmel anerkennt. Trotzdem billigt er unter bestimmten Voraussetzungen auch, wenn die Menschen der Kirche darin nicht folgen, freilich nur, wenn sie dafür einen wirklich würdigen Grund haben. Sich in einen jüngeren oder hübscheren Partner verliebt zu haben wäre kein würdiger Grund.

Ein würdiger Grund ist es aber, wenn für einen mystisch veranlagten Menschen der Himmel zum Allerwichtigsten wird, er sich in seinen Dienst zu stellen bereit ist und dann die Trennung unvermeidlich wird. Der Himmel achtet es zum Beispiel, wenn sich jemand von seinem Ehepartner trennt, um in ein Kloster einzutreten oder Eremit zu werden. Doch ebenso achtet er es auch, wenn sich jemand einem anderen Partner zuwendet, um mit ihm einen gemeinsamen spirituellen Weg zu gehen. Die Kirche zieht die Regeln enger, als der Himmel sie zieht. Aber der Himmel versteht und achtet die Motive, aus denen heraus die Kirche das tut.

(Der Hohelehrer entlässt uns freundlich.)

Sind Geschiedene berechtigt, zur Kommunion zu gehen, auch wenn sie wieder verheiratet sind?

Der Engel der Ehe und Familie: Nach Ansicht der Engel und des Herrn dürfen sie gehen. Es ist der Herr selbst, der wünscht, dass niemand von seinem Tisch fern bleibt, der an ihn glaubt und der sich nach der Teilhabe an der Kommunion sehnt. Die Lehre, dass wieder verheiratete Geschiedene der Kommunion unwürdig seien, stellt eine irdische Regel auf, die nicht in seinem Sinne ist. Wenn Menschen aus Respekt vor dem Kirchenrecht Skrupel haben, so wird das trotzdem geachtet. Gehen oder nicht – beides ist nicht verwerflich, beides ist gut. Das Kirchenrecht lässt ausnahmsweise die Kommunion zu; dann gehört zu den Bedingungen, dass die neuen Ehepartner »wie Bruder und Schwester« zusammenleben. Das ist keine Bedingung des Himmels. Aber sie zeigt, dass die Kirche die Besonderheit wahrnimmt, die in einer »klösterlichen«, dem Himmel zugewandten gemeinschaftlichen Arbeit liegt.

Ist die Teilnahme an der Kommunion wichtig?

Ja, natürlich. Dem Himmel ist es lieber, die Menschen gehen.

Auch ohne den Priester hineinzuziehen und um Erlaubnis zu fragen?

Ja. Ich bin von ziemlich hoch oben beauftragt, dies zu sagen, ich hätte es sonst nicht gesagt.

Immer und immer wieder begegnen uns Menschen, gerade auch im »esoterischen« Milieu, die die Kirche vor allem deshalb, weil sie wieder verheiratete Geschiedene von der Kommunion ausschließt, sehr hart ablehnen, auch wenn sie gar nicht persönlich betroffen sind. Viele davon betroffene Menschen sind an sich gläubig. Doch die Kirche beruft sich auf biblische Herrnworte (zum Beispiel Mt 19,9: »Wer seine Frau entlässt, außer wegen Unzucht, und eine andere heiratet, begeht Ehebruch.«) Sind diese Worte authentisch?

Ja, die in der Bibel übermittelten Herrnworte sind authentisch und nicht zu relativieren. Bibelstellen geben dem Menschen eine Grundlage für seine moralische Orientierung. Wenn wir den Herrnworten zur jeweils persönlichen Information einiges Erläuternde hinzufügen, so werden die Herrnworte nicht relativiert, sondern ergänzt. Der Herr hat dieses Wort also gesagt und auch so gemeint.

Der Herr hat aber nicht gesagt, dass Menschen, die an seinen strengen Geboten scheitern, aus der Gemeinschaft der Christen ausgestoßen, geächtet oder exkommuniziert werden sollten. Diese Gepflogenheiten der exoterischen Kirche sind Repressalien, die zu weit gehen und mit denen die Kirche ihre Kompetenz überschreitet. Es ist zwar in unserem Sinne, die Regungen des Gewissens zu unterstützen. Aber viel heilsamer ist es, den Menschen das Bewusstsein zu geben: Ich bin zwar ein Sünder, aber ich darf dennoch an der Kommunion teilhaben – selbst im Falle von Auflehnung und Abwendung. Vergesst nicht: Der Herr hat das Letzte Abendmahl sogar mit dem Verräter gefeiert, und zwar bewusst – er wusste ja, dass er der Verräter sein würde. Der Herr braucht keine Wächter. Er schließt selbst Mörder nicht von seinem Tische aus.

Lässt er auch Menschen zu, die nicht Mitglieder der katholischen Kirche sind, wenn sie sich herzlich wünschen teilzunehmen?

Die Antwort ist klar und eindeutig: Ja, selbstverständlich. Wenn die Kirche sie zurückweist, gibt es allerdings keinen Anlass, sich in den »esoterischen Raum« zurückzuziehen. Das ist auch gar nicht möglich. Da es eine esoterische und eine exoterische Kirche gibt, habt ihr als Christen Anteil an beiden. Beides sind Ebenen oder Dimensionen derselben Kirche. Nur beide zusammen ergeben die ganze Kirche. Es ist demnach nicht zielführend, sich für die eine oder die andere Ebene zu entscheiden. Vielmehr gilt: Gebt dem Kaiser, was des Kaisers ist, und Gott, was Gottes ist. Das gilt auch in Bezug auf die exoterische Kirche. Ein spiritueller Mensch ist jemand, der um dieses Zusammenspiel weiß und sich nach außen wie nach innen, im irdischen wie im himmlischen Bereich, der allumfassenden Kirche zugehörig fühlt.

Frau v. B. boykottiert seit zwei Jahrzehnten ihren Sohn, weil er geschieden und wieder verheiratet ist, und Jürgen K. hat eine langjährige tiefe Freundschaft aufgekündigt, weil der Freund durch Scheidung und Wiederheirat gegen ein Herrn-

wort und ein Kirchengebot verstoßen habe. Ist das im Sinne des Herrn?

Da handelt es sich um eine gut gemeinte Moraldemonstration. Eine solche ist ein feines Gewebe aus Überzeugungen, Einbildungen, Gewohnheiten, psychologischen Faktoren – in gewisser Weise auch spirituellen Uberzeugungen. Es fehlt dann der Sinn für Komplexität, ohne den man die Moral nicht so begreifen kann, wie der Himmel sie versteht. Sie wird dann auf einfache Formeln zurückgeführt, die in diesem Fall aus Herrnworten abgeleitet wurden. Diese sind aber nicht einfach, weil sie in sich von komplexer Struktur und vielschichtig sind. Um ihre komplexe Bedeutung zu erfassen, muss man sich in sie versenken, sie in sich leben lassen. Dann sind sie sehr einfach und doch hoch komplex. Der Rückzug auf einfache Formeln ist eine menschliche Verirrung. Der Weg von der Komplexität zur Vereinfachung wird immer enger und enger und führt schließlich in einen ziemlich unschönen Abgrund. Es ist schwer, jemanden von da wegzubringen.

Ein solcher Mensch geht den Weg in die Enge der Subjektivität, die sich hinter dem verbirgt, was er »Objektivität« nennt, und zwar deshalb, weil er meint, diese Objektivität zu besitzen. Das ist jedoch paradox. In Besitz genommene Objektivität wird zu höchster Subjektivität. So erliegt man der Versuchung, immer nur sich zu sehen, alles auf sich zu beziehen. Man stellt sich nicht infrage und nicht zur Diskussion, sondern die Welt. Man hat sich dann angewöhnt, nicht mehr in den Spiegel zu sehen. Man stellt »objektive Wahrheit« und Werte höher als die Wahrheit des lebendigen Menschen. Das ist ein Irrweg, denn der Herr ist in jedem Menschen gegenwärtig. Es ist nicht in seinem Sinn, vom Menschen abzusehen und ihn dem »objektiven Wert« zu opfern. Weltfremdheit kommt hinzu und begünstigt Eifer und Wahn. Wer einem solchen angemaßten Richtertum verfällt, tut sich selbst keinen Gefallen und schadet sich mehr als dem anderen. Lasst diese Menschen gehen, erhebt auch ihr euch nicht über sie.

Was sind die karmischen Folgen einer Scheidung? Werden die Partner entlastet oder für die Zukunft erst recht aneinander gekettet?

Da gibt es keine Zwangsläufigkeit, sondern die Möglichkeit zu freier Entscheidung und zu neuen Abmachungen im Jenseits.

Können Scheidung und Wiederheirat also vernünftig sein?

Einen Engel fragen, ob etwas vernünftig sei, ist sehr unvernünftig. Denn die Engel haben ihre eigene Logik. Entscheidungen liegen in menschlicher Freiheit und Verantwortung. Wir Engel können nur sagen: Wir verurteilen niemanden wegen einer solchen Entscheidung. Wir sehen und verstehen die Gesamtkonstellation. Richten und urteilen liegt nicht bei uns. Wir trösten, schützen und führen.

Bitte geht jetzt in eure innere Kapelle und nehmt am Dankgottesdienst teil. Der Dank hat übrigens eine Schwingung, die nicht nur jenen, denen ihr dankt, sondern zugleich auch euch selbst wohl tun wird. Und noch etwas: Die Dankbarkeitschwingung liegt auch den Fürbitten zugrunde. Fürbitten werden von der Dankbarkeit getragen. Es ist ja auch auf Erden so: Wenn ihr einem Menschen dankt, schwingt im Hintergrund die Bitte mit: »… und bleibe weiter so.« Wenn ihr dem Himmel dankt, wendet auch er sich dir zu. Wohin du deinen Dank gerichtet hast, von dort wird mit Wohlwollen auf dich geschaut. So bedeutet der Dank zugleich eine Bitte für dich selbst. Und wenn du dankst, dass dein Kind eine Krankheit überstanden hat, so schwingt die Fürbitte mit, dass das Kind nun ganz gesund wird. Man kann also so weit gehen zu sagen: Dem Dank wohnt selbst ein Fürbittcharakter inne.

Dienstag, 25. April 1995

Naturgeister und Steine

Ein Heilengel aus dem Friedensdom: Heute haben wir eine Überraschung für euch. Wir gehen zu den Naturgeistern in die Schatzkammer. Dabei werden auch wir Engel etwas lernen, insbesondere über die Edelsteine. Zunächst werden auch wir uns dem Wesen der Naturgeister anpassen: Wir legen gewissermaßen unsere Kleider ab und ziehen andere an, das heißt, wir wechseln von bläulich weißen Farben zu Grünschattierungen, und wir machen uns so klein, wie es nötig ist, um inmitten des Naturreichs leben und schauen zu können. Wir schauen nicht »von oben« auf eine andere Welt »da unten«. Jeder Grashalm bekommt eine riesige Dimension, jeder Stein wird zum Felsbrocken, wenn wir unser Wahrnehmungsvermögen dieser Größe anpassen. Es ist ein wesensmäßiges Verkleinern, nicht ein optisches.

Damit auch ihr euch diesen Größenverhältnissen anpassen könnt, macht zunächst folgende Übungen:

1. Legt euch in eurer Vorstellung mal bäuchlings, dann rücklings auf die Erde und nehmt so die Natur, die Grashalme, die Bäume, den Himmel, die Tautropfen, das Moos, die Blumen, die Käfer und Ameisen usw. wahr.
2. Verkleinert euch in eurer Vorstellung so, dass ihr wie

ein Däumling durch die Welt geht, und begegnet so den Regenwürmern, den Insekten usw.
3. Aus dieser Perspektive kann nun eine Geschichte oder ein Erlebnisbericht entstehen; ihr könnt das Gesehene später auch zeichnen oder malen. Ohne diese Vorübungen ist kein Erleben der Naturgeister möglich.

Eure Haltung sei Liebe und Dankbarkeit. Dann dürft ihr Neugier walten lassen: zuhören, staunen, entdecken wollen – aber ohne Aufdringlichkeit. Stellt keine intellektuellen Fragen, die Naturgeister sind nicht theoretisch interessiert. Ihre Art ist es, direkt, spontan, fast kindlich zu sein, sie nehmen kein Blatt vor den Mund. Sie leben in einer Gefühlswelt und drücken ihre Gefühle, zum Beispiel Kummer oder Freude, ganz unmittelbar aus. Deshalb ist auch euer unverstellter Zugang zu den eigenen Gefühlen Voraussetzung für die Verständigung mit ihnen. Während die Wahrnehmung der Engel Wahrhaftigkeit voraussetzt, geht es bei den Naturgeistern um die Wahrhaftigkeit der Gefühlswelt, also um die Echtheit und den unmittelbaren Ausdruck der Gefühle und der körperlichen Empfindungen. Sie mögen es zum Beispiel nicht, wenn man verdrängt und durch Disziplin übertüncht, dass man sich körperlich nicht ganz wohl fühlt. Die Engel haben eine andere Beziehung zum Körper. Ihnen erscheint das Leibliche nicht so wesentlich, für die Naturgeister spielt es eine zentrale Rolle. Isabel soll jetzt ihre Frage stellen.

(Isabel zögert, weil sie den Eindruck hatte, durch eine zuvor eingeworfene, unbeantwortet gebliebene Frage den Strom unterbrochen zu haben. Währenddessen tanzen um sie herum kleine Naturgeister und singen: »Die Isabel, sie fragt nicht, die Isabel, sie fragt nicht.« Isabel schließlich:)

Gibt es auch auf der Ebene der Naturgeister eine hierarchische Ordnung?

Ja, die Hierarchien der Engel haben eine spiegelbildliche Entsprechung. Es gibt sogar einen Rat, der eine Spiegelung des himmlischen Hohen Rates ist. Die Hierarchie der Naturgeister hat aber nichts mit der Hierarchie des Bösen zu tun, verwechselt das nicht! Die Hierarchien der Naturgeister verdienen genauso Hochachtung und Dankbarkeit wie die himmlischen Hierarchien. Ihre Kenntnis ist notwendig zur Kenntnis der himmlischen Hierarchien. Deshalb werdet ihr sie auf allen ihren Stufen besuchen dürfen. Doch das erfordert mehrere Sitzungen und soll nicht heute geschehen.

Geht jetzt mit uns zu einem Berg – nicht in der Außenwelt, sondern in eurer Vorstellung. Er hat einen Eingang, und davor steht eine Gruppe von Hütern. Ob jemand eingelassen wird, entscheidet sich erstens daran, ob er der Natur gegenüber Hochachtung gezeigt hat. Die Frage danach wird weitergegeben, und die ankommenden Informationen entscheiden über den Zutritt. Das braucht seine Zeit. Die Informationsübermittlung geschieht hier anders als bei den Engeln, wo ein Bote zu dem geschickt wird, der die Entscheidung zu treffen hat. Hier geschieht sie über eine Kette von Naturgeistern, so wie Eimer mit Wasser von Feuerwehrmann zu Feuerwehrmann weitergegeben werden.

Zweitens kann der Zutritt auch auf Wunsch aus den höheren Hierarchien der Naturgeister zugelassen werden – als ein Geschenk.

Drittens kann aus der Hierarchie der Engel eine Bitte an die Hierarchie der Naturgeister ergehen, euch einzulassen. Dies ist eine Bitte, es besteht kein Befehlsverhältnis. Bei euch geschieht es auf diese dritte Art. Die Führungsengel haben es so arrangiert, weil es höchste Zeit ist, dass ihr die Naturgeister kennen lernt.

Wie heißt der Berg?
Igor – das »or« wird lang gesprochen.
Und wie heißen die Hüter?
Sie haben keine Eigennamen. Sie gehören einfach zum Berg, so wie der Baumgeist zum Baum. (Der Berg öffnet sich, wir bücken uns, um uns nicht den Kopf anzustoßen. Es ist weder ganz hell noch ganz dunkel im Innern, alles ist sichtbar. Alle Steine, die es gibt, sind in vielen Nischen angeordnet. Der Boden ist weder kalt noch warm, er ist weich, alles ist sehr einladend.)

Was ist der Werdewunsch der Steine, und wie können wir mit ihnen arbeiten?

Die Edelsteine bilden eine Brücke zwischen den Naturgeistern und den Engeln. Sie bieten die Möglichkeit, dass beide Hierarchien miteinander in Kontakt kommen und gemeinsam wirksam werden. Sie können Brücken schlagen und Informationen weitergeben. Sie sind ein Symbol der Macht und bieten dem, der sie in der rechten Weise zu nutzen versteht, Hilfe in der Ausübung dieser Macht.
Bitte macht mit uns jetzt folgende Übungen:

1. Nehmt einen Stein und haltet ihn mit geschlossenen Augen in der Hand. Fragt euch: Wie kalt oder warm ist er? Wie schwer? Wie weich oder hart fühlt er sich an? Fügt er sich gerne in eure Hand – und überhaupt zu euch? Ist er schmiegsam oder spröde? Widersetzt er sich?
2. Der Stein soll geschmeckt und gerochen werden. Das ist etwas ungewöhnlich, aber einen Versuch wert.
3. Haltet den Stein ans Ohr und lauscht. Achtet auf den Klang und die Tonlage.
4. Betrachtet den Stein wie ein Kind, das man liebt, zeigt Interesse und Wohlwollen, nehmt seine Besonderheiten

wahr. Wendet ihn, sodass ihr ihn von allen Seiten betrachten könnt. Was ist die Vorder- und Rückseite, wo ist sein Gesicht? Dann schaut einander von Angesicht zu Angesicht an.
5. Nun schließt wieder die Augen. Haltet den Stein an das dritte Auge, berührt es mit ihm und reist dann in ihn hinein. In jedem Stein wohnt ein »Meister des Steines«, auch in einem Kieselstein. Der Meister kann euch Fragen beantworten, Geschehnisse berichten, Geschichten erzählen und Aufträge erteilen.
6. Nun kommt etwas für Fortgeschrittene: die Vereinigung zwischen dem im Stein lebenden Meister des Steines und dem dem Meister entsprechenden, von außen hinzutretenden Engel. Ihr seid beteiligt wie Zuschauer einer Eheschließung oder eines Treffens zwischen Staatsmännern. Hier vereinigen sich innen und außen, oben und unten, Himmel und Erde. Es ist eine heilige Handlung.

Was in diesen Arbeiten wirksam ist, ist nicht der Stein als Stein, sondern der energetische Mantel, der Energieschluss zwischen den anwesenden Wesenheiten oben und unten. Selbst wenn der Stein bricht, sind die Wesenheiten weiter wirksam. Nur werden sie dann nicht mehr an einem Punkt zusammengehalten, sondern in einem umfassenderen Energiefeld wirksam. Der Zusammenschluss »guter Geister« von oben und unten hat aber eine besondere Macht und kann zum Beispiel verirrten Seelen helfen.

(Gerhard:) Nimmt der Meister des Steins auf die Gestalt meiner Skulpturen Einfluss?

Wenn du ihn fragst, kannst du sicherstellen, dass sie die Form bekommen, die er will. Du kannst ins Innere zum

Meister reisen und ihm einen Bearbeitungsplan oder deine grundsätzlichen Ideen vorlegen. Er wird dann beim Schleifen dafür sorgen, dass die Form so wird, wie sie werden soll. Er ist wie ein im Stein sich bewegendes Wesen, das von innen klopft und etwas abspringen lässt, wenn es weg soll, während er andere Stellen sehr schützt. Das Gespräch mit dem Meister kann sehr leger sein. Du kannst während der Arbeit Pausen machen und immer wieder mit ihm sprechen. Für den Meister ist es auch harte Arbeit, und er bekommt wunde Finger so wie du auch. Tut euch also in Arbeitspausen immer wieder zu Gesprächen zusammen.

Ist es ihm eine Freude?

Ja, er freut sich sehr über eine adäquate Form. »Adäquat« heißt: Die äußere Form entspricht der vom Meister im Stein geschaffenen inneren Form. Wenn das gelingt, erlebt der Meister das als eine Erlösung, eine Auferstehung der Materie. Licht und Bewusstsein ziehen in den Stein ein. Das heißt nicht etwa, dass der Engel in den Stein hineingeht. Vielmehr gibt der Meister den Stein frei. Engel und Meister begegnen sich dann außerhalb des Steins. Doch der Bewusstseinsinhalt bleibt im Stein zurück. Es ist das Bewusstsein der erlösten Materie. Das Schleifen kann also zu einem magischen Akt werden. Deshalb hat der Umgang mit Meisterwerken der Skulptur eine solch kathartische, läuternde, umwandelnde Wirkung auf den Menschen.

Wie und wo finde ich die am besten geeigneten Steine?

Verbinde dich mit den Naturgeistern, sie werden dir helfen. Die Begegnung mit ihnen ist ohnehin wichtig und sollte nicht nur um der Steine willen geschehen.

(Während des Gesprächs saßen kleine Naturgeister auf den Steinen und sangen: »Wir sitzen auf den Steinen und wackeln mit den Beinen.« Sie sind klein, flink, lustig, direkt, haben dünne Arme und Beine, große Hände und Füße, lustige Augen und struppige Haare.)

Freitag, 28. April 1995

Über die Naturgeister

Ein Bote der Naturgeister: Wollt ihr heute näher über die Naturgeister unterrichtet werden?

Ja, gern.

Wir wollen gebeten sein, dann teilen wir uns gern mit. Zu diesem Zweck solltet ihr euch in der inneren Vorstellung zunächst klein machen wie ein Däumling an einem Grashalm oder an einer Wurzel. Folgt mir nun. (Wir werden von ihm in einen klassenzimmerähnlichen Raum geführt.) Jetzt geht erst einmal in die Schule. Ich bin euer Lehrer. Nennt mich »Agar«. Ich bin zugleich ein Bote oder Herold des Königs. (Er ist blaugelb gekleidet, altertümlich mit Wams und Strumpfhose und trägt ein Barett mit langer Feder. In der Linken hält er einen Stab mit bunten Bändern, in der Rechten einen Zeigestock, um Bilder an einer Tafel zeigen zu können.)

Agar: Wie ihr seht, seid ihr allein in der Klasse. Denn so unwissend wie ihr ist kein Naturgeist; keiner könnte mit euch gemeinsam unterrichtet werden.

Die unterste Hierarchie der Naturgeister heißt schlicht »Naturgeister«, so wie die unterste Hierarchie der Engel einfach »Engel« heißt. Also die Begriffe »Engel« und »Naturgeister« sind zugleich Sammelbegriff für alle Hierarchien – in diesem Sinn sind auch zum Beispiel die Seraphim »Engel« – und Name für die unterste Stufe der

Hierarchien. Diese bilden die den Menschen nächststehende Gruppe.

Der Begriff »Naturgeister« ist mit Bedacht gewählt. Ihr pflegt ja einen Unterschied zwischen Natur und Geist zu machen, entsprechend dem Unterschied zwischen Materie und Geist. Der Begriff »Naturgeister« überbrückt diesen Gegensatz. Die ganze Natur ist von Naturgeistern belebt. Wir Naturgeister sind dem Vater verpflichtet. Wir wesen und wirken in seinem Namen. Ihr pflegt zu sagen: Adel verpflichtet. Ich aber sage euch: Naturgeist zu sein verpflichtet.

»Böse« Naturgeister gibt es nicht. Naturgeister sind zwar schalkig und ein wenig schadenfroh, manchmal haben sie schlechte Laune und nehmen kleine Rache, aber sie sind nie wirklich böse, es sei denn, sie sind von bösen Menschen in Dienst genommen und angeleitet worden. Dann sind sie aber gutgläubig und wissen nicht, dass sie Böses tun. Zwar gibt es die Vorstellung von Naturgeistern, die zum Beispiel als Irrlichter Menschen in Sümpfe und Moore führen oder sonstigen Schaden stiften. Aber da handelt es sich um so genannte »Egregore«, das heißt um Schöpfungen des Menschen.

Um euch eine Vorstellung vom Verhältnis der Naturgeister zu Engeln und Menschen zu machen, betrachtet diesen Kreis. (Agar zeichnet einen Kreis an die Tafel.) In diesem Kreis berühren sich Engel und Naturgeister. Im Mittelpunkt steht der Mensch. Die Trinität bildet einen zweiten, äußeren Kreis.

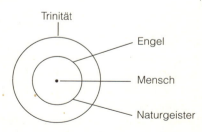

Den inneren Kreis denkt euch wie ein Rad, das sich dreht, das heißt, es gibt kein Oben und Unten: Engel und Naturgeister wirken gleichzeitig, miteinander und nebeneinander, von allen Seiten um den Menschen herum.

Man kann sich dieses Verhältnis auch in einem alternativen Bild veranschaulichen: Da steht im Mittelpunkt die Trinität, umgeben von dem Rad aus Engeln und Naturgeistern und von einem zweiten äußeren Kreis der Menschen.

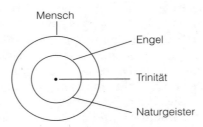

Diese Umkehrung der Darstellung ist möglich, weil in der Welt des Geistes das Innen zugleich außen und das Außen zugleich innen ist. Ihr lebt in Gott, und er lebt in euch.

Das Naturgeisthafte des Menschen liegt im Kontakt zum Körper und zu den Gefühlen. Den Zugang zu den Engeln findet man durch Wahrhaftigkeit, den Zugang zu den Naturgeistern durch Echtheit, das heißt durch Wahrhaftigkeit der Gefühle. Man könnte auch von »sinnlicher Wahrhaftigkeit« sprechen oder von »Wahrhaftigkeit in der Sinnlichkeit«.

Christi Wort »Niemand kommt zum Vater denn durch mich« ist zu ergänzen »… und ohne durch das Reich der Naturgeister gegangen zu sein«, und das heißt auch: durch die ganze Skala der Gefühle. Dazu gehören auch die negativen Gefühle wie Unmut, Wut bis hin zum Hass: Es gilt, das alles einmal direkt zu erleben und zu durchleben. Man kann sich nicht dazu zwingen, immerzu nur positive Gefühle und positive Gedanken zu haben. Dieser ganze Positivismus ist Quatsch. Auch die Natur drückt ihre Empfindungen vollständig aus: nicht nur liebliche und sonnige, sondern auch düstere, stürmische, nächtlich-dunkle.

Wie verlässlich sind die Naturgeisterdarstellungen bei Goethe?

Du weißt, wer Goethe war und warum er seine Werke geschrieben hat.[30] Die Naturgeister liebten ihn sehr, sie waren ihm wirklich untertan und haben ihm gehorcht. Goethe hatte immer eine Schar um sich, viele Passagen sind in Zusammenarbeit mit ihnen geschrieben, zum Beispiel die Hexenszenen im »Faust«. Goethe hatte allerdings nie mit echten Hexen zu tun. Die Naturgeister konnten ihm aber Bilder von ihnen sichtbar machen.

Aus diesem Umgang Goethes mit den Naturgeistern erklären sich auch Goethes Obszönitäten: Die Naturgeister lieben die Sinnlichkeit, sie sind da nicht so eng, sie haben eine andere Moral. Sie sind nur an der Echtheit der Gefühle orientiert, und das heißt auch: an ihrer Vollständigkeit und Fülle.

Bedeutet das, dass Puritanismus den Kontakt zu den Naturgeistern mindert?

Agar: Puritanismus wird von den Naturgeistern nur akzeptiert, wenn er auf echten Gefühlen beruht, zum Beispiel, wenn ihr dadurch zum Höhepunkt kommt. Das haben wir allerdings noch nie erlebt. (Agar verneigt sich mit galanter Geste:) Ich entschuldige mich bei den Damen. (Agar gewährt nur kurze Zeit zur Heiterkeit:) Jetzt ist die Pause vorbei.

Wir sprechen von der ersten Ebene der Naturgeister. Sie bilden ein bunt gewürfeltes Völkchen. Auf dieser

Ebene wird noch nicht zwischen den Elementen unterschieden, sondern nach Erscheinungen wie Strauch, Baum, Blume, Stein, Wasserfluss, Wolke. Ein Naturgeist oder Gruppen von Naturgeistern beschützen und behüten sie. Sie gehören dazu wie Schutzengel. Stirbt der Baum, gehen sie weg, ebenso wenn die Wolke sich auflöst. Dann fliegen sie herum und lassen sich nieder wie Vögel. Sie sind sehr flexibel. Sie leben auch in Regentropfen, in Blitz und Donner. Sie bewegen sich alle durcheinander wie ein Ameisenhaufen, nur nicht so geordnet: kunterbunt und lebendig.

Es gibt auch Streit – sie sind ja keine Engel –, zum Beispiel, wenn sie aneinander stoßen, aber der Streit ist nicht arg. Sie grummeln auch, wenn ein Mensch sie tritt, dann haben sie für den Rest des Tages schlechte Laune und arrangieren beispielsweise, dass der Betreffende sich beim nächsten Dornbusch piekt.

Sie leben in der ganzen Natur. Wenn man diese benennt, spricht man die Naturgeister an. Nichts, was ist, ist ohne Naturgeister. Auch Geschöpfe der Menschen, zum Beispiel Maschinen, haben ihre Naturgeister – während die Engel da reserviert sind –, auch Waffen, selbst die Atombombe. Sie haben den Auftrag, dass nichts sei, was sie nicht behüten, denn was der Mensch schafft, stammt indirekt aus Gottes Schöpfung, selbst wenn es sich um Dinge handelt, die der Mensch von dunklen Wesen motiviert herstellte; denn auch die gefallenen Engel sind in ihrem Ursprung Geschöpfe des Vaters. Die Naturgeister mögen allerdings Waffen nicht gerne, auch keine Messer, nichts, was scharf und spitz, eckig und kantig ist. Sie lieben abgerundete Formen. Sie bewohnen auch Häuser, Räume und Geräte. Sie sind sehr neugierig auf alles, wie kleine Kinder. Sie sind auch in geheiligten Räumen, aber dort interessieren sie sich ebenso für den Altar wie für den Kamin oder die Abstellkammer.

Es gibt mehr oder weniger mächtige Naturgeister. Es gibt zum Beispiel solche, die für einen Berg zuständig sind. Sie sind sehr ehrwürdig, schweigsam und mächtig. Sie sitzen jahrelang an einem Ort. Es gibt aber auch kleine quirlige Naturgeister.

Die Naturgeister sind den Menschen nicht für dauernd zugeordnet wie der Schutzengel, der sich für ein ganzes Leben opfert. Sie kommen nur, wenn sie gebeten werden; sie wünschen, dass man sie bittet. Menschen zu begleiten, macht sie stolz, es gilt ihnen als Ehre, aber ihr Stolz verbietet es zu kommen, ohne gerufen zu sein. Ihr geht ja auch nicht irgendwohin, ohne eingeladen zu sein, oder?

Wie bittet man sie?

1. Indem man überhaupt mit ihnen spricht, sich auf ihre Ebene begibt, innerlich ein partnerschaftliches Niveau einnimmt.
2. Indem man sie respektvoll behandelt. Sie lieben altertümliche Sitten, zum Beispiel Verbeugung, umständliche Höflichkeitsformen, Anrede in der dritten Person.
3. Indem man sagt, was man braucht oder möchte, zum Beispiel: Ich möchte einen von euch Gesellen, der mein Auto beobachtet und begleitet.
4. Indem man ihnen eine Wohnung anbietet, im Auto zum Beispiel auf dem Beifahrersitz, auf dem Armaturenbrett, auf der Kopfstütze, im Kofferraum. Dann darf man dort keine Einkaufstüte hinstellen, schließlich sitzt er da. Das wäre unverschämt. Im Haus bietet man ihnen ein schönes Eckchen im Zimmer, dann muss man diesen Platz aber frei halten, sonst gehen sie wieder.

Man darf sie nicht verletzen oder zornig machen, sonst haben sie schlechte Laune. Man kann sie mitnehmen, am besten auf der Schulter. Dann sprechen sie euch ins Ohr;

dann habt ihr einen »kleinen Mann im Ohr«. Wenn man einem unfreundlichen Menschen begegnet, machen sie Faxen. Der Schutzengel des anderen bemerkt sie und nimmt auf seinen Menschen Einfluss; der bekommt dann langsam bessere Laune. Sie sitzen auch gern auf dem Nachttisch oder dem Bettrand und reden mit Mücken, damit diese den Schlafenden in Frieden lassen, oder sie wirken in seine Träume hinein. Morgens sagt man ihnen »guten Morgen«. Dann kann man sie auf der Schulter mit ins Bad nehmen und mit ihnen scherzen, zum Beispiel: »Willst du ein paar Tröpfchen Wasser auf die Nase?« Man sollte sie aber nicht mit unter die Dusche nehmen, das mögen sie nicht, sondern sie auf dem Waschbecken sitzen lassen.

Naturgeister haben sehr große Kräfte und bewirken viel. Sie können zum Beispiel schlechte Gedanken auflösen, ungute Gefühle wegkehren oder schlechte Träume verscheuchen. Schlechte Träume, Gedanken und Gefühle hängen in der Aura wie dunkles Gewölk (das wisst ihr doch hoffentlich); sie existieren als Energiemuster; Naturgeister können sie neutralisieren und entfernen.

(Isabel:) Darf meine Tochter Anna-Maria einen haben?

Es wird mir ein Vergnügen sein, dafür zu sorgen ... Es ist schon veranlasst. Er sitzt neben Anna-Maria rechts auf dem Kopfkissen. (Anna-Maria hat vom selben Tage an keine schlechten Träume mehr. Sie bedankt sich täglich.)

(Gerhard:) Ich soll einen Acker segnen – was rätst du mir dazu?

Oh, das gibt ein Volksfest mit Tanz und Musik! Auf solche Weise stellen Menschen eine Verbindung zur Trinität her, und das tut uns sehr gut, denn das können wir Naturgeister von uns aus nicht. Wir bedürfen dazu der Vermittlung durch Menschen. Für Naturgeister ist der Mensch ein gottähnliches Wesen: die Verbindung zum Licht. Menschen sind für Naturgeister eine große Hoffnung. (Agar gibt Gerhard konkrete Anweisungen für das Zeremoniell der Segnung.)

Wenn Menschen segnend durch die Natur gehen, geht ein Lebenshauch durch die Reihen der Naturgeister. Segnend schreiten ist eine Frage der Haltung: Man muss sich selbst als Segnenden verstehen. Segnen bedeutet eine doppelte Hingabe, einen zweifachen Dienst: einerseits die liebevolle Hinwendung zur Natur, andererseits die Hingabe an die Trinität. Der Mensch ist dann ein Bindeglied zwischen oben und unten, eine Kontaktstelle im schweigenden Gehen. Das erfordert doppelt große Präsenz, zugleich aber auch, dass man sich zurücknimmt.

Man kann mit den Händen segnen: einen Baum oder einen ganzen Wald, einen Hügel oder ein Tal. Aber auch mit jedem Schritt kann ein Segen verbunden sein. Wenn man geht, soll man nicht »die Erde mit Füßen treten«. Ein »segnender Schritt« bedeutet vielmehr: Man wohnt mit den Füßen auf der Erde; die Erde gibt den Fuß frei zum nächsten Schritt und freut sich, ihn wieder aufzunehmen. So schritt Jesus über die Erde: Die Erde trug ihn.

Hat ihn auch das Wasser so getragen?

Bezweifelst du sein Wandeln auf dem Meer?

Die Theologen glauben es nicht.

Die Theologen haben keine Ahnung. Sie wissen nicht, wozu die Erde fähig ist. Er ist wirklich auf den Wassern gewandelt. Wir raten euch allerdings davon ab, es zu versuchen, es braucht eine enorme liebende Hingabe.

Zurück zur Erde mit einem Beispiel: Ein Kind stürzt aus großer Höhe aus dem Fenster und bleibt unverletzt. Die Engel, die Naturgeister, auch die Erde haben geholfen. Die Materie ist in ihrer Struktur flexibel, wenn die Naturgeister, die die Materie bewohnen, es möchten. Wasser kann bretthart werden und Erde samtweich. Materie ist viel flexibler, als ihr denkt. Sie ist so flexibel wie der Geist. Sie ist ja Geistnatur.

Wie lernt man, euch zu sehen?

Beginne mit dem Betrachten der Pflanzen. Mit geschultem Blick kannst du auch die Naturgeister sehen. Allerdings sind sie leichter zu hören als zu sehen; anders als die Engel, die man leichter sehen als hören kann. Man hört Naturgeister zum Beispiel kichern oder krabbeln. Man hört auch ihr Knacken im Gebälk. Sie mögen es auch, euch lustig zu erschrecken.

Menschen glauben dann an ein »zufällig« entstandenes Geräusch, das sie erschreckt habe. Es gibt aber keinen Zufall. Du kannst durchaus vermuten, dass dann ein kleiner Geselle da ist. Sprich doch einfach mit ihm, lade ihn ein zum Gespräch.

Naturgeister lassen sich aber nicht gern anschauen. Sie haben relativ menschenähnliche Gesichter und Gestalt. Ihr würdet uns aber als nicht so hübsch empfinden.

Seht ihr etwa so aus wie Gartenzwerge?

Nein, da fühlen wir uns nicht besonders gut getroffen, und das ist gar nicht lustig. Aber wir mögen sie, wie alles, was Menschen zum Lächeln bringt.

Wo Gartenzwerge stehen, kommen Naturgeister hin, stellen sich neben sie und imitieren sie in komischer Weise. Damit amüsieren sie sich, und das ist dann doch wieder lustig. Man sollte aber versuchen, uns realistischer darzustellen.

Liebt ihr Musik?

Naturgeister lieben Musik, auch Popmusik, das ist individuell verschieden. Aber sie darf nicht zu laut sein. Laute Musik – gleich welcher Sorte – ist uns unerträglich.

Was ist die Aufgabe der Naturgeister?

Die der ersten Stufe sind zum Beispiel zuständig für je einen Baum, eine Blume etc. Sie behüten und beschützen ihre Pflanze. Sie motivieren die Pflanze auch. Wenn diese zum Beispiel wegen Trockenheit, Kälte oder einer Verletzung leidet und zu sterben meint, machen sie ihr Mut, trösten sie, lachen mit ihr. Auch wenn der Same zur Pflanze wird, sind sie dabei: Sie treffen die Entscheidung zum Wachstum. Alle Kreisläufe entstehen aus der Zusammenarbeit mit den Naturgeistern.

Wie stellt ihr euch zum Pflücken von Blumen?

Diese Blumen erfüllen ihre Pflicht. Es ist eine ihrer Aufgaben, sterbend Freude zu bereiten. Ein Naturgeist ist zuständig für einen ganzen Strauß und begleitet sein Sterben, nicht traurig, sondern mit Hingabe. Sterben ist für Naturgeister eine Form von Hingabe, und sie haben nichts dagegen, wenn Pflanzen oder andere Wesen sich hingeben. Es kommt aber auf die Art und Weise des Tötens an: Geschieht es würdig oder nicht? Wenn man Blumen mit Freude und Dankbarkeit pflückt, geben sie sich gerne hin; es tut ihnen nichts.

Aber es muss respektvoll geschehen, sonst sind die Naturgeister betrübt.

Haben Blumen noch andere Aufgaben?

Ja, sie spiegeln die Sonne wider und lobpreisen Gott. Was haben Cherubim und Gänseblümchen gemeinsam? Das wäre doch eine schöne Prüfungsfrage für Seminarteilnehmer. Wisst ihr die Antwort? Nein? Also: den Lobpreis.

Habt ihr noch Fragen? Hoffentlich nicht; denn jetzt habe ich keine Lust mehr. Ihr kriegt eine Aufgabe: Naturgeister ansprechen, einzelne um euch versammeln und einen einladen, auf eurer Schulter zu sitzen. Übt das, sonst kann es nicht weitergehen.

Samstag, 29. April 1995

Umgang mit Schuld

Ein »Engel der Dankbarkeit«: Im Namen des Herrn: Meinen Frieden bringe ich euch, meinen Frieden werde ich euch lassen.

Jeder hat in einer früheren Inkarnation einmal Grausamkeiten gewählt – sei es in Täterschaft, zum Beispiel als Despot – sei es als Opfer, in Leid und Bedrängnis. Alle Menschen haben Intrigen, Verbrechen, sogar Morde begangen. Dies nach dem Maßstab heutiger Noblesse zu verurteilen ist ein Verstoß gegen die Gerechtigkeit. Man geht durch viele Erfahrungen. Das Empfinden für Recht und Moral wird erst erlernt. Moralisieren ist zu unterlassen. Aus der Kenntnis früherer Inkarnationen sollte sich weder eine künstliche Aufwertung noch eine moralische Verurteilung eurer Person ergeben.

Überhaupt soll man von karmischen Fragen möglichst weitgehend Abstand nehmen. Inkarnationen folgen keinen geraden Entwicklungslinien. Es gibt nicht den linearen Aufstieg; das ist eine unheilvolle Konstruktion, die zu falschen Schlüssen führt. Glaube nicht, dass du im nächsten Leben »besser« wirst. Man wählt freiwillig ganz andere Arten von Erfahrungen.

Was ihr in früheren Inkarnationen angerichtet haben mögt, ist nicht zu relativieren. Aber ihr müsst wissen: Es ist vergeben. Alles ist vergeben, ihr müsst euch nur auch selbst vergeben. Oder möchtet ihr es besser machen als die Engel?

Seid dankbar für frühere Schulderfahrungen. Sie haben vielleicht dazu beigetragen, heute mehr Weichheit und Großmut zu haben. In verschiedenen Inkarnationen erlebt man alle Facetten des menschlichen Seins. Man hat nicht immer in gleichen Verhältnissen gewirkt. Man hat sehr verschiedene Erfahrungen gemacht, dadurch gewinnt man die Fähigkeit, später Schicksale für andere mitzutragen. Keine Inkarnation ist peinlich. Es gibt keine, derer man sich schämen sollte.

Es kann vorkommen, dass man schuldig wird und eine Selbstbestrafung herbeiführt, um damit einen karmischen Ausgleich für eine Schuld in einem früheren Leben zu schaffen. Die Schuld in diesem Leben kann Entlastung von alter Schuld mit sich bringen. Im Karma überlagern sich viele einzelne Leben. Das Aufsichnehmen von Schuld kann in karmischen Zusammenhängen zu einer Sühne führen, die von alter Schuld befreit. So gesehen: Wenn ihr jemand ins Gefängnis steckt, so kann das für ihn befreiend sein. Das klingt paradox, aber so ist es: Eine heutige Schuld kann zur Bestrafung und kann damit zur Befreiung von alter Schuld führen, die von der Strafe äußerlich gar nicht mitbetroffen ist. Die Strafe führt dann in die Enge einer Gefängniszelle, zugleich jedoch zur Befreiung aus dem Gefängnis alter Schuld.

Was im Umgang mit gegenwärtiger Schuld erforderlich ist, sind Entschlossenheit, Gelassenheit und Geduld. Auch hier gilt, keine moralischen Urteile zu fällen, sondern Himmel und Erde um Vergebung zu bitten und euch selbst zu vergeben und die Vergebung anzunehmen.

Oft können Menschen sich selbst nicht vergeben, wenn sie in der Wahl zwischen Pflicht und Freude die Freude gewählt haben. Sie meinen: Pflichterfüllung sei gut, Freude sei schlecht, und können ihre Schuldgefühle nicht überwinden. Sie sollten wissen, dass für den Himmel nicht nur die Pflicht, sondern auch die Freude gut ist, keine ist besser als die andere, und beide haben ihre Gefahren.

Du entscheidest dich für die Pflicht? Gut so. Aber gib Acht: Das Leben für die Pflicht führt nicht selten in Frustration, Bitterkeit, Pharisäismus, in eine Haltung des Aufrechnens, des Forderns von Gehorsam und Dankbarkeit. Dann wird es so gefügt, dass du wieder vor der Wahl zwischen Pflicht und Freude stehen wirst und die Chance bekommst, deine Haltung dem Leben gegenüber an der Freude zu orientieren, das heißt, es spontan und genussvoll zu leben. Triffst du immer von neuem die Entscheidung für die Pflicht, so wirst du dich irgendwann einmal – in dieser oder einer anderen Inkarnation – korrigieren müssen.

Entsprechendes gilt umgekehrt: Entscheidest du dich immer wieder für die Freude und gegen die Pflicht, so führt das in Undank, Überdruss, Langeweile, Ersticken an der Materie. Auch dies wird vom Leben korrigiert; du wirst dich eine Zeit lang anders orientieren müssen.

Schließlich mündet dieser Weg in die Vereinigung von Pflicht und Freude: Du tust deine Pflicht aus Freude und in Freude. Du wirst erkennen, dass auch ein Leben in Freude ein gewisses Maß an Disziplin, Arbeit und Pflichterfüllung zur Voraussetzung hat. Um dies zu erlernen, bedarf es der Fähigkeit, sich seine Schuld selbst zu vergeben und dem Leben gegenüber Dankbarkeit zu empfinden.

Montag, 1. Mai 1995
(Auszug)

Ego und Schicksal

(Ein »Engel der Freude« in einem wunderschönen, leuchtenden Orange erscheint.)

Was kann man N. N. in ihrer Lebenskrise raten?

Es gibt vielfältige Arten von Depressionen. Was uns jetzt hier beschäftigt, sind Depressionen, für die man selbst verantwortlich ist, weil man sich in Selbstüberschätzung und Trotz immer durchsetzen will und dadurch in eine Lebenskrise geraten ist. Zum Beispiel will man unter allen Umständen eine Beziehung aufrechterhalten, die eigentlich keine ist. Oder man versucht, andere zu belehren, und überschreitet damit seine Kompetenzen. In solchen Fällen täte man besser, sich dem Leben anzuvertrauen und ihm zu folgen, statt ihm voranzugehen und es bestimmen zu wollen. Die Depression ist dann eine wichtige Bremse, um einen Menschen zur Besinnung zu bringen, ihn demütiger und weicher zu machen.

Dies ist ein allgemeines Problem: Die Machtprobe zwischen Schicksal und Ego führt in die Krise. Es gilt zu lernen, dass Schicksal und Ego keinen Gegensatz bilden sollten. Es ist in der Regel am besten, sich aus freiem Entschluss dem Schicksal in die Hände zu geben und mit dem einverstanden zu sein, was man ohnehin nicht ändern

kann. Die künstliche Trennung, da[...]
des Ego gegen das Schicksal, wird n[...]
aufgebaut. Das ist keine unnormale Ent[...]
chen viele durch. Der Doppelgänger u[...]
Machtkampf und spiegelt dem Menschen v[...]
Ego wolle, könne stärker sein, als was das Schi[...]
Die Engel haben dann Mitleid; denn dies führt mit [...]
heit in die Krise: Das Schicksal bleibt Sieger, das Ego n[...]
klein beigeben, und darunter leiden die Menschen.

Viele Menschen sehen in dem Gegensatz von Schicksal und Ego den Gegensatz von Determiniertheit und Freiheit. Die Engel sehen es andersherum: In der Akzeptanz des Schicksals zeigt sich die Freiheit, in der Auflehnung gegen das Schicksal, die ja immer vergeblich bleibt, die Determiniertheit. Erst wenn man sich in das Unvermeidliche schickt, gewinnt man die Freiheit, sein Leben in die Hand zu nehmen und sein künftiges Schicksal mitzugestalten. Hängt man hingegen unerfüllbaren Wünschen nach, kämpft das Ego also gegen das Unvermeidliche des Schicksals an, so führt das in der Außenwelt in eine Lebenskrise, in der Innenwelt in Depression.

Bei diesen Menschen verhält es sich so: Was immer das Schicksal ihnen anbietet, zum Beispiel einen Partner, ist das, was sie nicht wollen, und sie wollen stets das, was das Leben nicht für sie bereithält. So kann der Mensch zum Beispiel den richtigen Partner nicht finden. Er sollte lernen, sich mit dem Schicksal auszusöhnen, das heißt lernen: Das Schicksal möchte nicht, was ich mir gewünscht habe, also werde ich mal wollen, was es will. Es wird seine Absichten haben, diese werde ich erst einmal anzunehmen versuchen, dann wird sich der Sinn schon zeigen. Sobald man das gelernt hat, wird man sich vom Schicksalszwang auch lösen können.

Es gilt also, den Gegensatz von Schicksal und Ego zu überwinden. Das führt zur Entwicklung des Ich. Solange

... wird, verharrt das Ich in ... sich erst, wenn sich das Ego ... sagt: Ich will nichts, was ... enblick tritt das Ich in Er-

... Ego und Schicksal sich ... en: Das Ich ist die Einheit ... esem Leben. Das »höhere ... ht noch weit über das Ich ... in diesem Leben mit allen ... nen und aller zukünftigen

... heißt die Auflehnung ... eist in der Pubertät ... wicklung, das ma- ... nterstützt den ... or, was sein ... ksal will. ... Sicher- ... uss

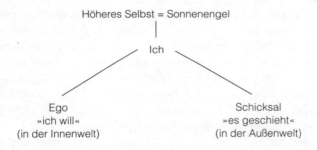

Höheres Selbst = Sonnenengel
|
Ich
/   \
Ego   Schicksal
»ich will«   »es geschieht«
(in der Innenwelt)   (in der Außenwelt)

Versöhnung und Harmonie von Ego und Schicksal im Ich und im Sonnenengel überwinden die Depression und führen in eine von Freude bestimmte Lebensstimmung.

Dieses Dorf hier ist ein gesegnetes Plätzchen. (Der Engel der Freude schreitet die Wiesen ab. Wo immer er geht, lässt er fließendes Licht wie Spuren zurück. Er ist von unendlicher Dynamik und Lebensfülle. Er segnet Haus und Umgebung.)

Dienstag, 2. Mai 1995

Jupiter –
Der Innenraum mit dem Weisen

(Es erscheinen drei Engel, die, ähnlich wie Amael, ohne Flügel zu sein scheinen.)
 Unser Geburtstagsgeschenk für Gerhard ist eine Reise zu einem Planeten deiner Wahl. Willst du das?
Ja.
Welchen Planeten wählst du dir?
Den Jupiter.
Gut. Wir werden eure Begleiter sein.
Die Fortbewegungsweise ist der Klang: Mittels verschiedener Klangformen könnt ihr euch schneller oder langsamer bewegen. Was trägt, ist nur der Klang, nichts sonst ist vonnöten. (Es erklingt ein dunkler Ton auf einem »O« ähnlich wie in Om.) Blickt ihr aus dem All auf die Erde, so seht ihr den Gürtel von Sonnenengeln. Und im All, wo angeblich nichts ist, sind Engel, die mit Seelen Lehrreisen unternehmen wie mit Schulklassen.

 Ihr nähert euch jetzt dem Hüter des Jupiter. Er umschließt den ganzen Planeten; es gibt keine Möglichkeit, ihn zu umgehen. Alle Planeten haben einen Hüter. Jeder ist anders und sieht anders aus. Der des Jupiter ist zugleich König und Priester – ein priesterlicher König oder ein königlicher Priester. Er besitzt eine Mischung aus

Macht und Weisheit, das heißt die Fähigkeit, Macht weise zu gebrauchen und Weisheit mächtig durchzusetzen. Schon seine Größe wirkt ehrfurchtgebietend; er ist ja überall rund um den ganzen Planeten. Wenn man seine Stimme unabgeschwächt hörte, würde man mindestens taub werden. Wir übernehmen es deshalb für euch, mit ihm zu sprechen.

Er stellt wie jeder Hüter eines Planeten eine Frage. Von eurer Antwort hängt die Erlaubnis zum Betreten des Planeten ab. Seine Frage lautet: Was glaubst du? Es gibt nur eine gehörige Antwort! Um sicherzustellen, dass eure Antwort richtig ist und der Zugang nicht verschlossen bleibt, antworten wir Begleiter für euch: das Credo, das Glaubensbekenntnis der Kirche.

Der Hüter: Gut, ihr seid zugelassen. Seid ihr bereit einzutreten?

Ja.

Die Begleiter: Das Tor zum Jupiter ist der Hüter selbst. Ihr geht gewissermaßen durch sein Gewand zwischen seinen Knöcheln hindurch. Ihr dürft Fragen stellen. Aber zuvor noch ein Hinweis: Dies ist keine wissenschaftliche Expedition. Was ihr zu wissenschaftlichen Fragen wissen wollt, könnt ihr nachlesen. Wir zeigen euch Dinge, die die Wissenschaftler nicht sehen.

Und noch ein Hinweis: Die Jupiterwesen beantworten keine individuellen Fragen, sie dienen – wie die Bewohner aller Planeten größeren Gruppen, zum Beispiel Völkern und Nationen. Sie sind nicht zuständig für persönliche Probleme, sondern sie geben Lehren für viele Menschen, sie vermitteln Anschauungen, die ganze Gemeinschaften tragen. Sie sind Lehrer der »Weißen Bruderschaft« und anderer Weisheitslehrer.

Ihr seht: Die Jupiterwesenheiten haben menschenähnliche Gestalt, keine Flügel. Sie leuchten in einem Farbenspiel von innen, das mit nichts auf der Erde vergleichbar ist. Es sind Lichtgestalten. Sie stehen, während der Hüter sitzt.

Sind die Qualitäten von Hüter und Planet identisch?

Ja. Es geht um Macht und Weisheit, um Einsicht, Erkenntnis und Durchblick, um Erkenntnis der Dinge hinter den Dingen, doch nicht abstrakt, sondern in der Macht der Durchsetzung von Einsichten. Es geht also zugleich um die Macht von Worten und Gedanken und um die Macht, Energiemuster einzusetzen. Jupiter ist der Planet des Königs und des Priesters in der Seele. Entsprechende Seelen leben und wirken dort oder besuchen den Planeten.

Man besucht den Jupiter selten im Schlaf, nur in Zeiten der Not, wenn der Sinn des Lebens hinterfragt wird, wenn man gar nicht mehr weiterweiß. Der Jupiter ist kein Ziel für allnächtliche Reisen. Der Schwingungsunterschied ist zu groß und würde die Seele erschöpfen. (Anmerkung: Wir merken das auch, sind nach der Sitzung sehr müde und auch am nächsten Tag noch erschöpft.)

Der Jupiter wirkt deshalb auch nicht direkt aufs Erdenleben ein; seine Bewohner wirken in einer abgemilderten, den Menschen verträglichen Weise.

Haben diese Namen?

Ja, diese werden euch derzeit aber noch nicht mitgeteilt. Denn Namen kennen heißt, ihre Träger rufen zu können, das wäre zu früh. Es gibt aber Menschen, die sie kennen und die diese Wesen einsetzen können.

Darf ich nach den Schichten und dem Kern des Jupiter fragen?

Ja. Es gibt sieben Schichten, die von verschiedenen Wesen bewohnt werden, vergleichbar den Naturgeistern. Diese Schichten sind naturwissenschaftlich nicht erfassbar.

1. Die Oberfläche bildet die erste Schicht. Die Wesen dort haben zwei Hauptaufgaben, nämlich einerseits, Lehren nach außen weiterzugeben, sei es an Besucher, sei es unmittelbar an Suchende auf der Erde, andererseits von Machtmissbrauch und Weisheitsmissbrauch zu heilen.
2. Die zweite Schicht lehrt, trägt und verantwortet die erste. Meister unterrichten dort die Dienst tuenden Wesen der ersten Schicht. Ihr könnt euch diese Schicht vorstellen wie unterirdische Höhlen, Gänge, Flüsse, Seen, wo die Wesen wohnen, die das Wissen weitergeben.
3. Die Wesen der dritten Schicht bewahren, erhalten, hüten das Wissen. Bei ihnen lernen die Meister der zweiten Schicht. Ausgewählte Meister steigen hinab in die fünfte, sechste und siebte Schicht, um die reine Lehre aufzunehmen, und kehren zurück, um sie weiterzugeben.
4. Die vierte Schicht bildet eine Membran zwischen außen und innen. Denn die drei äußeren bewahren das Wissen und wirken nach außen, während die drei inneren Schichten die Lehre ständig erneuern: Je näher am Zentrum, desto lebendiger und kreativer werden die Wesen. In die Membran wird Altes zurückgebracht, und durch sie hindurch wird Neues aus dem Innern herausgegeben. Deshalb herrscht dort ein reges Treiben, ein lebendiges Hin und Her: Hier vollzieht sich der Austausch zwischen der ständig sich erneuernden Lehre und der Bewahrung des alten Wissens.
5. Die fünfte Schicht ist die der Geburt des Neuen. Hier bekommen Impulse die Form von Worten und Gedanken, Farben und Bildern.
6. Die sechste Schicht ist die der Vereinigung oder Vernetzung: Aus Einzelimpulsen werden Gesamtimpulse, Energiemuster, so wie aus Atomen Moleküle oder aus Buchstaben Worte und aus Worten Sätze werden.

7. Das Zentrum ist die Schicht des ewigen Werdens. Das Wort »Wesenskern« ist nicht angebracht, weil Kerne hart sind. Besser sagt man: das Wesenswesen, das heißt das Wesen, das »west«, das werden lässt in einem ständigen Prozess höchst lebendigen Wachsens, Fließens und Quellens.

Wie der Mittelpunkt der Erde wie Gold ist, so ist der des Jupiter wie ein reiner dunkelblauer Saphir. Dieser ist kühler und klarer als Gold.

Entsprechende Schichten findet ihr in allen Planeten, aber nicht in ihren Monden.

Hat der blaue Kern etwas mit dem menschlichen Ich zu tun?

Dieser Kern entspricht dem »zweiblättrigen Stirn-Chakra«, das heißt dem Innenraum mit den inneren Weisen, und dieser hat mit dem Ich zu tun; das haben aber allerdings alle Innenräume je auf ihre besondere Weise. Der blaue Kern ist der Raum des inneren Friedens. Immer entsteht Frieden aus der harmonischen Mischung von Weisheit und Macht. Hat ein Mensch Weisheit und verfügt zudem über die Autorität, durchzusetzen, was er erkannt hat, so stellt sich auch bei ihm dieser klare, friedvolle Raum ein. Das Ich steht dann nicht mehr unter Druck. Es schätzt sich weder zu hoch noch zu niedrig ein. Über dem Tor zu diesem Raum stellt euch (in Analogie zu: O Mensch, erkenne dich selbst!) die Inschrift vor: O Mensch, finde durch dich selbst zum Frieden.

Wie findet man zu diesem Frieden?

Wenn ihr den Weg dahin üben wollt, so geht folgende Schritte.

1. Begebt euch in den Innenraum, der dem »Stirn-Chakra« entspricht und der zugleich dem Jupiter und seiner Schwingung entspricht. Ihr braucht also nicht zum Jupiter zu reisen – ihr tragt ihn in euch selbst. In diesem Innenraum begegnet man dem Hüter – demselben, der in der Außenwelt der Hüter des Jupiter ist, zwar kleiner, aber nicht weniger machtvoll: dem inneren Weisen. Er ist – anders als die Wesen auf dem Jupiter – auch für eure persönlichen Lebensprobleme zuständig.
2. Er wird fragen: Was glaubst du? Ihr antwortet: Das Credo.
3. Dieser Innenraum im Stirnbereich ist sehr schlicht, klar, fast leer. Doch steht darin ein Tisch, daran sitzt der Weise in Gestalt eines alten Mannes, in violettblaues Licht getaucht. Vor sich hat er eine große Kristallkugel und einen kristallenen Spiegel. Setz dich zu ihm und bitte, in beides einen Blick hineinwerfen zu dürfen. Denk an deine Situation, deine Probleme, deine Lebenskrise und schau in die Kugel, und du wirst die äußeren Konstellationen der Situation durchschauen. Denk an die Situation und schau in den Spiegel, und du wirst verstehen, was die Situation mit dir zu tun hat.

   Bei dieser Gelegenheit ein Hinweis: Vermeidet auch in der Außenwelt, euch in Spiegeln anzuschauen, die nicht völlig rein und kristallklar sind. Schlechte Spiegel verzerren die Aura und wirken auf die Dauer krank machend.
4. Nun folgt ein heilender Schritt: Auf dem Tisch steht auch eine Schale voll klaren Wassers, das ebenfalls spiegelt. Denke an die Situation, blicke in den Wasserspiegel, und du findest Lösungen, Hilfe und Heilung, Wege aus der Situation. Sie werden dich zurechtrütteln, von Selbstüberschätzung oder von Selbstmissachtung befreien und zum inneren Frieden führen. Vom Wasser

kann man auch trinken oder es auf die Haut auftragen, um zu genesen.

Planetentherapie ist sinnvoll und sehr wirksam! Wer sich zu den Planetenräumen in sich begibt oder in die Planetensphäre reist, findet Entwicklung und Lenkung in der Begegnung mit mächtigen Meistern.

Es heißt, die so genannte »Weiße Bruderschaft« werde durch Lehrer vom Jupiter inspiriert. Können wir dazu Näheres erfahren? Wer wird Mitglied?

Jeder, der um Einsicht ringt und das Thema »Weisheit und Macht« bearbeitet. Es gibt sehr viele große und kleine Brüder, es ist ein großer Strom. Zu den Kriterien der Mitgliedschaft gehören:

1. Das Sammeln von Erkenntnissen. Dies genügt aber nicht.
2. Das Tätigwerden. Es gilt, die Erkenntnis umzusetzen – für sich und für andere. Diese beiden Kriterien werden nicht häufig gemeinsam erfüllt. Viele Menschen haben Erkenntnisse, werden aber nicht tätig, oder nur für eine Weile, bis Schwierigkeiten auftauchen, dann geben sie auf.
3. Ausdauer. Diese erfordert sowohl Kraft und Mut – die Mitglieder gehen oft bis an die Grenze des ihnen Möglichen – als auch Demut.

Der Strom der »Weißen Bruderschaft« ist vorstellbar wie der Nil, der breit und langsam, aber kontinuierlich dahinfließt. So stellt euch einen Zug von Weißgekleideten vor, die gemessenen Schrittes dem Ziel entgegenziehen. Es kommt nicht darauf an, namentlich bekannt zu sein. Namenslisten sind nicht sinnvoll.

Wir hoffen, euch gute Wanderschuhe mitgegeben zu haben, in denen ihr mitschreiten könnt. Wenn ihr euch bewusst in diesen Strom stellt, könnt ihr dort Kraft und Mut schöpfen. Und ihr werdet euch – wie alle die Brüder und Schwestern – gern zur Verfügung stellen, um Kraft und Mut weiterzugeben. Doch vergesst niemals, dass dazu die Demut gehört. Denn die »Weiße Bruderschaft« stellt sich ganz in den Dienst von Jesus Christus. Es gab sie zwar auch schon vor dem Erdenleben Christi. Der Sohn war aber auch vorher schon die Quelle der »Weißen Bruderschaft«.

Wie ist das Verhältnis der so genannten »Weißen Bruderschaft« zur katholischen Kirche?

Für die Engel sind beide deckungsgleich: Der Sohn, die Kirche, die Quelle der »Weißen Bruderschaft« sind eins. Aber die meisten Menschen verstehen unter der Kirche nur die soziale Institution. Diese ist wohl der irdische Teil der Kirche, aber sie ist nicht die ganze Kirche. Wer sie nicht anerkennt, aber zur »Weißen Bruderschaft« gehört, anerkennt die Quelle – und damit die Kirche, auch wenn er das nicht beabsichtigt, ja nicht einmal weiß. Für uns ist es sehr amüsant und erfreulich zu sehen, dass, wer der Kirche den Rücken kehrt, um sich der »Weißen Bruderschaft« anzuschließen, eben damit zugleich in die Kirche zurückkehrt.

Mittwoch, 10. Mai 1995

Einführung in die Heilarbeit

Ein blau-weiß-bunter Engel aus einem Nebengebäude des Friedensdoms, ohne sichtbare Flügel, mit Namen Elion: Heute könnten wir euch eine Einführung in die Heilarbeit geben, wenn ihr wollt. Wollt ihr? – *Ja.*

Führungsengel: »Elion« (mit langem, hellem »E« wie in Eden) ist ein Lehrengel, der euch über vieles unterrichten wird, zunächst aber über die Arbeit mit Farben. Er kommt vom Friedensdom zu euch her. Er hat im Friedensdom eine ähnliche Funktion wie Amael vor dem Hohen Rat.

Auch er hat wie dieser und wie Bruder Tullian eine gedrungene Gestalt und keine sichtbaren Flügel. Wäre er Mensch, würde man sagen: ein Künstler. Man kann ihn zu allem fragen, was mit Farben zu tun hat, auch etwa beim Bau von Möbeln, in der Bildhauerei, sogar in der Kosmetik, aber auch in Fragen der Musik, zum Beispiel: In welcher Färbung hat der Komponist sein Werk verstanden, ist ein Instrument in der richtigen Farbe gestimmt? Er kann euch auch in praktischen Lebensfragen über Zusammenhänge aufklären und auf Gesichtspunkte aufmerksam machen. Es wird sich als ratsam erweisen, seine Hinweise ernst zu nehmen und zu beachten.

Elion: Die Heilengel bilden eine besondere Gruppe von Friedensengeln. Sie arbeiten im Auftrag der höheren Hierarchien. Im Einzelnen wirken sie in eigener Regie, doch arbeiten sie eng mit den Sonnenengeln zusammen, sie heilen nie gegen deren Beschluss. Im Einverständnis mit dem Sonnenengel des Kranken kann man mithilfe ihres Wirkens in der Innenwelt heilen, obwohl der Kranke das selbst nicht weiß. So kann man ihm helfen, auch wenn er aus äußeren, zum Beispiel geografischen Gründen nicht an einem Heilungsakt in der Außenwelt teilnehmen kann.

Es gibt also die heilende Handlung in der Innenwelt und die in der Außenwelt. Die folgenden Angaben können sowohl in der Innenwelt als auch in der Außenwelt befolgt werden.

Es sind zu unterscheiden die Heilung des Körpers und die der höheren Ebenen (vor allem der Psyche). Doch auch wenn manchmal scheinbar nur der Körper oder nur die Psyche behandelt wird, so geschieht die Heilung letztlich immer ganzheitlich.

Die Heilarbeit ist als Einzelbehandlung oder als Gruppenbehandlung möglich. Einzelbehandlung ist bei speziellem Krankheitsbild angezeigt, Gruppenarbeit bei allgemeinen Erscheinungen, zum Beispiel bei Niedergeschlagenheit, Erschöpfung, diffuser Traurigkeit, auch bei Hyperzuständen: die Menschen sind überdreht, überarbeitet, leiden unter Schlaflosigkeit. Dann hat die Heilung vor allem harmonisierenden Charakter. Man sitzt in Kreisform oder liegt sternförmig, die Füße gegen die Mitte gerichtet.

Jetzt gebe ich euch eine Einführung in den Ablauf der Heilarbeit. Sie beginnt stets mit einer Vorbereitung in der Innenwelt, auch wenn die Heilarbeit in der Außenwelt vollzogen wird. Die Vorbereitung ist mindestens so wichtig wie die »heilende Handlung« selbst. Diesen Begriff behandelt bitte mit großer Demut und sprecht ihn in der Außenwelt nicht leichtfertig aus.

Heute begleite ich euch und führe euch in den Dom der Friedensengel, der im Seitenschiff zugleich als eine große Heilstätte dient.

1. Begebt euch in eure innere Kirche. Am Altar oder links von ihm findet ihr eine Tür. Dort holt euch ein Friedensengel ab. Für jede Form der Heilarbeit ist dieser Weg durch die innere Kirche wichtig. Zeigt sich der Engel nicht, hat das einen Grund; dann soll keine Heilarbeit stattfinden. Die Tür führt in einen kleinen Umkleideraum, einen Vorraum zu den Räumen des Friedensdoms.

   In diesem Vorraum werdet ihr weiß eingekleidet. Keine andere Farbe ist zulässig: Das gilt auch für die Heilarbeit in der Außenwelt. Die weiße Einkleidung wirkt wie ein reinigendes Duschbad. Sie ist für jede Form der Heilarbeit erforderlich, auch zum Beispiel für Massage oder Handauflegen, ja sogar schon für das Wählen von Heilmitteln. In den Raum der Heilung begebt euch immer nur auf diesem Wege.

2. Ihr tretet nun in einen Altarraum ein. Dort sitzt ein Friedensengel. Vor ihm sind drei Gelöbnisse abzulegen, zur Sicherheit der Behandelnden und der Behandelten. Sie bedeuten ein doppeltes Sich-zur-Verfügung-Stellen: den Menschen und den höheren Hierarchien, die dann nach ihrem Beschluss Heilung ermöglichen.

   Der Wortlaut dieser drei Gelöbnisse darf nicht veröffentlicht, sondern nur individuell weitergegeben werden, und auch dies nur unter vier Voraussetzungen:

   a) Der Betreffende fragt danach.
   b) Er kennt seine innere Kapelle und hat Zugang zu ihr.
   c) Er erklärt sich bereit, die Versprechen abzulegen.

d) Er ist bereit, dann auch wirklich tätig zu werden, wenn er von jemandem hört, der es braucht – ohne Ansehen der Person und ohne materielle Vergütung. Das heißt nicht, dass eine freiwillige Spende verboten wäre, aber sie darf nicht bestimmendes Kriterium oder Voraussetzung sein.

Auch für euch gilt: Wenn ihr von jemandem hört, der es braucht, werdet tätig! Geschieht das nicht, verliert ihr die Kraft, das Versprechen abzulegen. Dann werdet ihr dastehen und den Himmel verloren haben. Ohne Ablegen des Gelöbnisses bleibt die Handlung wirkungslos. Der Einblick in die Heilarbeit, den ich euch im Folgenden geben werde, reicht also nicht aus, um wirksam tätig werden zu können; es bedarf der drei Gelöbnisse. (Diese drei Gelöbnisse werden nun gegeben und von allen Anwesenden einzeln abgelegt. Dann fährt Elion fort:)

3. Nunmehr sind das Handeln in der Außenwelt und in der Innenwelt zu unterscheiden.

   a) Handlungen in der Außenwelt werden von mindestens zwei Friedensengeln begleitet. Der eine tut hinter euch mit Händen und Flügeln, was ihr tut, der andere tut vor euch dasselbe spiegelbildlich. Steht ihr links vom Kranken, steht einer auf dessen rechter Seite. In der Gruppenarbeit bildet einen Kreis und lasst den gegenüberliegenden Stuhl für den Engel frei. Die Engel begleiten eure Arbeit zwar in jedem Fall; trotzdem solltet ihr sie darum bitten.

   b) Auch bei Handlungen in der Innenwelt steht oder sitzt ein Friedensengel euch gegenüber und einer hinter euch. Bildet ihr einen Heilkreis, so sitzen zwei weitere rechts und links. Denkt ihr euch den Kreis wie das Zifferblatt einer Uhr, so sitzt ihr also auf der Sechs, die Engel auf der Zwölf, der Drei und der Neun, und einer steht hinter euch. Ihr bittet die Menschen, denen ihr helfen wollt, in den Kreis, begrüßt sie herzlich und bittet sie, auf den Stühlen zwischen den Engeln Platz zu nehmen, und zwar rechts von euch beginnend den Kreis aufzufüllen. Bittet zunächst Kranke, die ihr kennt, dann Stellvertreter einer Gruppe, zum Beispiel eines unter Kriegswirren leidenden Volkes oder Repräsentanten von Trägern bestimmter Krankheiten, von Hungernden, von Behinderten, von missbrauchten Kindern usw. Es können auch individuelle Menschen sein, die ihr nicht mit Namen kennt, die ihr zum Beispiel auf der Straße gesehen habt und die euch innerlich beschäftigt haben. Ihr selbst seid natürlich auch im Heilkreis; der Heilvorgang kommt auch euch zugute.

Eure »heilende Handlung« im Heilkreis besteht darin, dass ihr präsent seid. Durch euch wird der Kreis »ins Werk« gesetzt. Ihr reicht euch die Hände und schließt so den Kreis.

Nun gilt: nicht aktiv werden! Nicht willentliche Energie oder Energiemuster an bestimmte Stellen lenken! Keine Meinungsbildung über Krankheit und Therapie! Keine Vorstellungen von der Heilung bilden! Das ist eine scheinbare Paradoxie: Voll bewusst präsent sein und zugleich völlig zurücktreten, da sein, ohne da zu sein. Pfuscht ihnen nicht durch Eigenaktivität in ihre Tätigkeit hinein! Dies ist die Grundstufe, und auf dieser gilt: die Engel wirken lassen, nicht selbst handeln wollen! Mit selbst gelenkten Energien im Heilkreis zu arbeiten ist eine höhere Stufe der Heilarbeit.

Wenn die Handlung unterbrochen oder gestört worden ist (zum Beispiel durchs Telefon); dann ist an der betreffenden Stelle noch einmal anzusetzen.

Zum Abschluss verneigt euch zueinander. Dann geht am Friedensengel, vor dem ihr euer Gelöbnis abgelegt habt, vorbei und verneigt euch noch einmal vor ihm. Dann begebt euch in den Raum, in dem ihr eingekleidet worden seid, legt das weiße Gewand ab und gelangt durch die Tür zu eurer inneren Kapelle. Die Handlung ist immer so abzuschließen.

Samstag, 13. Mai 1995

Die Farbstrahlreise

Ein Engel namens Marvik: Heute ist eine Unterrichtsstunde, die euch über eine Reisemöglichkeit in vertikaler Richtung belehrt: durch alle Hierarchien hindurch. Alle Bewohner des Himmels, auch zum Beispiel im Hohen Rat, in der Akademie der Wissenschaften, in Shamballah, leben und arbeiten in einem Farbstrahl, manche auch in mehreren zugleich oder in mehreren abwechselnd. Die Strahlen gehen aus von der Trinität.

In der dritten und zweiten Triade findet ihr alle Farben (außer Schwarz), in der ersten nur die drei Grundfarben: Dunkelblau, Rubinrot (mit Blaustich) und Weiß. Diese Farben sind freilich nicht identisch mit den irdischen Farben. Sie sind strahlender, leuchtender und lichter und vermitteln immer auch eine Stimmung, einen Klang, eine Aussage.

Die Farben sind kein Zufall, sondern von großer Bedeutung. In den Farben des Sonnenengels und des Führungsengels drückt sich die Grundschwingung des Menschen aus. Ihr vier hier arbeitet in den Strahlen des Johannes und des Andreas, wobei abwechselnd der eine und der andere überwiegt. Der Sonnenengel wirkt wie ein Prisma: Er spaltet die Farben auf, aber eine bildet den Schwerpunkt. Die Führungsengel haben eigene Farben. Wir wollen jetzt in Farbstrahlen reisen lernen.

Ihr nehmt folgenden Weg:

1. Begebt euch in eure innere Kapelle und stellt euch auf eine Farbe ein, zum Beispiel auf Blau. Blau ist eine Farbe, die der Hohelehrer sehr gerne mag: Es ist die Farbe der Mutter. Er ist aber auf mehreren Farbstrahlen erreichbar. Legt also blaue Kleidung an und umgebt euch mit blauem Licht.
2. Schaut euch um: Eines der Kirchenfenster eurer inneren Kirche hat ebenfalls diese Farbe: Es öffnet sich wie ein Tor, durch das ihr hinaustretet.
3. Dort ergreift euch der Farbstrahl der gewählten Farbe wie ein Fließband, das euch stufenlos befördert. Ich begleite euch. Mein Name ist Marvik. Ich bin eine Art Kapitän, als Begleiter und Lehrer zuständig für Reisen. Ich habe die Möglichkeit, jede beliebige Farbe zu übernehmen. Die Wahl liegt bei euch. Ihr könnt aber auch die Begleitung durch Amael erbitten; er wird euch nie abweisen. Er wird euch vom Ziel weg auch woandershin weiterführen, wenn ihr wollt.

Meister und Engel benutzen den Farbstrahl, auch der Hohelehrer; doch auch fortgeschrittene Schüler können sich seiner bedienen. Anfänger reisen besser Schritt für Schritt – mit der »Dankesleiter« (19.3.1995). Man täuscht sich dann nicht in der Ebene und verliert nicht den Halt. Die Farbstrahlreise geht aber schneller und spart Kraft.

Auf jeder Ebene ist einer, der für die gewählte Farbe zuständig ist, zum Beispiel bei den Erzengeln für den blauen Strahl Gabriel, für den grünen Strahl Raphael, für den rubinrot-goldenen Strahl Michael, für den rotorangen Strahl Uriel.

Wenn ihr lernen wollt, auf dem Farbstrahl zu reisen, braucht ihr nicht ein besonderes Ziel anzugeben, besser ist es, als Entdecker zu reisen. Wählt eine Farbe und schaut, wo sie euch hinführt. Lasst euch überraschen. Nennt auch nicht eine bestimmte Ebene als Ziel, sondern vertraut euch dem Wanderführer an: Ich bleibe an eurer Seite. Ich bewahre euch vor Abschweifungen, warne euch, wenn ihr zu weit wollt, und werde euch zurückgeleiten.

Versucht es jetzt einmal ...

Mittwoch, 17. Mai 1995

Trugbilder. Schutzmaßnahmen. Das Schutz-Ave-Maria

I. Ein Engel der Maria: Die heutige Unterrichtsstunde ist zunächst der Sphäre der Trugbilder gewidmet. Wie man in diese Sphäre gelangt, wird euch nicht gesagt, damit ihr euch nicht selbst dorthin begebt; das wäre mit großen Gefahren verbunden. Es bedarf des Schutzes und des Geleits. Heute werdet ihr von Engeln geführt, die aus dem Mantel Mariens stammen. Denn der blaue Mantel Mariens besteht aus Myriaden von Engeln.

Jeder von ihnen dient auch wieder als »Mantel«, das heißt, er umgibt euch rundherum wie ein Mantel aus blauem Licht mit Kapuze. So wirkt er als ein Schutzengel besonderer Art, nämlich als einer, der euch aus bestimmtem Anlass und für eine bestimmte Zeit einen besonderen Schutz gewährt. Die Idee des königlichen Umhangs, die bis zum bürgerlichen Paletot nachwirkte, rührt daher. Der Einzige, der heute noch so etwas trägt, der Zauberer, sollte es gerade *nicht* tun.

Der Mantel ist – wenn ihr genau hinseht – ein Engel mit blauem Gewand und goldenen Flügeln, sternenübersät.

Er schützt nicht nur den Körper. Denn einige der Trugbilder haben »Intentionen«, das heißt, sie sind auf ein Ziel gerichtet. Eines ist, sich im Energiefeld des Menschen festzusetzen, um dadurch im irdischen Sinn größere Realität zu erlangen. Der Engel sichert euch gegen diesen Einfluss.

Wenn ihr mitkommen wollt – es ist euch freigestellt –, dann sprecht: »Ich will«.

Ich will.

Die Sphäre der Trugbilder ist grau, diffus, nebulös, es herrscht ein turbulentes Treiben. Die Sphäre hat keinen bestimmten Ort: Sie kann überall sein und wieder verschwinden, zum Beispiel zwischen Bühne und Zuschauerraum, zwischen Redner und Zuhörer. Sie kann sich zwischen zwei Menschen schieben und wieder verflüchtigen.

Die Sphäre der Trugbilder ist nicht identisch mit der Sphäre des Bösen. Sie ist die Sphäre des Irrtums und der Vermischung. Der Irrtum kann freilich beabsichtigt sein: Dann hat man es mit List und Täuschung zu tun. »Vermischung« bedeutet: Nichts ist klar und rein. Erkenntnisse werden mit Irrtümern versetzt, Wahrheiten mit Unwahrheiten durchzogen. Die Bilder sind gefährlich, weil sie die Absicht hegen zu betrügen. Sie sind sehr bestrebt, wirksam zu werden. Es ist nicht harmlos, sich dort aufzuhalten.

Sind es luziferische Wesen, die dort wirken?

Man findet in dieser Sphäre vor allem Egregore[31]; das sind Schöpfungen aus Menschenhand, oder genauer: vom Doppelgänger geschaffene, vom Menschen übernommene Konstruktionen, Gedanken, Vorstellungen. Der Doppelgänger schafft sie vor allem aus dem Wunsch, Ängste und Sorgen zu erzeugen und bis zur Panik zu steigern. Der Mensch dient ihnen als Werkzeug. Geeignet sind vor allem Menschen, die mit Vorliebe immer negative Vorstellungen und düster-pessimistische Zukunftserwartungen pflegen und verbreiten: »Ihr werdet noch sehen.« Egregore machen einen Großteil der Täuschungen aus. Man findet dort aber auch andere Wesen, zum Beispiel verirrte Luftgeister, die zu hoch hinauswollten und nicht mehr nach Hause finden. Sie sind sehr ratlos und unglücklich.

In der Sphäre der Trugbilder wirken also nicht luziferische Wesenheiten, sondern zumeist Egregore. Es handelt sich nicht um die Sphäre der absoluten Lichtlosigkeit. Wenn diese Wesen lügen, schwingt ein Unterton von Bedauern, von Verwirrung und Traurigkeit mit. Ihre Intention ist nicht, böse sein zu wollen, sondern eher Trotz. Die Wirkung ist allerdings nicht zu unterschätzen. Sie können sehr gefährlich, ja verheerend für den Menschen sein. Sie können den Menschen in schlimme Zustände führen bis hin zur Besessenheit und völligen Orientierungslosigkeit.

Es gibt Engel, die dort einen schweren Dienst tun: Sie sind bestrebt, das Durcheinander zu ordnen, Gedankenknäuel zu entwirren, das Wahre vom Falschen zu trennen, wie wenn jemand auf einer Müllhalde etwas Brauchbares sucht. Und es gibt einige (ehemals inkarnierte) Heilige, die versuchen, die Intentionen jener Wesen zu ändern oder zurückzunehmen und zu verhindern, dass solche Wesen sich an Menschen hängen und sich realisieren. Zumindest können sie sie beschwichtigen und ihre Vehemenz lindern.

Entstehen Trugbilder durch Affekte, Zorn, rhetorisches Mitgerissensein?

Nein, dies sind Symptome dafür, dass man schon im Kontakt mit den Trugbildern ist. Die Wahrheit ist nicht affektbezogen, sie wirkt sanft: Man wird sich staunend immer mehr bewusst, wie wahr und schön sie ist. Sie leuchtet auf, aber nicht wie ein Blitz, sondern langsam und still, selten erschütternd oder überrumpelnd. Mit ihr verbunden sind Strenge und Liebe, zwar auch Humor, aber immer in Maßen. Andere Affekte sind meist schon Einwirkungen von Trugbildern.

Beruht die Werbung auf der Wirkung von Trugbildern?

Meistens ja. Dazu wäre eine besondere, aber gut geschützte Lehrstunde sinnvoll.

Haben auch Spielfilme mit den Trugbildern zu tun?

Nein, bewusste Fiktion ist etwas anderes. Der Zuschauer weiß ja, dass es sich um einen Film handelt, um »gestellte« Realität also. Die Werbung hingegen gibt das künstlich Gestellte für etwas Reales aus. Es wäre vor allem für Kinder nicht schlecht, ihnen einen Schutz vor solchen Medieneinflüssen zukommen zu lassen. Ihr könnt in den Heilkreis auch einmal stellvertretend Opfer der Medienmanipulation aufnehmen.

Was macht Menschen empfänglich für den Kontakt mit der Sphäre der Trugbilder?

Grundsätzlich: Am Anfang verhält sich der Mensch passiv. Er will nicht aktiv in diese Sphäre hinein, wie es bei der Sphäre des Bösen möglich ist. Er wird unversehens hineingelockt. Die Sphäre der Trugbilder wirkt auf eine eigentümliche Weise attraktiv. Gerade weil sie so undifferenziert und nebulös ist, kann sie die Seele leicht in den Zustand der Empfänglichkeit bringen. Sehen die dort herumirrenden Wesen eine Chance, nutzen sie sie und suchen Kontakt zum Menschen. Sie finden eine Chance, wo eine Prädisposition des Menschen gegeben ist, und eine solche taucht in jeder menschlichen Entwicklung unvermeidlich immer wieder auf. Denn diese Prädisposition entsteht mit jeder Form von Öffnung: mit der Öffnung des Geistes durch jedes neugierige Wissenwollen, Zweifeln und Infragestellen, mit der Öffnung des Herzens durch Misstrauen, Unsicherheit, Zweifel und Trübung der Gefühle, mit der Unentschiedenheit im Körperlichen bis in die energetische Ebene hinein. Diese Prädisposition ist also immer gegeben, wenn keine klare Haltung eingenommen, keine klare Entscheidung getroffen wird.

Wie ist das beim Körperlichen zu verstehen?

Der Körper ist nicht »nur Physis«, sondern eine materialisierte Form von Geist. Während bei Geist und Herz noch Zweideutigkeiten möglich sind, erträgt der Körper sie nicht. Er kann nicht gleichzeitig stehen und gehen, wachen und schlafen. Man muss auch den Körperzellen eindeutige Informationen und Instruktionen geben, nicht widersprüchliche. Und doch tut man das häufig, zum Beispiel bei der Nahrungsaufnahme: Der Körper will und braucht nicht mehr und bekommt doch noch, man ist satt und will doch noch essen. Es gilt also, auf klare und eindeutige Körperbedürfnisse zu hören und ihnen Folge zu leisten, sonst entsteht eine schwierige Situation. Das Körperbewusstsein ist das niedrigste im Menschen und weiß das, es ist sehr nobel. Normalerweise hört es auf die höheren Instanzen. Werden aber dort seine Bedürfnisse nicht gehört und nicht befolgt, so fragt es sich, ob es auf sich selbst hören soll oder auf höhere Instanzen. Es ist, wie wenn ein Kind etwas von sich weiß, aber von den Eltern etwas anderes erfährt: Das bewirkt Zweifel und Misstrauen, entweder sich selbst gegenüber, dann mangelt es ihm an Selbstvertrauen, oder den Eltern gegenüber, dann mangelt es an Vertrauen in höhere Instanzen und Autoritäten, letztlich an Vertrauen in die himmlischen Eltern.

Auf körperlicher Ebene führen die zweideutigen Botschaften zu Trugbildern, die den Körper durcheinander bringen und Krankheiten auslösen können. Mitunter ist ja die Krankheit die Materialisation eines psychischen Problems. Schmerzen können entstehen, wenn Zellen hauptsächlich Doppelinformationen oder negative Informationen erhalten. Sie werden dann griesgrämig, statt sich wohl zu fühlen und sich harmonisch einzugliedern. Normalerweise haben Zellen die Weisung, sich einzuordnen und im Verband mit den anderen »ordentlich« zu arbeiten, mitunter bekommen sie die Trugbildinformation, die Ordnung zu sprengen, zum Beispiel wild und chaotisch zu wachsen, also Krebs zu bilden. Jede Zelle ist wie ein Schüler, der so oder so gestimmt ist.

Nur durch ein differenziertes Verständnis der Krankheitsursachen wird Heilung möglich. Einseitige, nur mechanische oder rein psychische Krankheitserklärungen oder sonstige einseitige Grundtendenzen sollten euch immer hellhörig machen, auch der einseitige Hang zur nur allopathischen Schulmedizin oder auch zur hömöopathischen oder sonst alternativen Medizin. Wenn man zum Beispiel die Ursachen des Krebses erforscht, sind unter anderem genetische Gesichtspunkte, die psychische Struktur des Patienten, die psychologischen und sozialen Bedingungen in Betracht zu ziehen. Das eine oder andere allein hätte vielleicht nicht ausgereicht, um die Krankheit auszulösen. Man kommt infolgedessen nicht weiter, wenn man nicht allen Gesichtspunkten nachgeht, auch der Wirkungsweise der Trugbilder. Der Hang zum Monokausalen ist selbst eine Erscheinungsform der Trugbilder. Diese sind bestrebt, die Menschen durch Festlegung auf Einseitigkeiten, Simplifizierungen und sonstige Halbwahrheiten hereinzulegen und so zum Beispiel den Erfolg der ärztlichen Arbeit zu durchkreuzen.

Auch der Gebrauch bestimmter Wörter ist ein Indiz für den Einfluss von Trugbildern, auf das ihr aufmerksam werden solltet, zum Beispiel die häufige Verwendung oder Überbetonung von der (die, das) »Einzige«, von »wahr« in nicht sakralem Zusammenhang, von »Tatsache«, »Faktum«, »sicher«, »sicherlich«, »gewiss«, »zweifellos«. Solche Wörter sind Masken. So verbergen sich zum Beispiel Zweifel hinter »zweifellos«, unwahr hinter »wahr«, Vermischungen hinter »Fakten«.

Wie kann man einen Vortrag halten oder einen Gesprächsbeitrag bringen, ohne Öffnungen und Fragezeichen zu bewirken?

Das Öffnen ist notwendig, es soll und kann nicht verhindert werden. Es muss ja sein, auch um von guten Sphären berührt zu werden. Es geht nur darum, die Sphäre der Trugbilder abzuhalten. Alles geistige Herumwandern, Suchen und Fragen schafft eine gewisse Disposition, die für Trugbilder empfänglich macht.

II. Deshalb wenden wir uns im zweiten Teil unserer Unterrichtsstunde nun der Frage zu, wie man sich und andere vor dem Einfluss der Trugbilder schützt. Zunächst ist folgendes wichtig.

1. Das bewusste Sichhinwenden zum Heiligen, also zu einem heiligen Raum, zur Heiligen Schrift, zu heiligen Symbolen, zum Beispiel zum Kruzifix, zu heiligen Texten, insbesondere zu Gebeten, zu Psalmen, zum Rosenkranz, schafft eine schützende Hülle um euch herum.
2. Ihr könnt euch auch in den besonderen Schutz der

Muttergottes stellen und euch mit dem blauen Mantel umgeben. Es genügt aber nicht, passiv dazusitzen oder ein Marienbild aufzustellen, Kerzen zu entzünden, eine blaue Kette zu tragen usw. und auf Wunder zu warten. Es bedarf einer bewussten, aktiven Hinwendung des Menschen zur Muttergottes und einer Bitte um ihren Schutz. Am besten ist, ihr betet das Schutz-Ave-Maria. Es lautet:

> *Gegrüßet seist du, Maria, voll der Gnaden,*
> *der Herr ist mit dir.*
> *Du bist gebenedeit unter den Frauen,*
> *und gebenedeit ist die Frucht deines Leibes, Jesus,*
> *der uns die Engel gesandt hat.*
> *Heilige Maria, Mutter Gottes,*
> *Herrin aller Engel,*
> *Hüterin aller Suchenden,*
> *Helferin in der Not,*
> *schütze uns und leite uns*
> *jetzt und in der Stunde unseres Sterbens.*

Man betet sitzend oder kniend, mit geschlossenen Augen, so lange, bis man das Gefühl hat: Der blaue Mantel mit der blauen Kapuze senkt sich über Schultern und Kopf.

Das ist der direkteste Schutz bei allen Bedrohungen durch Zweifel, Misstrauen, Unklarheit, Fanatismus, Einseitigkeit.

Was können wir tun, um andere vor Trugbildern zu schützen?

1. Ihr könnt ihnen blaue Engel schicken, und zwar immer wieder.
2. Es gibt bestimmte Heilige, die ihr anrufen könnt, insbesondere die heilige Barbara. Sie hat eine besondere Fähigkeit, vor Trugbildern zu schützen.

3. Mit ihrer Einwilligung könnt ihr die betreffenden Menschen in heilige Räume bitten, das schafft eine Art »Quarantäne«, einen wirksamen Schutz.

Früher wurden Dinge, die wesentliche Öffnungen bewirken, in der Regel nur in geheiligten Räumen ausgesprochen. Solche geheiligten Räume sind zum Beispiel Kirchen, Tempel, bestimmte Schulen, Klöster, dort zum Beispiel Kreuzgänge und Klosterbibliotheken, aber auch alte Bauerngärten; Bäuerinnen wussten früher von ihren geheiligten Gärten. Auch ein Stück Wald kann ein solcher Raum sein. Nur sollte man das zuvor klären. Die Natur ist sehr differenziert; jeder Wald ist anders. Auch Naturgeister haben heilige Räume des Treffens oder des Schweigens, Wanderwege abseits der menschlichen Wanderwege. Architekten sollten lernen, darauf Rücksicht zu nehmen und nicht Straßen zu bauen, wo eine unsichtbare Kirche steht, oder ein Haus auf solch einen Wanderweg setzen.

Wie heiligt man einen Raum?

Diese Frage ist unterschiedlich zu beantworten, je nachdem, ob der Raum zu einem ständigen oder nur zu einem gelegentlich heiligen Raum gemacht werden soll – zu einem »stabilen« oder einem »flexiblen« heiligen Raum.

(A) Sprechen wir als Erstes von stabilen heiligen Räumen und halten zunächst fest, was nicht wichtig ist: zum Beispiel die Zahl der Türen und Fenster, die ehemalige Nutzung, die gegenwärtige Nutzung etwa als Schlafzimmer, Küche, Wohnzimmer – aus fast allen Räumen lassen sich geheiligte Räume machen. Der Raum kann auch eine Doppelfunktion haben, man kann dann wie mit einem Lichtschalter den heiligen Raum an- und ausschalten. So kann man also unter diesem Gesichtspunkt die stabilen geheiligten Räume weiter unterscheiden in solche mit ausschließlicher oder gemischter Funktion.

1. Dient der Raum ausschließlich als heiliger Raum, so sollte er möglichst leer sein und nichts enthalten, was nicht direkt mit heiligen Handlungen zu tun hat. Es sollte dort keine elektrischen Geräte geben, möglichst auch kein elektrisches Licht, sondern Kerzenlicht. Und er sollte im Zentrum einen Altar haben oder zumindest ein Symbol entweder der gesamten Trinität oder des Vaters oder des Sohnes oder des Heiligen Geistes oder der Maria oder der zu ihr gehörigen Wesenheiten.
Beachtet die gebotene Ehrerbietung. Macht keinen Lärm und keine schnellen Bewegungen und vermeidet unautorisierte Berührungen des Zentrums. Auch Besucher sollten das respektieren und gehörige Distanz halten. Das entspricht der Nähe des Priesters zum Altar beziehungsweise dem Abstand der Gemeinde zu Priester und Altar. Und schließlich sollte der Raum eine abschließbare Tür haben.
2. Dient der Raum zugleich als Wohnraum, so vermeidet möglichst, dort zu essen, zu streiten und überhaupt laut zu sein. Es gibt eine Ausnahme: Kindern bis etwa zum zwölften Lebensjahr ist fast alles gestattet. Sie stehen unter besonderem Schutz und haben sehr viel Freiheit.
Wenn der Raum als Küche dient, darf man kochen, sollte aber möglichst woanders essen.

Wenn ihr den Raum umschaltet zum heiligen Raum, so geschieht das durch Rituale wie: Kerzen anzünden, frische Blumen an ein Bild stellen, das Ungestörtsein von technischen Einflüssen sichern (zum Beispiel das Telefon abschalten). Sehr wirksam ist das bloße Aufschlagen der

Bibel: Schon dadurch entsteht ein geheiligter Raum. – *Gilt das unabhängig von der Übersetzung?* – Ja, es kann auch chinesisch sein. Die Bibel ist das einzige Buch, das diese Wirkung hat.

Für jeden stabilen heiligen Raum – gleich ob mit ausschließlicher oder gemischter Funktion – gilt Folgendes: Er hat mindestens einen Engel, der ihn behütet und die Vertikale bildet. Dieser wirkt wie eine Antenne oder ein Kanal, der den Raum mit dem Himmel verbindet. Meist sitzen Engel auch in den vier Ecken und hinter dem Altar, den sie mit ihren Flügeln umspannen. Große Kirchen haben ganze Heerscharen von Engeln. Dankt den Engeln und sprecht mit ihnen!

Jeder heilige Raum hat auch mindestens einen Naturgeist, der die Vertikale nach unten sichert. Er nimmt schädliche Energien auf und leitet sie ab, auch Kummer, Leid, Sorge, Verzweiflung. Ihr könnt ihn bitten, den Ein- und Ausgang zu behüten und den Raum zu schützen. Bedenkt immer: Naturgeister wollen gebeten sein.

Ein einmal geheiligter Raum wird nie mehr völlig entheiligt. Es betrübt zwar die Engel sehr, wenn man ihn profaniert, aber dadurch wird der Raum nicht entheiligt, auch nicht durch Missbrauch, etwa durch die Verwendung einer Kirche als Konzertsaal. Auch ein missbrauchtes Kind behält ja seine geheiligten Innenräume unverändert. Auch ein Priester, der von seiner Aufgabe abfällt, wird dadurch nicht entheiligt. Bedenkt immer: Geheiligt wird vom Himmel, nicht von Menschen.

(B) Nun zu den flexiblen Räumen, also solchen, die an sich keine heiligen Räume sind, die man aber für eine Zeit lang in heilige verwandeln möchte, etwa für Vorträge, Gespräche, Seminare. Man macht sie zu heiligen Räumen durch die Zusammenarbeit mit Engeln und Naturgeistern, und zwar solange der Raum noch menschenleer und man ungestört ist. Das geschieht folgendermaßen:

Tretet zunächst in die Mitte des Raumes und bittet die Naturgeister, falls welche da sind, sich wahrnehmbar zu machen. Fragt sie: Seid ihr mit der Aufgabe, einen heiligen Raum zu schaffen, vertraut? Wenn ja, dann bittet sie darum und versichert euch ihrer Zusage, dann werden sie es tun. Wenn nein, dann führt einen der zu euch gehörenden Naturgeister ein und bittet ihn, die Aufgabe zu übernehmen. Dieser kann es bei Naturgeistern in heiligen Stätten lernen, zum Beispiel in einer Kirche während eines Gottesdienstes.

Dann stellt euch mit dem Rücken an die hintere Wand des Saales und bittet von dort aus die blauen Engel, aus dem Mantel der Maria zu kommen, den Saal zu heiligen und während der Veranstaltung anwesend zu sein. Ehe ihr diese Bitte äußert, sprecht dreimal das Ave-Maria mit »... Jesus, der uns die Engel gesandt hat«. Die Engel werden einen blauen Baldachin an der Decke aufspannen, der in der Mitte von einer goldenen Krone gefasst ist und der die Wände bedeckt. So entsteht im Raum ein blaues Zeltdach. Dieses Zelt gibt Schutz und Segen.

Dies alles ist auch in freier Natur möglich, auch im Auto oder auf einer Parkbank.

Nach dem Vortrag oder Seminar vergesst nicht, euch bei den Engeln und den Naturgeistern zu bedanken!

Dürfen wir dieses Wissen weitergeben an andere?

Es ist für alle, die auf dem Weg sind und an einen Punkt des Zweifels, des Misstrauens, der Öffnung kommen, und dieser Punkt kommt unvermeidlich. Deshalb warnt und mahnt die Kirche: »Zweifle nicht.« Aber das wird als Zumutung empfunden. Jeder Suchende stellt Fragen, das führt zu Öffnung, und diese macht ihn unsicher. Also muss er wissen, wie man sich schützt, wie man einen geschützten heiligen Raum schafft und auch, dass die Kirchen solche Räume sind. Gebt das Wissen aber erst dann weiter, wenn die Menschen an einem solchen Punkt angekommen sind, gebt es ihnen nicht vorsorglich auf den Weg, wie ein Arzt, der Schmerzmittel ohne Schmerzen verteilt. Ihr solltet abwarten, bis Fragen entstehen. Sie kommen bei allen Suchenden auf dem spirituellen Weg. Deshalb dürft ihr davon ausgehen, dass sie in der Regel auch bei den Lesern eures Buches entstanden sind.

Sonntag, 21. Mai 1995

Der Innenraum mit dem Marienengel

Elion (vgl. 10.5.1995): Die heutige Unterrichtsstunde ist einem sehr wichtigen Thema gewidmet: dem Innenraum mit dem Marienengel. Ihr kennt schon die innere Quelle und die innere Kapelle. Der innere Marienengel wohnt im so genannten »Hals-Chakra« oder »Kehlkopf-Chakra«, wie man zu sagen pflegt. Es handelt sich um einen besonderen Innenraum im Turm eurer inneren Kirche. Begebt euch in eure innere Kirche. Links vom Altar werdet ihr eine Tür finden, die in ein Treppenhaus mit einer Wendeltreppe führt. Wenn ihr diese hinaufsteigt, kommt ihr in eine Turmkapelle. Schaut euch um.

Ihr findet einen Altar mit einem Marienbildnis und davor einen Betstuhl. Etwas seitlich steht oder sitzt euer innerer Marienengel, bekleidet mit einem blauen, von Sternen übersäten Mantel. Er wirkt nicht herrschaftlich, sondern rührend sanft und zart. Er kann allerdings größer sein als ihr, aber er wirkt klein, so als würde er in eine Hand passen. Seine Stimme ist sehr fein und leise. Es kostet zunächst Mühe, die Wahrnehmung so zu sensibilisieren, dass man ihn hört; doch es ist wichtig, ein feines Empfinden für seine Stimme zu entwickeln.

Dabei ist er so mächtig! Er ist der Stellvertreter der Mutter in euch. Es sollte die Menschen rühren, dass die Mutter bei all ihrer Macht das so eingerichtet hat. Ihr könnt mit eurem Marienengel über eure persönlichsten Probleme sprechen – er wird mit Umsicht und Sanftmut darauf eingehen. Und ihr könnt euch mit Fürbitten für andere an ihn wenden. Wenn ihr zu ihm betet, reicht er eure Bitten und Fragen an die Heilige Maria weiter und übermittelt euch ihre Antworten. Auch wenn ihr die Gottesmutter direkt ansprecht, erreicht ihr sie über euren Marienengel. Deshalb vergesst nie, euch auch an ihn zu wenden und ihm zu danken. Er begleitet euch nur für ein Leben. Er hat wenig eigene Individualität, keinen Eigennamen, er ist nur Dienst. Er verbindet sich mit dem Kind, wenn es sprechen lernt; mit ein bis eineinhalb Jahren zieht er ein. Das geschieht auch bei Taubstummen.

Man spürt ihn durch eine leichte Veränderung des Gefühls im Hals. Wenn man ihn spürt, hat man etwas Mühe mit dem Ein- und Ausatmen, man spürt einen Druck. Er warnt, ruft euch zu: Halte ein!, wenn die Gefahr besteht, dass man nicht die ganz klare, reine Wahrheit sagt. Es entsteht dann ein Räuspern, oft eine minimale Veränderung eurer Stimme, sie kann höher oder tiefer, dunkler oder heller oder etwas rau werden. Wenn ihr damit vertraut seid, könnt ihr auch bei anderen Menschen mit bloßem Ohr Unwahrhaftigkeiten wahrnehmen – am Ton, an der Art und Weise ihres Sprechens. Sie suchen vergeblich ihre Unwahrheiten zu verbergen – vor sich selbst, vor der Welt, vor dem Himmel. Der Marienengel wirkt wie ein feiner Lügendetektor.

Euer innerer Marienengel ist zuständig sowohl dafür, dass eure Worte stimmig sind, als auch dafür, dass sie Wirkungskraft bekommen. Er ist es, der dem heiligen Wort seine Tragkraft verleiht. Sprecht ihr ein heiliges Wort, einen wahren, heilenden, ganz machenden Satz, so spricht dieser Engel durch euren Mund. Ist eine Formulierung gut und in Übereinstimmung mit der Wahrheit, dann ist es der Marienengel selbst, der spricht.

Wenn ihr aber Halbwahrheiten oder Lügen aussprecht, sitzt er da, weint und wartet. Sie tun ihm weh – stellvertretend für »seinen« Menschen, wie sie auch der Heiligen Maria wehtun. Er ist ja ein Marienengel, und so gibt er sein Leid an die Heilige Maria weiter. Das Bild der leidenden Gottesmutter mit dem durchbohrten Herzen ist real, es ist nicht nur ein Symbol. Sie blutet wirklich, und sie weint wirklich.

Mittwoch, 24. Mai 1995
(Vorabend von Himmelfahrt)

Über Himmelfahrt

(Vor dem Hohen Rat; auf der »Wiese« sind viele fröhliche Engel, hell gekleidet mit blauen Flügeln, die kleinen sind geradezu übermütig.) Amael: Was meint ihr, warum all die Blumen hier blühen? Sie blühen für den morgigen Tag. Sämtliche Hierarchien haben teil an Himmelfahrt, weil Christus überall vorbeikommt. Es herrscht große Freude! Ihr bekommt je eine Blume: Isabel eine Margerite, Gerhard eine Pfingstrose, Martin eine kleine Sonnenblume, Alexa eine Rose. Die Blume ist nicht nur ein Geschenk, sondern für jeden ein Geheimnis, über das es nachzusinnen gilt. Himmelfahrt ist ein Blumenfest, ein Frühlingsfest. Es ist Frühling, weil Himmelfahrt ist, nicht umgekehrt. Das Leben bricht auf zur Sonne. Das ist aber nur der unterste Aspekt der Himmelfahrt.

(Amael wirkt lustig wie immer, aber auch sehr feierlich. Er macht vor jedem von uns das Kreuzzeichen.) Ihr dürft zum Hohen Rat. Es bedarf der nötigen Sammlung. Die Mitglieder des Hohen Rates beantworten heute keine Fragen. Ihr seid nur kurz zugelassen. (Amael führt uns in die Kathedrale des Hohen Rates. Dieser spricht durch den Hohelehrer:)

Es geht heute nur um einen Aspekt der Himmelfahrt, über den weniger bekannt ist: Wohin ist Christus gefahren? Er ist zur Mutter heimgekehrt. Seine Heimkehr zum Vater geschah schon, als Christus sprach: »In Deine Hände befehle ich meinen Geist«, und: »Es ist vollbracht.« »Er sitzt zur Rechten Gottes« beschreibt den Endzustand. Das Wichtigste an Himmelfahrt ist zugleich ihr freudigster Aspekt: die Rückkehr des Sohnes zur Mutter, die Wiedervereinigung von Mutter und Sohn.

Infolge dieser Vereinigung gibt es jetzt Aufträge an die Engel, die von Sohn und Mutter gemeinsam erteilt werden. Die Vereinigung von Mutter und Sohn wirkt sich aber auch dahin aus, dass der Sohn mit der Mutter in der Materie – das heißt in der Erde – anwesend ist. Zu sagen, Christus lebe seit der Himmelfahrt in der Erdensphäre, ist ein wenig undifferenziert. Die Himmelfahrt war keine Erdenfahrt. Er ist zur Mutter gegangen, und diese ist – in einem ihrer Aspekte – auch Trägerin der Erde. Die Ethymologen streiten sich noch über die Herkunft des Wortes »Materie«. Tatsächlich hat es mit lateinisch »mater« – mit der Mutter – zu tun, die nun auch in der Erdmaterie den Sohn bei sich hat. Insofern ist er indirekt auch in der Materie lebendig. Dadurch wird der »innere Christus« im Menschen – in seiner inneren Kirche – ermöglicht; er kann im menschlichen Leib wohnen, der Leib kann es ertragen. Auch der Vater kann sich in der winzigen Gestalt des »inneren Kindes« im menschlichen Leibe – in der inneren Krypta – zeigen.

Dass nach der Kreuzabnahme der Leib Jesu in die Arme der Mutter gelegt wurde, ist eine bedeutsame Tatsache, die den Menschen etwas sagen will. Was hier leiblich geschah, geschah bei der Himmelfahrt in verklärter Form: Der Sohn kehrte in die Arme der Mutter zurück, damit ging er auch – mit ihr – in die Materie. In ihm zeigt sich das »Licht des Vaters, die Liebe der Mutter, das Leben der Welt« , wie es in einem Christusgebet heißt.

Richtig ist, dass Christus sein irdisches Leben der Erde hingegeben hat. Es ist eingeschrieben in den Erdenmantel, in jedes Sandkorn. Deshalb sind Bauern und Gärtner den himmlischen Weisheiten oft näher als zum Beispiel Mathematiker.

Die am meisten geerdet sind, sind die Ersten, die den Himmel erkennen. Kniend auf der Erde zu arbeiten, bringt euch dem Christus näher, als Türme zu konstruieren, von denen man schließlich doch nur hinabstürzt.[32] Berührt ihr mit den Händen die Erde, so berührt ihr die Mutter, die ihren Sohn seit seiner Himmelfahrt wieder bei sich hat.

Also Himmelfahrt ist ein freudiges Marienfest, der schönste und heiligste Tag für Maria. Die Heimkehr des Sohnes heilte damals ihre Wunden und ihren Schmerz. Himmelfahrt ist seither jedes Jahr ein heilender und geheiligter Tag für alles, was Maria untersteht. Es ist ein Tag der heilenden Handlungen, der heiligen Gespräche, der Heiligung von Räumen und Gegenständen, der Segnung und Heilung von Natur und Kreatur. Er ist auch ein besonderer Tag für alles Schöne, das man mit Kindern tun kann. Und ihr möget alles tun, was der Erde hilfreich ist. Gebt euren Naturgeistern im Hause frei, damit sie gemeinsam mit ihrem Volk feiern können.

Jeder von euch darf jetzt eine Frage stellen, die nicht von den Mitgliedern des Hohen Rates, sondern von Maria-Sophia, die in ihrer Mitte thront, selbst beantwortet werden wird.

Wie ist das Verhältnis von Maria im Himmel zu Maria auf Erden?

Die Heilige Jungfrau, ein Aspekt der göttlichen Mutter, war in Maria auf Erden inkorporiert, doch war sie zugleich im Himmel. Am ehesten ist das verständlich im

Bild der Spiegelung (die jedoch nichts mit Täuschung zu tun hat). So hat ja auch der Sohn seinen Platz im Himmel nicht verlassen, während er auf Erden weilte.

Sind Vater, Mutter und Sohn einer Familie vergleichbar?

Ihr schuldet Vater und Mutter gleiche Liebe und Dankbarkeit. Doch der Vater steht höher an Macht und Schöpferkraft. Die Mutter steht auf einer Stufe mit dem Sohn. Sie ist wie er aus dem Vater herausgesetzt. Doch hat sie dem Sohn gegenüber nicht ein schwesterliches, sondern ein mütterliches, liebevoll-fürsorgliches Verhältnis. Das Verhältnis von Vater, Mutter und Sohn könnt ihr euch im Bild eines Dreiecks vorstellen, dessen Spitze der Vater bildet:

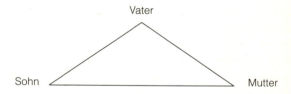

Der Vater seinerseits könnte also auch nicht die Position der Mutter einnehmen.

Auf Erden sind Vater und Mutter die Vertreter zweier Prinzipien; sie unterscheiden sich nicht nur im Geschlecht, vielmehr sind die beiden Geschlechter Ausdruck der beiden Prinzipien. Diese wirken sich bei den Menschen bis in Psyche, Sprache und Art des Umgangs mit dem Spirituellen hinein aus. Die Zweigeschlechtlichkeit ist eine Widerspiegelung von Vater und Mutter im Himmel.

Vater und Mutter sind nicht ein und dasselbe. Zwar bildeten Vater und Mutter ursprünglich eine Einheit, doch der Vater hat das Weibliche aus sich herausgesetzt; das Bild der Erschaffung der Eva aus der Rippe des Adam wiederholt diesen Vorgang des Ursprungs. Jeder Denkansatz, der die Mutter so sehen möchte, dass sie eine Einheit mit dem Vater bildet, beruht auf einer Vermischung. Und nur einen von beiden zu sehen, also etwa nur den Vater zu sehen und die Mutter zu ignorieren, ist eine Simplifizierung. Es gibt für den Menschen auf die Dauer keinen Fortschritt, wenn er der Mutter den ihr gebührenden Platz nicht zuerkennt und nicht auch ihr dient.

Können wir heute in besonderer Weise Maria die Ehre geben?

Das ist eine Schlüsselfrage. Die Wiederkunft des Sohnes im Ätherischen steht bevor und wird vorbereitet.[33] Diesmal wird es nicht ein so schwerer Weg sein wie damals, als Christus Mensch wurde, aber auch kein leichter Weg. Es wird auf ätherischer Ebene Kämpfe und Verwundungen geben, die auch für die Menschen, die ihn auf Erden erwarten, Prüfungen bedeuten werden. Die Mutter gibt wiederum den Sohn her. Die Furcht – oder besser: die Sorge in ihrem Herzen – ist groß. Wenn ihr eure Arbeit konsequent, mutig und stetig fortführt, zugleich aber ohne Ehrgeiz und ohne Hast, tragt ihr ein wenig dazu bei, dass sich die Wiederkunft im Ätherischen so heil und liebevoll wie möglich vollziehen kann. Erinnert euch, dass er gesagt hat: Was ihr für den geringsten meiner Brüder getan habt, habt ihr mir getan. In diesem Sinne gilt auch: Was ihr für die Wiederkunft Christi tut, habt ihr auch für Maria getan. Was ihr jetzt tun könnt, ist, euch nach bestem Wissen und Gewissen still und konsequent auf die Wiederkunft vorzubereiten und dann sie zu begleiten. So könnt ihr mit allen Hierarchien gemeinsam dazu beitragen, dass sich die Leiden in Grenzen halten. Das alles fällt auf euch zurück: Was ihr tut, wird euch getan.

Haben wir mit Maria-Sophia gesprochen?

Das ist eine Frage zu viel, aber: Ja. Ihr dürft mir die Blumen dalassen: Das bedeutet dann ein Versprechen von euch, in diesem Sinn zu arbeiten, zugleich aber auch ein Versprechen von mir: Ihr steht ab jetzt unter meinem ständigen und vollkommenen Schutz für eure Seelen und für euren Weg. Das ist wertvoller als alle Kleinodien der Welt.

(Wir überreichen ihr die Blumen.) Ich segne euch als meine Kinder.

(Amael: empfängt uns draußen und überreicht jedem als Überraschung wieder eine Blume gleicher Art.) Amael: Ihr seid jetzt entlassen; denn hier geht es jetzt um die Vorbereitung für morgen: um die Licht- und Tonschwingungen dort, wo der Sohn hindurchsteigt. Er ist von scheinbaren »Wolken« begleitet, das sind besondere Engel, die den Sohn ständig begleiten wie ein weißer Lichtstrahl. Für euch ist das kaum auszuhalten. Ihr solltet jetzt besser gehen.

Donnerstag, 1. Juni 1995
(Donnerstag vor Pfingsten)

Über Pfingsten. Zur Trinität. Das Pfingst-Ave-Maria

(Wir befinden uns auf der Ebene des Hohen Rates und der Maria-Sophia.)

Amael: Zwischen Himmelfahrt und Pfingsten wird eine große Zeremonie vorbereitet: die Inthronisation der Maria-Sophia. Sie bildet einen Aspekt des Pfingstfestes, der wenig bekannt ist. Maria-Sophia ist umgeben von bestimmten Insignien und Engeln. Zu ihren Insignien gehört auch eine Rüstung. In der Kunst wird Maria-Sophia allerdings selten so dargestellt.

Die gesamte Schöpfung macht ihr ihre Aufwartung: die Hierarchien, die Natur usw. Heute sind es alle Heiligen. Ihr dürft von ganz hinten zuschauen, ihr seht, wie wunderschön sie ist. (Amael ist neben uns. Er ist im Vergleich zu den Wesen, die um Maria-Sophia sind, so groß wie ein Zwerg – wir sind es auch.)

Ihr seht: Maria zeigt sich jetzt unter dem Aspekt der Siegreichen. Sie hat eben nicht nur die Aspekte: mütterlich-beschützend, Herrin aller Engel, sondern auch den der Siegreichen: erhobenen Hauptes, groß und strahlend. Pfingstsonntag wird der Höhepunkt des Festes der Inthronisation Mariens sein.

Maria-Sophia setzt jedes Jahr Pfingsten erneut die Fähigkeit zur Kommunikation ein, und zwar von den Naturreichen und Naturgeistern an bis hin zu den höchsten Hierarchien. Für den Menschen bedeutet das, dass alle im Menschen befindlichen Engel – der Marienengel, der betende Engel und die Engel der übrigen Innenräume (zum Beispiel der Engel an der Quelle) – erneut eingesetzt oder, genauer, durch eine Zeremonie in ihrer Einsetzung erneut bestätigt werden. Ohne diese wäret ihr zwar nicht stumm, aber im höheren Sinn nicht ausdrucksfähig. Maria-Sophia steht an Pfingsten siegreich aufrecht. Mit der linken Hand befiehlt sie den Engeln, sich in die Seelenwelt der Menschen hineinzubegeben. Die Existenz der Engel im Menschen ist ganz real und nicht nur bildhaft zu sehen.

Auch für die Hierarchien und die Heiligen erneuert Maria-Sophia die Fähigkeit zu kommunizieren – miteinander, vertikal untereinander und auch mit euch. Sie öffnet euch die Augen und die Ohren, die Hände und die Herzen. Das ist die Voraussetzung dafür, dass jede Form von Bitte und Fürbitte wirksam werden kann. Ohne Pfingsten wäre eine gewisse Verbindung zu den Hierarchien zwar in dem Sinne gegeben, dass sie schützend ihre Hand über euch halten könnten. Aber ohne Pfingsten könntet ihr die Hierarchien nicht hören und sprechen. Zwar auch ihr Schweigen ist beredt. Aber ihre Worte wären für den Menschen nicht hörbar. Eine »Engelstunde« ginge nicht. Auch zwischen den Hierarchien gäbe es keine Botschaften und Anweisungen.

Was können wir tun, um die Engel, die neu eingesetzt werden, würdig zu empfangen?

Sie sind schon da. Ihr solltet Kontakt zur Engelwelt in euch aufnehmen. Es wäre eine Sünde, das Geschenk ihres Wortes nicht anzunehmen. Häufig sind die Engel zum

Schweigen verurteilt, weil die Menschen nichts von ihnen wissen oder wissen wollen und den Kontakt nicht pflegen.

Wie ist das Verhältnis Mariens zum Heiligen Geist?

Maria ist der weibliche Teil der Trinität, der durch den Heiligen Geist vermittelt wird, wie die anderen Teile der Trinität auch. Das ist so zu verstehen. Die Ausgießung des Heiligen Geistes geschieht gemeinsam durch Vater, Mutter und Sohn.[34] Der Heilige Geist setzt sich – wie das Blut – aus Teilen zusammen, er ist die Einheit aus den drei Strahlen des Vaters, der Mutter und des Sohnes. Diese Redeweise ist eine etwas künstliche Aufdröselung, die nötig ist, um den Menschen wenigstens andeutungsweise ein wenig begreiflich zu machen, wie die Trinität zu verstehen ist. In Wirklichkeit wirken Mutter und Sohn immer zusammen, ja mehr noch: Kein Teil der Trinität wirkt ohne die anderen. Sie bilden eine »Dreieinigkeit«, sie sprechen eigentlich immer unisono und in völliger Übereinstimmung. Ihr kennt das ja auch schon von eurer Begegnung mit den Archai und dem Hohen Rat. Bei der Trinität ist es ebenso: Alle sind immer alles, nur dass der eine oder andere ein wenig mehr hervortritt. In diesem Sinn kann man von den drei Anteilen des Heiligen Geistes sprechen:

1. Der Anteil des Vaters ist die Kraft, die im Geist wirksam ist, das »Heilige«, das heil und ganz macht und nach oben hin ausrichtet.
2. Der Anteil des Sohnes ist die Gnade, die ohne Ansehen der Person geschenkt wird, überall und für jeden.
3. Der Anteil der Mutter ist die Lebendigkeit, die der Materie die Fähigkeit verleiht, Kraft und Gnade aufzunehmen. Der Heilige Geist wird von der Materie

unbewusst, aber gleichwohl dankbar aufgenommen, auch wenn die Naturgeister nicht bewusst antworten können.

Der Heilige Geist ist also die Einheit von Kraft, Gnade und Lebendigkeit. Er ist das Blut der Trinität.

Im Bild: Denkt ihr euch Vater, Sohn und Mutter als Dreieck, so findet ihr den Heiligen Geist in der Mitte: Er fließt aus allen dreien.

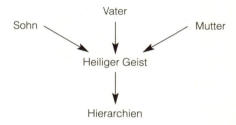

Bitte seht das aber nicht flächig, sondern dreidimensional: Der Heilige Geist vermittelt Vater, Mutter und Sohn nach unten zu den Hierarchien hin.

Ihr könnt also auch sprechen: »Im Namen des Vaters, des Sohnes und der Mutter durch den Heiligen Geist«, und dazu folgende Kreuzzeichen machen:

Die in der christlichen Tradition gebräuchlich gewordene Formel »Im Namen des Vaters, des Sohnes und des Heiligen Geistes« ist selbstverständlich berechtigt. Sie betont das Dreieck ...

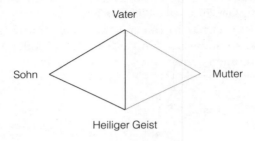

... und lässt die Mutter aus, weil ihr göttlicher Rang als Teil der Trinität noch nicht klar genug erkannt war. Da die »Teile« der Trinität immer zusammenwirken und insbesondere die Mutter immer mit dem Sohn zusammenwirkt, trat sie hinter ihm zurück. Sie selbst wollte es so, es geschah auch im Dienste des Vaters. Sie zog sich gewissermaßen zurück, um Raum zu geben für die Verehrung des Vaters und des Sohnes. Deshalb trat auch die Verehrung der Engel zurück. Dass die Mutter darüber beinahe vergessen wurde, ist sie gewohnt, sie nimmt es gelassen und lächelnd. Jedes Mal, wenn dieser Segen gesprochen wird, reichen Vater und Sohn den ihr gebührenden Anteil von sich aus an sie weiter.[35]

Gehört also auch die Heilige Jungfrau, die auf Erden die Gottesmutter war, zur Mutter und damit zur Trinität?

Ja. Alle drei Teile der Trinität haben drei Aspekte, bilden gewissermaßen wieder eine Trinität in sich. Auch die göttliche Mutter hat drei Aspekte. Einer davon ist, wie gesagt,

Maria-Sophia, die die göttliche Weisheit repräsentiert, ein anderer ist Maria, die Heilige Jungfrau.

Die Menschen spüren ihren unermesslich hohen Rang. Deshalb nimmt ihre Verehrung immer mehr zu, und sie wird weiter zunehmen.[36] Vor allem jetzt, vor der Wiederkehr des Sohnes, ist es wichtig, dass ihr mehr und mehr zur Verehrung Mariens zurückfindet. Je mehr ihr ihren göttlichen Rang zunächst ahnt, dann allmählich verstehen lernt, desto näher kommt ihr auch dem Sohn. Doch die Trinität ist ein Mysterium von unendlicher Größe und Erhabenheit, das Menschen nie ganz begreifen können.

Die heutige »Frauenbewegung« legt großen Wert auf die Gleichberechtigung der Frau mit dem Mann. Sie könnte ihr Anliegen auf keine bessere Weise fördern, als indem sie sich der Verehrung der Maria zuwendet.

Hat sich die himmlische Mutter in einem Menschen Maria inkarniert, von dem (wie behauptet wird) frühere Inkarnationen bekannt sind und der auch später wieder auf Erden wirkte?

Nein, alle dahin gehenden Angaben beruhen auf Missverständnissen. Die himmlische Maria lebte nur ein einziges Mal auf Erden, und zwar nicht in einem hoch entwickelten Menschen, etwa einem Meister. Da die himmlische Maria wünschte, auf Erden anwesend zu sein, wurde ein menschlicher Körper für sie gebildet, ähnlich wie ein Schneider ein Gewand anfertigt.

Ein solcher »Körper« kann von verschiedenen Hierarchien gebildet werden, um von ihnen bewohnt zu werden. Die Göttersagen sind insofern richtig, nur lebten so auf Erden nicht Götter, sondern Wesen aus den Hierarchien und anderen Gefilden. Sie waren in ihnen inkorporiert und lebten darin richtig wie ein Mensch, litten zum Beispiel unter Hunger und Kälte. Die Materieteile eines solchen Leibes müssen die Inkorporation von der Schwingung her aushalten; sie werden sorgfältig ausgewählt. Jeder normale Leib würde sich augenblicklich auflösen, wäre er einer Lichtschwingung ausgesetzt, wie sie die Inkorporation eines hierarchischen Wesens mit sich bringt. So wie sich die hierarchischen Wesen, die für die menschlichen Augen normalerweise nicht sichtbar sind, wahrnehmbar machen können, so können sie sich auch einen materiellen Leib schaffen. Sie werden dann als Menschen empfangen und geboren und durchleben ein menschliches Leben.

Ein solcher Körper war auch Marias Leib. Er war zum Anfassen real da und geformt, entstammte aber nicht einer horizontalen Inkarnationsreihe. Er war ganz aus der Vertikalen entstanden. Seine Besonderheit war, dass er zum Himmel auffahren konnte. Die Zellen oder Zellverbände, die den Körper Mariens bildeten, waren so stark durchleuchtet von der himmlischen Mutter, dass sie auf irdischer Ebene nicht mehr zu finden sind. Zelle für Zelle ist aufgefahren zur himmlischen Mutter und mit ihr vereinigt. Die kirchliche Lehre von der leiblichen Himmelfahrt Mariens, die so viel belächelt wird, ist in ihrem Kern durchaus wahr.

Wie ist das Verhältnis des Heiligen Erzengels Michael zur Heiligen Maria?

Michael ist ein besonders treuer Freund und Mitarbeiter der Maria. Er darf deshalb im Rahmen der Zeremonie eine der Insignien an Maria herantragen. Er hat die Möglichkeit, sich durch alle Hierarchien hindurch ungehindert zu bewegen. Er könnte eine höhere Stellung beanspruchen und sich ganz dem Lobpreis zuwenden. Aber er verzichtet darauf, weil er auf seiner Ebene besonders wirksam kämpfen kann, er geht freiwillig »an die Front«.

Die Apokalypse des Johannes bringt den Kampf Michaels in Zusammenhang mit der Frau am Himmel, umkleidet mit der Sonne, den Mond unter ihren Füßen, einen Kranz mit zwölf Sternen um ihr Haupt, und ihr Kind wurde entrückt zu Gottes Thron (Apk 12,1–5); sie wird bedroht von Drachen, aber Michael siegt (Apk 12,7–11). Ist das ein Bild der Maria, deren Siegesfest wir Pfingsten feiern?

Ja. – Pfingsten könnt ihr historisch betrachten: als die Aussendung des Heiligen Geistes zu den Jüngern. Interessanter für euch ist aber sicherlich die Frage, was in heutiger Zeit zu Pfingsten geschieht. Die Geschehen betreffen nicht nur die Schar der Jünger Jesu, sondern alle, die sich zur Trinität hingewendet haben, und zwar zu allen drei »Personen« der Trinität gemeinsam; denn sie bildet die Dreieinigkeit. Es genügt allerdings nicht, die Trinität einfach nur zur Kenntnis zu nehmen und sich ihr zugewandt zu haben. Es geht darum, die Trinität in angemessener Weise zu erfahren, das heißt, sich ihr anzugeloben. Für heutige Jünger ist Pfingsten der Tag der Öffnung des Himmels. Er eröffnet die Chance eines ständigen Kontakts mit allen Hierarchien bis hin zur Trinität.

Wenn wir sagen: An Pfingsten ist der Himmel offen, so bedeutet das: Die Kuppel in eurer inneren Kirche öffnet sich ein wenig und lässt durch die Öffnung das Licht von oben einströmen. Wenn ihr euch in dieses Licht stellt, habt ihr Anteil am Heiligen Geist – am wirkenden, lebendigen Geist, an der Kraft und an der Gnade. Es ist die größte Großzügigkeit, die der Himmel gewähren kann.

Wenn ihr euch der Trinität angeloben wollt, so geht am Morgen des Pfingstsonntags in eure innere Kirche. Bittet den Führungsengel, anwesend zu sein. Tretet unter die Kuppel oder das Dach. Geht auf die Knie oder, besser, werft euch ganz nieder. Dann bittet, dass das Pfingstwunder für euch geschehen möge. Es ist nicht angebracht, nach oben zu schauen. Ihr werdet erfahren, was dann geschieht. Beachtet: Das Pfingstwunder ist ein Wunder. Es kann nicht erzwungen werden. Auch für euren Führungsengel ist das Geschehen ein großes Geschenk.

Der betende Engel wird euch einladen zur heiligen Kommunion. Ihr solltet bei dem Wort »der Leib Christi« getrost hinzudenken: »der Leib des Vaters« und »der Leib der Mutter«.

Von da an bleibt die Kuppel in eurer inneren Kapelle einen Spalt breit offen. Durch die Öffnung fällt Licht auf einen bestimmten Ort auf dem Boden. Dort ist von da an direkter Kontakt zur Trinität möglich. Es ist der heiligste Ort in eurer inneren Kirche, ihr solltet ihn nie mit den Füßen betreten, nur kniend oder liegend. Im Lichte unter der Öffnung ist der geeignetste Ort, wo ihr Buße tun und um Vergebung bitten könnt, wann immer euch danach verlangt. Ihr könnt dort auch um Führung und Erleuchtung bitten. Davon solltet ihr aber nur sparsam Gebrauch machen, nicht öfter als drei- bis viermal im Leben, euch aber jedenfalls in der Stunde eures Sterbens dort einfinden.

Auch in jeder äußeren Kirche ist ein Ort, wo die Himmel offen stehen, das heißt, wo täglich Pfingsten ist. Mitunter ist er äußerlich erkennbar: Durch bestimmte Fenster fällt das Sonnenlicht zu bestimmten Zeiten auf bestimmte Orte und bezeichnet diese Stelle, so zum Beispiel in der Kathedrale von Chartres. In den Kirchen finden sich auch Orte, wo immer Weihnachten, Ostern usw. ist. Zeitliches verwandelt sich in Räumliches und wird dadurch konstant, und umgekehrt: Räumliches verwandelt sich in Zeitliches und wird dadurch gegenwärtig. Macht euch eine abenteuerliche Lust daraus, in den Kirchen nach diesen Orten zu suchen. Ihr könnt dazu die Hilfe des Führungsengels und der Engel der Kirche erbitten. Wer sucht, der findet.

Pfingsten ist das Fest der Ausgießung des Heiligen Geistes, aber auch das Fest der Mutter, die in der »Mutter Erde« lebt und leidet. An euch ergeht der Aufruf, auch dort das Heilige zu suchen und zu finden, also in der Welt der Natur, in jedem Menschen und auch in den Menschenwerken.

Wie ist das »Reden in Zungen« zu verstehen, von dem die Bibel berichtet (Apg 2,2–11)?

Es ist wie ein großes Spiel zwischen Vertikale und Horizontale. Einer »redet in Zungen« heißt: Jeder versteht ihn in seiner Sprache, weil er den Sinn seiner Worte nicht akustisch über das Ohr, sondern über das Herz-Chakra aufnimmt, so wie Menschen ja auch die Schwingungen, in denen sich die Engel ausdrücken, in jeder beliebigen Sprache aufnehmen können. Ihr hier vernehmt oder, besser, verdolmetscht die Sprache der Engel auf Deutsch, andere können dasselbe auf Englisch, Russisch, Italienisch usw. tun.

Auch die Hirten zu Bethlehem verstanden die Botschaft der Engel über das Herz-Chakra. Niemand in der äußeren Welt hat ihnen erklärt, um wen es sich bei dem Neugeborenen handelt, auch Maria und Josef taten es nicht, und doch wussten es die Hirten und waren »ins Herz getroffen«. Das Leben Jesu könnt ihr einmal unter dem Aspekt betrachten, dass es auch eine Vorbereitung auf das Pfingstereignis bedeutet.

Das »Zungenreden« ist die Kunst, sich in dem harmonischen Wechselspiel zwischen Vertikale und Horizontale zu verständigen: Offenbarungen aus der Vertikalen zu empfangen und ihnen in der Horizontale Ausdruck zu geben. Pfingsten ist ein Fest der Begegnung und Bewegung aus der Vertikalen in die Horizontale und umgekehrt. Der Mensch kann sein ganzes Leben lang in dieser

Pfingstbewegung leben. Das tut er, wenn er im »Pfingstkreuz« lebt, das nicht identisch ist mit dem Kreuz der Passion, das er auf sich nimmt, sondern das er in seinem lebendigen Atmen in sich hat: Mit dem Einatmen nimmt er zum Beispiel Segensworte aus dem Himmel auf und gibt sie weiter an die Menschen, die Erde, die ganze Welt. Oder er nimmt aus der Welt Anfragen, Probleme, Krankheiten auf und gibt sie ab in die Vertikale. So ist er abwechselnd der Mutter Erde und dem Himmel zugewandt. Das Atmen ist dann wie ein Lebendigwerden des Kreuzes. In diesem Sinne ist das ganze Leben Pfingsten: Es ist das Wechselspiel von Öffnung in die Vertikale und die Horizontale.

Alexa: Die siegreiche Mutter anzusehen ist sehr, sehr schön.

Gibt es ein pfingstliches Ave-Maria?

Ja. Es lautet:

> *Gegrüßet seist du, Maria, voll der Ehre,*
> *der Herr ist mit dir,*
> *du bist siegreich unter den Frauen,*
> *und siegen wird die Frucht deines Leibes, Jesus,*
> *der mit dem Vater und dir lebt und regiert in Ewigkeit.*
> *Heilige Maria, Mutter Gottes,*
> *Herrin aller Engel,*
> *kämpfe für uns und siege für uns,*
> *jetzt und in der Stunde unseres Sterbens.*

Montag, 5. Juni 1995
(Pfingstmontag)

Die Bibliothek
(»Akasha-Chronik«)

Haniel (ein uns bisher noch unbekannter Engel, lachsfarben mit Hellblau, wunderschön): Ich will einen Weg mit euch gehen, wenn ihr einverstanden seid, wohin – das soll eine Überraschung sein. Wollt ihr? – *Ja.*

(Haniel führt uns in eine »Bibliothek« – unendlich groß, mit vielen Etagen. Haniel zeigt mit ausladender Geste auf die Bibliothek:) »Voilà!«

Engel lesen nicht »Buchstaben«, sondern sie erkennen die Stimmigkeit der Schwingungen, ebenso wie beim gesprochenen Wort: Sie »hören« nicht die Sprache, sondern gehen mit der Gesamtschwingung des Satzes mit. Deshalb haben sie keine Sprachprobleme. Ein Mensch oder auch ein Raum können »beredt« sein durch Ausstrahlung. So ähnlich ist es in den Himmeln: Es ist still. Die sprachliche Verständigung geschieht durch Schwingungen.

Wir sagen hier nicht »Akasha-Chronik«[37], sondern »Bibliothek«, meinen aber dasselbe. Sie enthält alles Wissen, nicht nur Geschichte. Sie ist rund angelegt: Sie bewahrt Vergangenheit und Zukunft. Einblicke in das, was ihr die Zukunft nennt, werden aber nur ausnahmsweise zugelassen, sehr selten. Prophezeiungen können immer nur Möglichkeiten und Tendenzen angeben, und auch das nur, wenn man die Vergangenheit kennt. Die »Hellseher« wissen meist nicht zu unterscheiden, was war und was kommt. Es gehört viel Feingefühl und Erfahrung dazu, »ein Händchen«, wie ihr zu sagen pflegt, um Vergangenheit und Zukunft treffsicher zu unterscheiden. Vorhersagen der Zukunft können zwar in gewissen Spielräumen richtig sein. Aber die Dinge ändern sich. Jede Prophezeiung ist so gut wie ihr Gegenwartscharakter. Sie ist »im Moment« zwar richtig, aber mehr oder weniger haltbar. Die Kunst des Prophezeiens ist nicht im Endpunkt zu sehen, sondern im möglichen Endpunkt – mit dem Vorbehalt von Änderungen. Der Weg zum Ziel kann das Ziel verschieben.

Das gilt nicht für das letzte Ziel: die Heimkehr zum Vater.

Der Sonnenengel hat Wissen über die vergangenen und zukünftigen Inkarnationen des Menschen, der zu ihm gehört, nicht aber über die Zukunft, soweit sie über seinen Menschen hinausgeht. Mitunter gewährt er einen Einblick, und der Mensch erfährt davon im Traum oder durch Eingebung. Es gibt auch Einblicke vor der Geburt; doch Menschen wissen meistens nichts mehr davon. Hier handelt es sich freilich nur um ein in großen Zügen gezeichnetes Raster, und das Leben kann anders verlaufen, als es vorgesehen war. Man hat einen »Entwurf« des Lebens zuvor gewissermaßen »abgegeben« – mit all den getroffenen Absprachen. Dazu gehören dann auch vorgesehene Zeiten der Prüfung. Aber es kommt ja vor, dass der Mensch die Prüfung nicht schafft, und dann geht der Entwurf sehr weitgehend verloren. Von allen Entwürfen liegt eine »Kopie« in der Chronik, manchmal darf man Einblick nehmen, auch in den Lebensentwurf eines anderen Menschen.

Die Engel können diese unsichtbare Bibliothek sichtbar machen, und zwar so, wie es euren Vorstellungen entspricht: zum Beispiel als uralte Folianten oder Papyrusrollen oder Steintafeln mit Keilschrift oder auch als Mikrochips. Für die Engel ist die Bibliothek ein großes Gebilde aus Schwingungen wie eine riesige, enorme Symphonie.

Auf jeder Ebene der Bibliothek sind Pfleger, das sind Engel, die die Bibliothek existent halten und dafür sorgen, dass sie sich nicht auflöst. Sie funktioniert wie ein Gedächtnis, das heißt, sie muss ständig erneuert und aufgefrischt werden wie Hirnzellen, sie würde sonst in Nichtsein abkippen. Sehr, sehr viele Engel arbeiten dort.

Für jede Abteilung sind ferner Hüter zuständig. Sie gewähren oder versagen den Zutritt. Sie überprüfen, ob das Energiefeld des Fragenden stimmig ist. Überdies wird der Zutritt nur gewährt, wenn der Führungsengel einverstanden ist. Die euren sind einverstanden, aber sehr wachsam, dass ihr nicht zu viel und nichts Unangebrachtes fragt. Die Hüter lassen das Erlangen von Wissen zu oder nicht zu und entscheiden, zu welchen Teilen der Bibliothek Zugang gewährt wird. Sie geben auch Wissen weiter.

Es gibt also erstens die Pfleger, zweitens die Hüter, doch darüber hinaus ein leitendes Gremium von Engeln, das die Existenz der Bibliothek schützt. Dessen Vorsitz führt der Vater unmittelbar.

Ihr dürft Fragen stellen.

Wird gesühnte oder vergebene Schuld aus der Chronik gelöscht?

Man setzt keine roten Stempel mit der Aufschrift »vergeben« oder »nicht vergeben« drunter. Der Vorgang ist auch nicht einer Buchführung vergleichbar, sondern eher dem Werk eines Bildhauers: Er verbessert sein Werk, die Figur wird schöner. Schuld bedeutet eine unschöne, unreine Schwingung, sühnen heißt: sie abtragen. Die Schuld »wird abgetragen« heißt, die Figur wird bearbeitet, bis etwas sehr Schönes herauskommt. Nach dieser Verwandlung ist das Alte dann nicht mehr sichtbar. Der Sinn der Bibliothek ist nicht, starr Fakten aufzubewahren. Sie ist der Ort des Wahren, Schönen und Guten. Aufarbeiten von Schuld bedeutet schöner werden, Stimmigkeit herbeiführen. Am Jüngsten Tag wird die Bibliothek sein wie eine wunderschöne Blüte oder Kristallkugel. Sie dient nicht zur Information des Vaters, sondern zu seinem Lobpreis.

Sie dient auch jetzt nicht dazu, euch Rückblicke in frühere Inkarnationen zu ermöglichen. Erinnerungen an sie sind in aller Regel nicht sinnvoll. Sie können zwar Freude, aber auch Erschrecken, Scham oder Schadenfreude auslösen. Sie führen zur Flucht aus der Gegenwart oder in eine besonders subtile Art von Narzissmus: Verliebtheit in die eigene Vergangenheit. Wozu soll das dienen? Worauf es ankommt, ist, die Gegenwart im Lichte der Ewigkeit zu leben, sich an all ihrem Schönen zu freuen und auf die Heimkehr zum Vater zuzuwandern. Bloß die verblassenden Schatten irdischer Inkarnationen anzusehen, hat relativ geringe Bedeutung. Es hat Sinn, wenn es darum geht, seinen moralischen Wert selbst zu beurteilen und seiner Lebensführung einen neuen moralischen Ton hinzuzufügen. Es wird auch wichtig, wenn es so weit ist, dass du zu entscheiden hast, was du im nächsten Leben zu tun gedenkst und welche Absprachen du treffen willst. Sonst hat der Blick nach hinten wenig Sinn und wird ihn auch dann nicht haben, wenn die Schöpfung dereinst zum Vater heimgekehrt sein wird. Willst du dich dann mit den Betrachtungen alter Schuld und Schuldverstrickung – deiner und anderer – unterhalten? Soll sie dazu aufbewahrt werden? Du wirst dich nicht langweilen. Der Lobpreis ist sehr ausfüllend.

Auch menschliche Bücher sollten in irgendeiner Form dem Lobpreis dienen und nicht bloß informieren. Informierende Schriften nennen wir »Anleitungen«. Der Sinn eines Buches ist nicht nur, den Leser zu informieren, sondern auch in seiner Seele Aufgeschlossenheit für die Vertikale herzustellen. Wichtig für Schriftsteller und Leser: Man kann ein Buch lesen, wie es Menschen tun: zur Information, oder wie es Engel tun: Sie empfinden, welche Schwingungen das Buch auslöst und wie es die vorhandenen Schwingungen verfeinert oder dämpft. Sie betrachten, welche Wirkungen ein Buch hat: Wirkt es aufbauend, vermittelt es Hoffnung und Zukunftsfreude? Oder wirkt es lähmend und zerstörend, schürt es Streit, führt es in Hoffnungslosigkeit? Fühlt sich der Leser erschlagen oder erleichtert, erheitert, erfreut? Wichtig ist über den Inhalt hinaus auch, stets die richtige Wortwahl und damit die Melodie zu finden. Dabei hilft dir eine besondere Gruppe von Engeln, die so genannten »Rosenengel«.

Sind die ökologischen Warnungen des Club of Rome ein Buch?

Sie sind ohne kosmischen Optimismus, sie enthalten nur, was dämpft, Angst macht, Verzweiflung auslöst, in Panik versetzt – ohne eine frohe Botschaft: So etwas ist selbst dann kein »Buch«, wenn die Informationen stimmen. Gewiss, sie sollen zum Handeln aufrütteln. Aber dazu gehört dann die Botschaft: Handeln ist möglich und sinnvoll, und zwar so und so.

Die Apokalypse des Johannes spricht vom Tausendjährigen Reich, das der Endzeit vorangeht (Apk 20,1–7). Es gibt Vermutungen, dieses Reich sei das byzantinische (etwa 400–1400) oder das Heilige Römische Reich (etwa 800–1800) gewesen. Ist da etwas dran?

Nein, es hat nichts damit zu tun. Es gibt mehrere tausendjährige Reiche auf den verschiedenen Ebenen, wie auch das Kommen Christi auf verschiedenen Ebenen geschieht.

Es ist noch keine Endzeit, bis zur vollständigen Heimkehr dauert es noch lang. Die Angriffe des Widersachers sind zwar sehr verstärkt, weil die Wiederkunft Christi im Ätherischen bevorsteht. Das ist aber nicht die Wiederkunft am Jüngsten Tag, die die Apokalypse meint.

Haniel: Ich möchte das Wichtigste noch einmal betonen: Das Umwandeln unschöner in schöne Formen geschieht durch Vergebung, Liebe, Dankbarkeit und Freude. Diese wirken harmonisierend. Schuldig geworden zu sein, solltet ihr nicht als Peinlichkeit betrachten, sondern als Chance, und mit Liebe die Schuld annehmen. Ihr könnt sie gewissermaßen »schönlieben«.

Wenn ihr Zugang zur Bibliothek sucht, werde ich euch begleiten. Ihr trefft mich, wenn ihr wollt, in der inneren Kirche. Ihr könnt mich dann bitten, euch zu führen: Ich werde euch den Weg zeigen und mit euch gehen. Wenn ich nicht erscheine, kann das verschiedene Gründe haben, zum Beispiel: Eure Fragen werden im Moment nicht beantwortet, oder euer Energiefeld ist nicht in der richtigen Verfassung, oder ich bin gerade anderweitig beschäftigt: denn in der Bibliothek gibt es häufig Konferenzen über das, was verlautbart oder erklärt werden kann oder soll. Sonst werde ich euch gern zur Verfügung stehen. Doch vergesst nicht: Ein Einblick in die Bibliothek ist immer nur in kleinen Ausschnitten und nur im Einverständnis mit euren Sonnenengeln zulässig.

Dienstag, 6. Juni 1995

Der Innenraum mit dem Kind

I. Ein Friedensengel: Einer eurer Innenräume ist die Krypta mit dem inneren Kind. Sie liegt unterhalb der inneren Quelle (die sich im Solarplexus befindet), etwa drei Finger unter dem Nabel. Die Krypta ist von der inneren Kirche aus zu erreichen, also an der inneren Quelle vorbei. Ich lade euch ein, euch in eure innere Kirche zu begeben. In der Nähe des Altars findet ihr eine Treppe, steigt sie hinab. Jetzt gelangt ihr in ein niedriges Gewölbe. Es ist etwas dunkel, gewöhnt euch daran. Ihr findet eine Gebetsbank. Blickt zum Altar. Dort seht ihr einen mütterlich wirkenden Engel, der ein Kind in den Armen hält. Es ist aber nicht die Muttergottes mit dem Jesuskind, sondern ein Engel mit einem Baby. Dieses ist im Allgemeinen zwischen etwa einem halben Jahr und bis zu zwei Jahren alt, manchmal etwas mehr. Es sitzt, manchmal liegt es auch. Man könnte meinen, man habe nur ein kleines, hilfloses, fast bewegungsloses Kind vor sich, das wenig beeindruckend erscheint. Aber täuscht euch nicht über seine Macht!

Achtet auf Mimik und Gestik des Kindes. Wenn ihr euch ihm nähert, »hört«, was es euch »sagt«, ohne dass es eine Sprache benutzt. Ihr werdet erstaunt sein, wie klar seine Anweisungen sind. Auch sein durchdringender Blick und die Berührung durch seine Händchen können wahre Wunder bewirken.

Auf der physischen Ebene zeigt sich das innere Kind in der Fähigkeit des Körpers, sich zu regenerieren und zu erneuern, gesund und heil zu werden. Auf der psychischen Ebene ist es die Quelle des Urvertrauens, des Jungen, des Heilen und Ganzen, des Freudigen, Übermütigen, Unvernünftigen, Spielerischen, der Lebendigkeit, die jung macht. Es zeigt das Neue auf, wenn alles verloren scheint. Das Kind ist der »Immeranfang«, die immer währende Gegenwart. Auf der spirituellen Ebene ist es das göttliche Kind, das euch den Zugang zum Vater eröffnet; es ist der Repräsentant des Vaters in euch.

Wenn ihr mit eurem inneren Kind lange Zeit keinen Kontakt hattet, wenn ihr es habt hungern, dürsten und frieren lassen und es verschlossen haltet, so führt euch das in Depression, Verhärtung und vorzeitige Alterung. Die Zellen und Zellverbände verlangsamen dann ihren Rhythmus, sie trocknen aus, die Haut wird gelb und faltig, man verfällt in Altersstarrsinn.

Wenn ihr euch in die Krypta begebt, betet als Erstes das Vaterunser. Begegnet dem Kind in der Haltung der Demut, der Dankbarkeit und der Andacht. Dabei gilt es, seinem Blick nicht auszuweichen, sondern standzuhalten; das klingt leichter, als es ist. Man sucht seinen Rat und seine Hilfe vor allem, wenn man in Angst, Verzweiflung, Trauer und Pein geraten ist oder wenn Chakren und Energiefelder nicht in Ordnung sind. Es gibt dann, ohne zu sprechen, innerlich klar verständliche Anweisungen. Es ist ratsam, sie strikt zu befolgen, auch wenn sie einem manchmal etwas unlogisch und komisch erscheinen. Sie werden euch Freude schenken und neue Lebendigkeit für Chakren und das gesamte Energiefeld.

Das innere Kind kann auch die Vergangenheit heilen. Ihr seid gewohnt, die Vergangenheit nur zu betrachten, und fragt euch, was es heißen soll, die Vergangenheit zu »heilen«. Nun, ihr habt ja in der vorigen Stunde (5.6.1995) gehört, was es heißt, alte Schuld abzutragen. Und ihr werdet lernen, wie man Erlösungsarbeit macht – zur Erlösung zum Beispiel von Doppelgängern oder von »armen Seelen«.[38] Diese Erlösungsarbeit gilt immer der jeweiligen Gegenwart. Es gibt aber auch eine Erlösungsarbeit für die Vergangenheit.

Dazu geht ihr folgendermaßen vor: Tretet eurem inneren Kind kniend gegenüber und sprecht das Vaterunser. Nun stellt euch die schlimme Situation der Vergangenheit vor, nach deren Heilung ihr euch sehnt. Fasst sie in einer Schlüsselszene zusammen, die den Höhepunkt der Begebenheit bildet, wie eine Bühnenszene, die ihr nun in einer Miniaturnachbildung wie eingefroren vor euch auf den Händen tragt. Haltet sie dem inneren Kind hin, tragt sie ihm an, bittet es, die Nachbildung mit seinem Händchen zu berühren. Dann schweigt und wartet. Und ihr werdet sehen: Die Berührung wird euch von schlimmen Erinnerungen und Erlebnissen, von schweren Kränkungen und Verletzungen, ja von karmischer Schuld befreien. Lasst eure Schuld, eure Verletzungen usw. von seiner Hand berühren – dann wird alles gut. Und vergesst nicht, zu danken.

In ähnlicher Weise könnt ihr das Kind auch bitten, die Zukunft zu heilen. Ihr fürchtet zum Beispiel, dass, wenn nicht eingegriffen wird, wahrscheinlich bestimmte ökologische Schwierigkeiten eintreten werden: Der See kippt um oder versandet, die Wüste dehnt sich auf ein bisher fruchtbares Gebiet aus oder dergleichen. Fasst das Szenario wieder in einen Knotenpunkt zusammen, verdichtet es zu einem Miniaturgebilde wie aus Ton geformt: der tote See, die Wüste usw., und haltet es dem Kind hin mit der Bitte um Heilung. Wenn es um die Zukunft geht, so sind zwei Dinge zu beachten: Es kommen nur Gefahren in Betracht, die mit realer Berechtigung als wahrscheinlich zu befürchten sind. Und: Sie beziehen sich nicht auf persönliche Probleme – zum Beispiel: Ich fürchte, mein Sohn wird das und das machen –, sondern um allgemeine Gefahren, die die ganze nächste Generation bedrohen und ein beträchtliches Ausmaß haben könnten. Man bittet das Kind also, eine Katastrophe abzuwenden und die nächste Generation zu schützen.

Wollt ihr mit dem inneren Kind zusammenarbeiten, so stellt zuerst einmal euch selbst Fragen: Wie war ich als Kind? Was habe ich aus meinem Bewusstsein gedrängt? Wie geht ein Kind mit der Welt um? Wo ist das ewig Junge zu finden, das immer wieder einen Neuanfang ermöglicht? Wo finde ich neue Entwicklungschancen? Wie kann ich Hoffnung und Vertrauen in die Zukunft erwecken und ausbilden? So eröffnet ihr euch den Zugang zu euch selbst und vor allem zum göttlichen Kind in euch.

Der Hohelehrer: Ist der Widerspruch nicht großartig: dass sich der Höchste der Höchsten im Kleinsten der Kleinen manifestiert? Das ist ein Kontemplationsthema, mit dem ihr euch ein Leben lang beschäftigen könntet. Ihr fragt ja öfter: Warum greift der Vater nicht ein in der Welt? Die Antwort ist: weil er sich in dieser Form zu manifestieren wünscht, nicht nur in eurer inneren Krypta, sondern überhaupt. Er tritt nicht auf als der zornige, Blitze schleudernde, grollende Pankreator, der überall etwas tut, schafft und richtet, befiehlt und manipuliert, sondern als kleines Kind, das wortlos bittet und euch über seinen Blick oder seine Berührung zu orientieren sucht. Wenn ihr den Vater sucht, findet ihr ihn nicht als den Großen und Mächtigen, sondern als hilfloses Kind, dessen Augen euch stumm anschauen, und in diesem Blick liegt seine ganze Kraft.[39]

Donnerstag, 8. Juni 1995

König der Naturgeister

Agar (der Lehrer der Naturgeister, vgl. 28.4.1995:)
Heute habt ihr eine Audienz beim König der Naturgeister, wenn ihr wollt.
Ja.
Begebt euch zunächst auf eure innere Wiese um die innere Quelle herum (im Solarplexus) und verkleinert euch zur Größe eines Däumlings. Dann kommt zu mir ins Klassenzimmer. In der Schule ist sonst niemand, grämt euch deswegen nicht. Lernt nur fleißig weiter, bis ihr so weit seid, dass ihr am normalen Grundschulunterricht teilnehmen könnt.

Es geht um das richtige Benehmen bei Hofe, um den »Knigge« sozusagen. Das ist Voraussetzung dafür, um überhaupt beim König erscheinen zu dürfen. Immerhin entspricht die Ebene der Naturgeisterkönige bei den Engeln der Ebene der Erzengel. Also:

1. Zur Begrüßung dürft ihr dem König nicht die Hand geben, erst recht nicht ihm auf die Schulter klopfen oder dergleichen, sondern man verbeugt sich. Auch Frauen verbeugen sich, ein Knicks erscheint uns albern. Der König sitzt, man steht.
2. In der Begrüßungsformel redet man den König mit Namen an: »Ich grüße dich, guter (nicht großer oder

mächtiger) König Uri Makatasch und deine Mannen.« Dann sagt man entweder: »Ich danke dir für deine Bereitschaft, mich anzuhören und mir zu antworten«, oder, wenn man Bitten hat: »Ich weiß um deine Gutmütigkeit und bitte dich …« Dann wartet man ab, bis der König spricht.

3. Es ist nicht gestattet, das Gespräch selbstständig zu verlängern oder abzubrechen. Im Falle von Ärgernis oder Unzufriedenheit drückt dies klar aus; der König schätzt Aufrichtigkeit.
4. Euer Treffen ist jetzt arrangiert. Will man aber um ein Treffen ersuchen, bittet man seinen begleitenden Naturgeist, mit der Frage zum König zu gehen, ob man bei ihm erscheinen darf. Bei seiner Rückkehr fragt man ihn, a) wie der König geantwortet hat, b) ob das, was der Naturgeist sagt, die Wahrheit ist. Denn Naturgeister machen sich häufig einen Spaß mit einer falschen Auskunft. Erscheint man dann ungebeten beim König, kann das zu sehr fatalen Verstrickungen führen. Wenn man Naturgeister aber fragt, ob sie die Wahrheit sagen, dann müssen sie die Wahrheit sagen und tun das immer.
5. Der König freut sich über kleine Geschenke und Überraschungen, zum Beispiel einen schönen Stein oder Blumen oder über lustige Sachen: Reime, Schüttelreime, Rätsel, einen Satz, den man von vorn und hinten lesen kann, oder kleine Dinge, zum Beispiel ein Miniaturgeschirr oder -besteck, oder kleine Neuigkeiten, zum Beispiel einen Miniatur-Regenschirm mit Glöckchen dran. Das Geschenk überreicht ihr nach der Begrüßung.

Ihr solltet es nicht vorher abgeben, denn wo man es lässt, da bleibt es. Naturgeister sind sehr neugierig, und zudem gilt bei ihnen: Geliehen ist geschenkt; leihen gibt es nicht bei Naturgeistern. Was einmal überge-

... ist, darf nicht zurückverlangt werden. Das gilt als grobes – typisch menschliches – Vergehen.
Die Gegenstände übergibt man in der Vorstellung. Wenn ihr aber in der äußeren Wirklichkeit einen Besuch macht, legt man sie vor sich hin. Mitunter bekommt man Anweisungen, an welche bestimmten Stellen man sie legen oder eingraben soll. Für Fortgeschrittene: Ihr könnt sie auch vor euch in die Luft legen, dort bleiben sie, weil Naturgeister sie halten. Wenn ihr das seht, mögt ihr glauben, ihr hättet den Verstand verloren. Deshalb versucht das jetzt noch nicht, sondern erst später.

(Isabel:) Warum heißen unsere Naturgeister auch Uri …, obwohl sie nicht aus diesem Gebiet stammen?

Der Name eines Naturgeistes hat Bezug auf den Namen des Königs, dem er untersteht. Zwei Möglichkeiten bestehen:

a) Es gibt Linien von Königsgeschlechtern. Sie verteilen sich über die ganze Welt, und deshalb gibt es mehrere Könige namens Uri … Man lernt das in Geografie und Geschichte.
b) Es könnte ein Brückenschlag zu Uri Makatasch sein. Das ist hier der Fall. Eure Uris stammen aus dem hiesigen Königreich und sind zu euch gezogen. Sie gehören zur »mobilen Truppe«, das heißt, sie verlassen ihr angestammtes Königreich, oder sie gehen mit Menschen auf Wanderschaft wie zum Beispiel Uri Nom, der Martin nicht nur hier, sondern auch auf seinen Reisen begleitet. Sie haben Freude am Reisen.

Hat mein Naturgeist Wünsche an mich?

Ja, du solltest dir die Haare schneiden lassen, sie kitzeln. – *Kann er Spielfilme sehen?* – Ja, anders als Engel, aber die Filme, die du auswählst, interessieren ihn nicht. Er sitzt dann auf deiner Schulter, stützt das Haupt auf die Hand und langweilt sich. Naturgeister mögen lieber Trickfilme: Dies entspricht ihnen eher. Walt Disney war ein Beauftragter der Naturgeister und stand in Kontakt mit ihnen. Wenn du mit deinem Naturgeist einen Walt-Disney-Film anschaust, dann sitzt er gespannt da, und du langweilst dich: ein netter Ausgleich.

So, jetzt ist es Zeit für eure Audienz. Wiederholt noch einmal die Begrüßungsformel und vergesst meine Anweisungen nicht. Wenn ihr euch ungebührlich benehmt, bleibt das nämlich an mir hängen. (Voran geht Agar, der etwas nervös wirkt, dann folgt Isabel, dann kommen Gerhard und Martin, dann folgt Alexa, dann die Palastwache. Die Naturgeister bilden Spalier und zischeln: »Die gehen zum König – die da, guck mal!«

Das Schloss liegt im Wald unter hohen Bäumen: Hier findet sich alles noch mal en miniature, wie ein Miniwald, ein Bonsaiwald. Das Schloss ist wie ein Haus aus Natur: Baumäste dienen als Dach, Farne als Wände, ein Felsen mit Moos als Thron.

Der König trägt einen langen, weißen, spitzen Bart. Er ist ziemlich hager und runzelig und hat ausgeprägte Wangen, eine knollige Nase, schalkige, freundliche Augen. Er trägt einen erdroten Mantel mit weißem Besatz wie aus Hermelin. Er ist mindestens 1200 Jahre alt. Agar stellt uns vor:) Isabel, die Bärin, Gerhard, der Künstler, Martin, der Geschickte, Alexa, die wir schon kennen. (Wir begrüßen den König, wie wir es gelernt haben. Isabel überreicht eine Rose. Der König bittet sie, näher zu kommen, und streicht ihr übers Haar:) Ich mag dich.

Gerhard: »Ein Neger mit Gazelle zagt im Regen nie.« (Der Satz löst großen Spaß aus. Er wird auf eine Tafel geschrieben und von allen getestet.) Agar (leise): Der König kannte ihn schon, lässt sich das höflicherweise aber nicht merken.

Alexa: Wie beauftragt, überbringe ich den Gruß der Engel und den Segen des Herrn.

König Uri Makatasch: Um mein Reich kennen zu lernen, müsst ihr euch hineinbegeben. Ihr findet Zugang zu den Naturgeistern, wenn ihr von Dankbarkeit erfüllt seid für die Schönheit und Harmonie dieses Stückes Natur. Seit über 1000 Jahren wache ich über dieses Reich, sehe Bäume heranwachsen und sterben, sehe Winter kommen und gehen, und alles bleibt in wunderschöner Ordnung. Wollt ihr mit uns vertraut werden, so müsst ihr zunächst das Gefühl für die Zeit verändern, so wie ihr auch das Gefühl für den Raum verändern und euch klein machen musstet. 100 Jahre sind fast nichts. Wir atmen langsamer, und das Herz schlägt langsamer. Wir sind aufgehoben in der Zeit, in ihr geborgen. Je schneller ihr die Zeit empfindet, desto ungeborgener seid ihr. Geschwindigkeit, Hektik bedeuten: Verdammtsein zur Ungeborgenheit. Das ist die schlimme Folge für Menschen, die sich von den Naturgeistern entfernen. In Städten und stadtnahen Gebieten walten oft Gegenspieler der guten Naturgeister – allerdings nicht immer: Es gibt auch Städte mit guten alten Naturgeistern. Das Machtmittel der bösen Naturgeister ist unter anderem die Schnelligkeit.[40]

Weil es die bösen Naturgeister gibt, ist es wichtig, den König als »guter König« zu begrüßen. Die Könige bilden die zweite Hierarchie von unten, sie entsprechen also den Erzengeln. Genau genommen handelt es sich um Königslinien, die aus mehreren Königen bestehen; der einzelne ist also Teil eines Gesamtkönigs. Die Linien erkennt ihr am Namensanfang. Alle Mitglieder meines Königsgeschlechts tragen einen Namen, der mit »Uri« beginnt.

Ihr solltet Verständnis und ein Empfinden für die großen Zeitrhythmen pflegen. Dadurch kommt ihr zur Ruhe. Wer im Namen eines Königs das Reich der Naturgeister durchschreitet, geht langsam, er »lässt sich gehen«. Er bemüht sich auch, langsam zu denken, das heißt, nicht rasch zu vielen Schlüssen zu kommen. Man soll den Gedanken Raum und Zeit lassen. Der Umgang mit den Naturgeistern erfordert vor allem Geduld, man führt das Gespräch in langsamen Rhythmen. Ihr fragt heute, die Antwort kommt vielleicht in einer Woche, oder in einem Jahr, oder auch in 20 Jahren. Nicht ungeduldig werden!

Was den Genuss betrifft: Naturgeister sind auf Genuss bedacht, sehen in ihm etwas Gutes und Schönes, auch im sinnlichen Genuss: Er gehört zur Ehrung der Natur. Wichtig ist das Ausschöpfen der Zeit: in der Zeit ganz und gar im Hier und im Jetzt, nicht in Gedanken woanders sein. Der Genuss füllt dann den Moment ganz aus und dehnt ihn zur Ewigkeit. Zum richtigen Umgang mit der Zeit gehört auch ein richtiges Verhältnis zur Tradition. Menschen sagen oft geringschätzig: Das oder das sei »von vorgestern«. Was ihr als »uralt« empfindet, ist aber unsere Kindheit; wir tragen sie noch wie ein altes Wams oder ein Paar Schuhe aus jener Zeit. Naturgeister achten die Tradition viel höher, als Menschen es zu tun pflegen. Ihre Könige leben und atmen in der Tradition. Ich bitte euch: Ehret alle Tradition, liebt und erhaltet sie, zerstört sie nicht.

Das bedeutet zum Beispiel

a) auf der physischen Ebene: Erhaltet so weit wie möglich die Landschaft. Ihr könnt sie zwar verändern, zum Beispiel Wald in Feld und Wiesen verwandeln, aber immer nur mit gutem Grund. Zerstört sie nicht mutwillig, geht nicht respektlos mit ihr um, unterlasst zum Beispiel mutwilliges Verbauen von Wegen und Niedertrampeln von Pflanzen, bringt keine Fahrräder und Musikapparate oder Radios in die Natur. Ehe man querfeldein herumtrampelt, sollte man vorher fragen. Menschen sind schon mitten in einen solchen Palast hineingelaufen. Kein Tier würde das tun.

b) auf der psychischen Ebene: Lasst die Vergangenheit immer liebevoll mitschwingen, auch das Schlimme. Es gab auch für uns manches Schlimme, zum Beispiel harte Winter, Überschwemmungen usw. Aber ihr solltet euch nie darüber beklagen oder es gar verfluchen, sondern die Vergangenheit immer als etwas Gutes, Sinnvolles, Tragendes ansehen. Wegen dieses positiven Verhältnisses zur Vergangenheit wirft man uns manchmal »unheroische Schicksalsergebenheit« vor. Das ist aber ziemlicher Quatsch. Sich dem Schicksal an die Seite zu stellen ist nicht Ergebenheit im Sinne von Schwäche, sondern ein aktiver Prozess, der Stärke fordert.

c) auf der spirituellen Ebene: Achtet alte Lehren und Gedankengebäude. Erst sollte man sich hierin zurechtfinden und darf dann – und auch dann nur vorsichtig – Neuerungen einführen. Neuerungen sollte man mindestens 50 bis 100 Jahre lang auf ihre Tragfähigkeit prüfen und sie erst dann in die Tradition aufnehmen. Was die Zeit eines Menschenlebens nicht überdauert, ist überflüssig.

Dies diente zur Einführung. Ich danke für eure Geduld. Ich habe mich sehr beeilt, das so rasch darzustellen. Mein Sprachtempo ist sonst viel langsamer. Warum nehmt ihr so selten die Naturgeister wahr? Die der ersten Hierarchie von unten sprechen ungefähr mit der menschlichen Geschwindigkeit, Könige viel langsamer, wie wenn man eine

45er Platte auf 33 laufen lässt. Wir machen oft Satzpausen von Minuten oder gar Stunden. Eine hübsche Übung wäre es, Langsamkeit zu üben, zum Beispiel langsam zu schreiten oder sich hinzusetzen und aufzustehen wie in Zeitlupe. Versucht doch einmal, einen Satz in 20 Minuten zu sprechen.

Wir Könige der Naturgeister kämpfen nie gegeneinander, auch wenn es mal Zwistigkeiten gibt. Wir kämpfen nur mit den Unwürdigen (den bösen Gegenspielern), wenn es, sich denn gar nicht vermeiden lässt. Wenn ihr einem König einen Boten sendet und man ihn gar nicht erst hereinlässt, wisst ihr, dass der König zu den Unwürdigen gehört.

Mitunter aber gewähren Könige allein deshalb keine Audienz, weil ihnen die Nase eines Besuchers nicht gefällt. Engel sehen Menschen in ihrer Gesamterscheinung, in ihrer Lichtkraft. Wir Naturgeister sind dazu nicht in der Lage. Wir orientieren uns an der Physiognomie, an Gestik und Mimik, an der Geschwindigkeit der Sprache und des Gehens. Abträglich finden wir ein falsches Verhältnis zum Raum: zum Beispiel, wenn Menschen Grenzen nicht beachten, sich unvorsichtig, beherrschend, vereinnahmend geben. Ebenso wenig mögen wir Menschen, die ein falsches Verhältnis zur Zeit haben, zum Beispiel, wenn ihre Gesten fahrig, schnell, eckig sind, oder die Mimik starr oder künstlich erscheint, oder wenn man zu schnell redet, oder wenn die Tonlage nicht stimmt. Ist der Ton zum Beispiel zu niedrig, kriegen wir Naturgeister Gähnanfälle. Ist er zu hoch, tut es uns in den Ohren weh. – Eure Nasen übrigens sind in Ordnung!

Dürfen wir über die Könige reden?

Gewiss, wir sind keine Verschlusssache.
    Ich danke euch und entlasse euch freundlich.

Agar (glücklich): Ihr habt mich nicht kompromittiert. Geht ein paar Schritte rückwärts, dem König zugewandt, dann wartet, bis er den Raum verlässt. (Der König erhebt sich und geht mit Gefolge. Die Tafel mit Gerhards Satz lässt er mitnehmen.)

Mittwoch, 14. Juni 1995
(Auszug)

Über Florian

(Unsere Führungsengel machen uns mit Florian bekannt: Er ist karmesinrot, mit hohen, sehr lang nach hinten sich erstreckenden Flügeln. Er wirkt, wie wenn sein Gewand vom Wind aufgewühlt wird.) Florian ist der führende unter den allgemeinen Beschützerengeln, die von den ständig einen Menschen begleitenden Schutzengeln zu unterscheiden sind. Sie kommen, wo sie gerade gebraucht werden, wohin man sie ruft oder schickt, und gehen wieder. Sie sind ferner zu unterscheiden von den Nothelferengeln. Diese kann man um Hilfe bitten, wenn ein Unfall passiert ist; die Floriansengel versuchen, Gefahren abzuwenden, ehe sich die Bedrohung realisiert hat, und zu verhindern, was zu hindern ist. Und sie sind schließlich zu unterscheiden von den blauen Marienengeln. Diese schützen gegen Angriffe aus den linken Hierarchien oder aus der Sphäre der Trugbilder.

Die roten Floriansengel schützen vor allem das weise Voranschreiten; sie versuchen die Orientierung der Menschen zu korrigieren, und zwar vor allem, wenn die Korrektur ganz dringend und eilig ist, wie wenn »es brennt«. Zum Beispiel: Jemand trifft eine Entscheidung, die nach eurem Ermessen eher Leid bringt und ungut ist. Dann könnt ihr einen Floriansengel bitten, zu dem betreffenden

Menschen zu eilen und ihn zu veranlassen, die Entscheidung – ehe sie ausgeführt ist – noch einmal zu bedenken und zu korrigieren. Er ist dann sehr rasch zur Stelle – deshalb wirkt er so in Eile und so aufgewühlt, als stünde er im Wind.

Man ruft ihn: »Lieber guter Florian, komm herbei, komm heran!« Er kommt immer oder schickt einen Helfer, außer es besteht in Wirklichkeit keine Gefahr oder es geht um etwas nicht Schutzwürdiges, oder er hat Weisung, nicht zu kommen. Letzteres kann vorkommen, wenn ein Unfall oder sonstiges Unglück seinen Sinn hat, zum Beispiel der Betroffene daraus etwas lernen soll, oder der Eintritt des Unglücks bewahrt ihn vor Schritten, die ihn in eine noch schlimmere Katastrophe geführt hätten.

Florian gehört zu den Heerscharen des Heiligen Erzengels Michael. Kerzenlicht zieht ihn an, das ist einer der Gründe für Kerzen bei heiligen Handlungen. Der rote Teppich, der rote Vorhang, der rote Umhang sind Symbole Florians. Jetzt kommt er nicht, um euch zu schützen – es besteht keine Gefahr –, sondern um zu raten ...

Samstag, 17. Juni 1995

Über Johannes

Führungsengel: Jeder Monat ist einem der Jünger zugeordnet, der Monat Juni dem Jünger Johannes. Am letzten Sonntag jedes Monats besucht der Herr den jeweiligen Jünger, um ihn zu stützen und zu stärken und ihm Impulse zu geben.

Der Sohn selbst hat die Jünger auf einen »Thron« erhoben. Sie bilden einen Kreis, der auf der Höhe zwischen der ersten und der zweiten Triade der Engelhierarchien angesiedelt ist, also zwischen den Thronen und den Kyriotetes (vgl. S. 42). Auch der Hohe Rat befindet sich in dieser Höhe, aber seitwärts versetzt, und er umspannt einen größeren Raum: Er umfasst den Raum der Throne und den der Kyriotetes.

Die Jünger siedeln also in der Hierarchie ziemlich weit oben. Aber die Verbindung zu ihnen ist viel fassbarer als die zu den oberen Hierarchien, weil sie menschliche Erfahrungen und Erinnerungen haben. Sie wirken nicht nur in der Kirche, sondern auch außerhalb ihrer. Doch sie gehören zur Kirche – wie im Grunde alle Menschen zu ihr gehören – und haben einen Missionsauftrag.

Die Jünger strahlen den Christusimpuls aufgefächert in zwölf Strahlen nach unten. Menschenseelen, die wissen (oft ist es mehr ein Spüren oder Ahnen), dass sie mitzuwirken haben, finden sich zu dem Strahl, der zu ihnen passt, sie ordnen sich ganz von allein in ihn ein. Der zu euch gehörige Strahl ist in erster Linie der des Johannes, außerdem auch der des Andreas. In jedem Strahl wirken helfende Wesenheiten und übernehmen Botschaften und Aufträge, und zwar Heilige, Engel, aber auch Mitglieder der »Weißen Bruderschaft«. Die zwölf Jünger handeln nicht eigenmächtig, sondern im Auftrag ihres Lehrers und Meisters. Sie beraten sich auch untereinander, oft sehr lebhaft. Jeder tut, was er kann, um mit seinem Strahl das Gedächtnis an den Sohn auf der Erde wach und lebendig zu halten und seine Wiederkunft vorzubereiten.

Johannes ist sehr jünglingshaft und zart, der zarteste unter den Jüngern, er ist der »Geliebte des Herrn«. Er ist still und sanft und hat viel Sinn für Humor. Aber unterschätzt nicht seine kraftvolle Vitalität.

Ist er derjenige, der die irdische Mutter Maria zu sich nahm? – Ja. *– Ist er der Verfasser der Apokalypse?*

Ja und nein: derselbe und doch ein anderer. Denn es ist ein anderer Seelenteil hinzugekommen. Er hätte die Offenbarung von seiner Personenstruktur her nicht ertragen können. Es bedurfte eines stärkeren Resonanzbodens. Ein Engel aus den obersten Hierarchien vereinigte sich mit Johannes zu einem stärkeren Johannes, es war eine Inkorporation wie beim Hohelehrer. Er hatte Gewaltiges aufzunehmen und wiederzugeben. Göttlicher Zorn und das flammende Schwert traten hinzu.

Ist er der Verfasser des Evangeliums?

Ja, aber er hat es gesprochen, eine Frau hat es niedergeschrieben. Es war nicht Maria, es war eine Freundin. Die gemeinschaftliche Arbeit von Mann und Frau gehört als ein wesentlicher Aspekt zu seinem Strahl. Sie schafft Harmonie und Ausgewogenheit.

Ist Johannes der authentische Verfasser der »Johannesbriefe«?

Auch diese Briefe diktierte er, aber nicht der Frau, sondern einem Sekretär.

Wie ist die Formel zu verstehen: »Wenn einer zu euch kommt und die Lehre Christi nicht mit sich bringt, so nehmt ihn nicht ins Haus und begrüßt ihn nicht« (2 Joh 10)? Besteht da ein Widerspruch zwischen Exklusivität und Liebe?

Er meinte nicht Exklusivität, sondern Zurückhaltung, Stille, Vermeiden fruchtloser Diskussionen, lauter Auseinandersetzungen und des Unfriedens unter dem Dach. Johannes kannte sehr gut die Unüberbrückbarkeit des Gegensatzes von Wissenden und Unwissenden. Der Unwissende meint zu wissen, redet viel und nimmt an, Kommunikation habe über Wissenvermittlung zu geschehen. Der Wissende weiß vor allem, dass die Wahrheit nicht allein über den Kopf aufgenommen wird, es bedarf des Berührtwerdens im Herzen: Dann keimt sie langsam auf. Und er weiß, dass das Wissen viel weniger wichtig ist als das Umsetzen des Gewussten. Deshalb hielt Johannes nichts von Diskussionen über Wahrheitsfragen. Laute Töne sind nicht seine Sache, schon gar nicht Kampf, sondern er vertraut auf die stille, leise, subtile Wirkung der göttlichen Wahrheit. Sein Rat war: Weicht ihnen aus, schweigt, gebt lieber durch euer Leben ein Beispiel, das dann vielleicht den einen oder anderen aus einem Besserwisser in einen Fragenden und Hörenden verwandelt. Was der Sekretär niederschrieb, war eine zu barsche Formulierung. So war sie von Johannes nicht gemeint.

Vergegenwärtigt euch die historische Situation. Einige der Jünger hatten wiederum Jünger um sich. Mit diesen gab es manche Schwierigkeiten. Der Gehorsam wurde zum Problem, das Verhältnis zu ihnen war nicht so klar wie das Verhältnis der Jünger zum Meister. Die Jünger der Jünger erlaubten sich manche Eigenmächtigkeiten. Doch Johannes mochte keine Autoritäts- und Machtkämpfe und führte sie nicht.

Hat er den Text nicht kontrolliert?

Man sagt das so leicht, aber es war so, dass er selbst nicht schreiben konnte. Er konnte es wohl, als er die Apokalypse niederschrieb, aber das war nicht »er« selbst.

Wie war (oder ist) das Verhältnis des Johannes zu Petrus und in diesem Zusammenhang des spirituellen Stroms des Christentums zur Kirche?

Die Menschen werden an beiden teilhaben und in beiden zu Hause sein. So hat Johannes es immer gewollt. Er nimmt nie den Platz des Petrus ein, obwohl Petrus ihm die Nachfolge oder auch einen Platz an seiner Seite angeboten hat. Zwischen Petrus und Johannes herrschte Einigkeit. Tomberg kennt die beiden gut, seine Darstellung ist zuverlässig.[41]

Auch Johannes inkarniert sich nicht mehr, keiner der Jünger tut das. Johannes stellt sich inkarnierten Wesen zur Verfügung, sodass sie in besonderer Weise von ihm geschützt sind. Er wirkt durch sie in der Verkündigung, in all ihrer Liebe, in allem Wissen, in allen Einweihungen. Diese Verbindung kann sehr eng und direkt sein; diese Menschen sind dann sehr großzügig von ihm versorgt und beschenkt. Sie machen dann leicht den Fehler, sich mit ihm zu identifizieren, darin zeigt sich ein Mangel an

Differenzierungsvermögen. In Wirklichkeit sind sie nur in besonderer Weise mit ihm verbunden.

Johannes überwacht spirituelle Arbeit mit liebevoller und sehr interessierter Anteilnahme. Er ist sehr menschlich. Wenn er als Mensch inkarniert wäre, würde er keine Distanz spüren lassen. Er säße ganz normal mit euch am Tisch – freundschaftlich und fröhlich. (Wir grüßen ihn und danken ihm trotzdem mit der tiefsten Ehrerbietung.)

Johannes nennt man auch den Jünger des Kusses (= der Umarmung = »embracer«). Im johanneischen Strom gibt man sich meistens nicht die Hand, sondern man umarmt sich. Er lässt ausrichten, dass er euch herzlich umarmt.

Sonntag, 18. Juni 1995

Engel der Wehmut

(Es erscheint der »Engel der Wehmut«. Er ist größer als ein Mensch. Er scheint eher zu sitzen als zu stehen. Sein Gewand ist blau, es wirkt sehr voluminös, ist mit viel Stoff in Falten drapiert, die ziemlich stabil fallen, wie Taft. Schon das Gewand verleiht ihm große Würde. Der Engel trägt eine goldene Handharfe bei sich. Sein Gesicht wirkt eher weiblich als männlich, zurückhaltend, weich und sehr vornehm – wie von Tizian gemalt:) Ich bin heute erstmals hier. Ihr habt den Holzengel mit der Harfe nicht zufällig heute aus der Schublade genommen und an die Wand gehängt. Er bringt eine neue Facette in eure Arbeit: Er rührt an durch sein Spiel. Sein Saitenschlagen erinnert den Menschen an das, was er im Innersten in sich trägt an Wissen über die Hierarchien und über Jesus Christus.

Diese Wehmut ist nicht traurig, sondern schön. Sie bringt mit sich eine liebevolle Erinnerung an das, wozu man den Zugang verloren hat, und lässt es aufleuchten als Hoffnung und als Erwartung des Kommenden, dessen, was man später sein und empfinden wird. Die Wehmut öffnet also nicht nur Türen zur Vergangenheit, die erinnert wird, sondern auch zur Zukunft; sie bringt zum Bewusstsein, dass zwar viel erreicht ist, aber noch nicht das, was wirklich am Ende sein wird. Für die Gegenwart eröffnet ein Hauch von Wehmut die besten Möglichkeiten für das, was man jetzt schon empfinden kann, er löst Offenheit aus.

Ist man von diesem Hauch angerührt, empfindet man in seiner irdischen Liebe einen Abglanz der noch viel größeren Liebe des Himmels. Erfolge und Triumphe erlebt man als Vorgeschmack dessen, was noch kommt und was dann nicht nur vorübergehend sein wird; so erlebt man sie viel intensiver. Ein leises Mitschwingen von Wehmut in allem, was man erlebt, erfährt, genießt, macht die Dinge sowohl plastischer als auch durchsichtig für das, was dahinter, danach und darunter liegt. Ihr seid ja eingebunden in die materielle Welt, in Zeit und Raum: Alles ist dicht gewoben und festgefügt. Doch ein Hauch von Wehmut verwandelt es in einen Schleier, durch den ihr hindurchschauen und -fühlen könnt. Ihr solltet euch angewöhnen, der Wehmut einen kleinen Platz in eurem Empfinden einzuräumen.

Ihr empfindet Dankbarkeit für das, was ihr habt. Dann aber, in dem Akt des Durchsichtigwerdens der Dinge, nehmt ihr hinter dem euch Geschenkten das noch nicht Geschenkte wahr, das euch aber eigentlich aufgrund eurer Würdigkeit zusteht. Denn euer Wert ist sehr viel größer als das, was ihr im Moment darstellt. Schau durch dich hindurch und erblicke, was du eigentlich bist, mache dich selbst so durchsichtig, wie du die Welt machst. Es ist natürlich immer berechtigt zu sagen: »Ich bin reicher beschenkt als mir aufgrund meiner Würdigkeit zusteht.« Aber eigentlich sollte man das nicht sagen, sondern: Ich beeile mich, der Geschenke – und noch viel größerer Geschenke – würdig zu werden, indem ich werde, was ich eigentlich bin; indem ich noch innigeren Kontakt zum Sonnenengel aufnehme und wachse. Ihr seht euch klein. Ist das Koketterie? Dann ist es eine schlechte Gewohnheit. Oder ist es Realität? Dann strengt euch an, der Größe des euch Geschenkten zu entsprechen, also nicht nur eure Unwürdigkeit zu konstatieren und euch damit festzulegen, sondern zu wachsen. Diesen Impuls zu wecken, das ist der Sinn der Geschenke, die euch zuteil werden.

Indem die Wehmut die Dinge der Welt und euch selbst durchsichtig macht, empfindet ihr die Diskrepanzen zwischen Schenker und Beschenktem, zwischen Geschenk und der Würdigkeit des Beschenkten auf ganz neue Weise. Dieses Bewusstsein der Diskrepanzen schafft wirkliche Dankbarkeit. Ihr erlebt es als Aufruf zu einem tieferen, subtileren Verständnis von Dankbarkeit. Dankbarkeit setzt also Wehmut voraus, denn sie setzt religiöse Menschen voraus, die den Weg zum Himmel suchen und sich nach der Heimkehr zum Vater sehnen. Wer bloß in der flachen Welt lebt, kann sich zwar über Geschenke freuen und höflich und wohl erzogen reagieren, aber nicht eigentlich dankbar sein. Ich spreche nicht von »tiefer« Dankbarkeit, sondern einfach nur von »Dankbarkeit«. Denn Dankbarkeit ist ein heiliger Begriff, er ist gebunden an die Trinität, vor allem aber an den Vater: Er ist es, dem die Dankbarkeit gebührt.

Was man so Dankbarkeit nennt, ist meistens bloß ein soziales Verhalten: Man sagt »danke«, ohne dankbar zu sein. Der Höhepunkt des Rückzugs auf sich selbst ist erreicht, wenn man weder dem Himmel, noch dem anderen Menschen dankt und dankbar ist, sondern sagt: »Ich bedanke mich« – so, wie man auch sagt: »Ich entschuldige mich« oder »ich verabschiede mich«. Das heißt immer: Ich wende mich dir nicht zu, sondern habe das mit mir selbst ausgemacht; die Sache ist für mich abgeschlossen und erledigt.

Zur Dankbarkeit hingegen gehören die Kontinuität und die Zuwendung nicht nur zu dem anderen Menschen, sondern auch zum Vater.

Undankbare Menschen sind auch nicht glücklich, sie leiden selbst in ihrer Selbstbefangenheit. Man hat ihnen nicht vermittelt, dass es den Himmel gibt, auf den man sich ausrichten kann und wo man beheimatet ist. Wer seinen Kindern vorwirft: »Seid nicht so undankbar«, sollte sich fragen, wie religiös er die Kinder erzogen hat. Undankbarkeit ist die Folge des nicht transzendenten Erziehens: Nicht das Kind, sondern Erziehung und Erzieher tragen die Schuld daran.

Ich, der Engel der Wehmut, komme nicht, um euch Rede und Antwort zu stehen, sondern um meine Melodien zu spielen. Wenn ich über etwas spreche, dann nur über die Wehmut. Wo menschliche Seelen den Engeln regelmäßig die Empfindung der Wehmut zeigen, dorthin wird ein Engel wie ich geschickt, dann erscheint er als ein Widerhall. Man kann den Besuch des Engels also nicht erbitten, er wird von oben als ein Geschenk gesandt dorthin, wo Wehmut waltet. Er kommt, um von seiner Seite aus die Wehmut der Menschen zu verstärken.

Ich werde bei euch bleiben und euch für die gesamte weitere Arbeit zur Verfügung stehen. Mein Hiersein ist ein Zeichen für alle Engel: Es wirkt, wie wenn im Dunkeln Licht in einer Wohnung leuchtet. Ohne meine Anwesenheit könntet ihr in dem Besuch der Hierarchien nicht fortschreiten. Mein Kommen bedeutet auch die Ankündigung, dass ihr fortschreiten werdet, und ist die Voraussetzung dafür, dass es möglich wird. Für euch ist meine Anwesenheit ein Zeichen, dass euer Arbeiten und Üben gut und recht ist, für die Engel ein Zeichen dafür, dass ihr fortschreiten dürft.

Wehmut ist ein Grundton, der selbst dann da ist, wenn man sich dessen nicht bewusst ist, ein sehr feiner, sehr subtiler Ton. Er schwingt in jeder einzelnen Zelle. Auf eurem Weg ist es der erste Ton, den es zu stabilisieren gilt. Später werden andere Töne hinzutreten, bis sich ein vielfältiger Akkord ergibt. Wehmut klingt wie eine Violine oder eine Pikkoloflöte im Orchesterakkord. Sie wirkt in homöopathischer Dosis auf das Gesamtgefüge aller Gefühle, sie durchschwingt Hoffnung, Angst, Liebe, Hass und alle anderen Gefühlslagen. Je mehr und je beständiger ein Mensch in diesem Tone schwingt, desto größer wird das, was er aussagt – aber auch: desto weniger braucht er zu sprechen. Wer ganz und gar in diesem Tone schwingt, könnte die Frohe Botschaft verkünden, ohne auch nur ein Wort zu sprechen: Sie wäre hörbar für Hierarchien, Menschen, Tiere, Natur – für alles, was Ohren hat.

Es gibt Menschen, denen die Grundstimmung der Wehmut fehlt. Sie haben zwar Trauer, Wut, Empörung, Schmerz, Erschöpfung, Angst, Frust, Probleme mit dem Selbstwertgefühl, das Erlebnis der Vergeblichkeit usw. – aber nicht sanfte Wehmut. Folglich stammt alles, was sie zur Rechtfertigung ihrer Gefühle präsentieren, aus dem Kopf. Ihre Gefühle stammen aus dem Innenraum des inneren Meeres und werden über den Kopf begründet, erklärt, rationalisiert. Aber das Herz bleibt außer Acht. Sind aber die Gefühle von Wehmut durchhaucht, dann werden es auch die Worte sein. Das bedeutet: Sie verlieren ihren Endgültigkeitscharakter. Die Gefühle werden im Bewusstsein ihrer Nichtendgültigkeit, ihrer Vorläufigkeit erlebt, und die Gedanken werden in diesem Bewusstsein geformt und ausgesprochen. Ohne Wehmut bekommt das Vorläufige den Charakter der Endgültigkeit. Die Wehmut befreit aus dieser Täuschung und taucht alle Dinge, auch alle Gefühle und Gedanken, in das Licht der Vorläufigkeit, die euch hinweist auf das Kommende: auf die Heimkehr zum Vater.

Hast Du, heiliger Engel der Wehmut, eine besondere Beziehung zu Franz Schubert, dem Meister der Wehmut in der Musik?

Dafür bin ich nicht zuständig. Hast du nicht richtig zugehört? Engel und Menschen verstehen oft Verschiedenes unter Wehmut. Es geht nicht um Romantik und Liebesleid, sondern um das Empfinden, dass ihr Christus und den Hierarchien noch ferne seid. Diese Schwingung der Wehmut in sich zu haben und zu stabilisieren, bildet den Schlüssel zu vielen Türen. Doch das Gefühl der Wehmut kultivieren wie in der Lyrik und Musik der Romantik, um sich darin wohl zu fühlen, das ist nicht, was wir Engel meinen. Der Suchende will nicht in die Wehmut, aber Wehmut durchweht ihn und treibt ihn sanft weiter wie ein leichtes Heimweh. Der heilige Augustinus hat diesem Heimweh schönen Ausdruck gegeben: »Unruhig ist mein Herz, bis es Ruhe findet in Dir.«

Sonntag, 25. Juni 1995
(Johannissonntag)

Engel des Johannes

(Ein gewaltiger Engel mit mächtigen Schwingen, sehr beeindruckend. Man nimmt keine eindeutige Farbe und keine Struktur mit Kopf und Körper wahr, alles ist immerzu in Bewegung und steht trotzdem still. Er ist so groß, dass unsere anwesenden Führungsengel nicht größer erscheinen als sozusagen sein Daumen. Er wirkt sehr vehement, man hat das Gefühl, er könnte uns mit einem leisen Hauch aus dem Raum blasen, und man sollte zurückweichen. Er spricht mitten aus sich heraus, als wäre in ihm ein Wesen, das aus ihm spricht. Die Stimme tönt, als wäre er von Zorn erfüllt, allerdings nicht von einem bösen, sondern einem gütigen und heiligen Zorn. Er hebt die Hand zum Gruß:)

Habt keine Furcht! Tut, was euch gesagt wird, zögert nicht, an die Arbeit zu gehen, denn der Herr ist nahe! (Er entschwindet.)

Die Führungsengel: Begebt euch in eure innere Kapelle. Heute ist ein besonderer Tag: Johannissonntag. Es ist, wie ihr wisst (vgl. 15.6.1995), der Tag, an dem der Herr den Jünger Johannes besucht. Der Engel, der eben hier war, ist einer von denen, die den direkten Kontakt der Jünger zum Herrn beziehungsweise des Herrn zu den Jüngern herstellen; dieser Engel gehört zu Johannes.

Es gibt nicht nur die neunfache Ordnung der Hierarchien, sondern auch eine Einteilung in der Vertikalen, nämlich in die zwölf Strahlen, die von den zwölf Jüngern ausgehen. Der Engel, der hier war, repräsentiert die Farbe des Johannes. Wäret ihr an ihn gewöhnt, hättet ihr die Farbe sehen können – dieselbe Farbe wie Johannes (Rosa). Seinen Namen hat er nicht genannt, um euch zu schützen. Der Name birgt sehr viel Macht. Ihn zu wissen wäre eine erdrückende Aufgabe.

War es der Engel, der durch Johannes die Apokalypse schrieb?

Nein, der war noch mächtiger, aber er stammt aus derselben Gesamthierarchie. Er vermittelt einen kleinen Eindruck von dem, der hinter Johannes stand, als er die Apokalypse schrieb, doch hatte dieser die doppelte Kraft und Macht. Diese Engel stehen in der hierarchischen Ordnung etwas höher als die Jünger, obwohl sie sich in deren Dienst stellen. Dies ist eine freiwillige Einordnung. Vom Herrn Gesandte ordnen sich freiwillig ein. (Anmerkung: Anscheinend also gehörte er zu den Thronen, vgl. S. 42.)

Sein Erscheinen wurde seit Tagen vorbereitet. Es war für euch erträglich, weil besondere Schutzmaßnahmen getroffen waren. Es wurde ein Schutzschirm, eine Art durchsichtiger Wand errichtet. Nehmt seine Worte ernst, lasst euch nicht so viel von der Arbeit ablenken, sondern führt sie zügig weiter, auch wenn dies viel Einsatz erfordert. Das betrifft nicht nur die Arbeit am Buch, sondern auch die innere Arbeit, die praktische Arbeit mit den Engeln.

Jetzt solltet ihr euch hinlegen und ausruhen. Denn die Begegnung war für euch viel anstrengender, als ihr im Moment wahrnehmt. Doch zuvor bleibt noch eine Weile in der inneren Kapelle und betet.

Mittwoch, 28. Juni 1995

Heilarbeit mit Steinen

(Wir werden durch die innere Kapelle in den Dom der Friedensengel geführt.)

Elion: Die Annahme, es gebe keinen Kontakt zwischen Engeln und Naturgeistern, ist nicht ganz richtig. Es gibt zunächst den Kontakt über Menschen. Doch es wäre sehr schlimm für die Naturgeister, wenn das der einzige wäre. Es gibt auch den Kontakt über die Luftgeister. Luftgeister sind Vermittler kosmischer Energien. Sie tragen sie hin und her; und das ist lebenswichtig für den Menschen. Sie können auch beschließen, sich als Helfer in den direkten Dienst der Engel zu stellen, und tun das häufig, zum Beispiel in den Dienst der Nothelferengel, besonders gern aber in den Dienst der Engel der Heilung, weil sie dort eigene Erfahrungen einbringen können.

Die Luftgeister entwickeln sich aus den anderen Naturgeistern, manchmal auch aus den Elementargeistern heraus. Sie tragen also viel Wissen der Welt der Naturgeister, und zwar aller Elemente, in sich.

Je mehr ein Naturgeist weiß, desto leichter, lichter, geistiger, allumfassender wird er. Dabei behält er zwar seinen Wesenskern, aber er kann sich so weit den Engeln annähern, dass er in ihrer Welt lebt. Man spricht dann von einem »Djann« (Plural: Djinn). Ein Djann bildet eine Zwischenstufe zwischen Naturgeist und Engel: Er ist vom Ursprung her Naturgeist, lebt aber in der Welt der Engel, ohne ein Engel zu sein; er lebt also zwischendrin, hat von beiden etwas. Die Naturgeister aller Elemente können zu solchen Vermittlerwesen, zu so genannten Djinn werden. Damit bekommen sie Luftgeistcharakter.

Im Friedensdom gibt es eine Schatzkammer von Steinen, vergleichbar einer Apotheke. Sie wird bewacht und erhalten von Djinn, die meistens aus Luftgeistern, manchmal auch aus Erdgeistern hervorgegangen sind. Die Schatzkammer enthält Kristalle, Edelsteine und Halbedelsteine (was Menschen so nennen), mit denen im Heilkreis oder in der Einzelbehandlung gearbeitet werden kann, aber auch Perlen, Bernstein, versteinertes Holz.

Engel wissen viel über Farbstrahlen, aber nicht über Steine: Dieses Wissen vermitteln ihnen die Naturgeister oder die Menschen, die mit den Naturgeistern in Verbindung stehen. Wenn ihr das Bedürfnis habt, mit Steinen zu arbeiten, so bedeutet das, seine Fühler zu beiden Welten auszustrecken: in Kontakt zu treten mit Engeln und mit Naturgeistern. In den Steinen sind Naturgeister anwesend, so genannte »Steinmeister«, und Engel sind in der Nähe. Der Meister des Steins wohnt im Stein, er ist die Seele des Steins. Ohne den Meister des Steins würde der Stein in Staub zerfallen. So bilden Steine eine Brücke zwischen Geist und Materie, zwischen dem Reich der Engel und dem Reich der Naturgeister, zwischen Himmel und Erde. Insofern ist der Stein dem Menschen näher als der Affe. Menschen spüren, dass ihnen im Stein ein Gegenüber, eine Entsprechung begegnet.

Gilt das für alle Steine?

Ja. Aber es gibt bei den Menschen individuelle Vorlieben. Die einen mögen lieber klare, durchsichtige, leuchtende

Steine, in denen der Geistanteil überwiegt, andere bevorzugen Kiesel, Felsen, opake, undurchsichtige Steine, bei denen der Materieanteil überwiegt. Bergkristalle gehören teils zu den kristallinen, teils zu den opaken Steinen.

Seht einmal, wie wunderbar das ist: Im undurchsichtigen Berg, in der größten Finsternis findet ihr klare, durchsichtige Kristalle, behütet und beschützt in ihrem opaken Muttergestein. Der kristallene Anteil des Steins, der Lichtbringer, der Lichtträger, wächst im Dunkeln, er braucht den dunklen Raum im Sinn von Abgeschlossenheit, Geborgenheit, Isolation. So wächst ja auch das Kind im Mutterleib in einer Zeit des Geheimnisses, des Alleinseins, des Verborgenseins. Auch wer sich spirituell entwickelt, wächst in der Stille und im Verborgenen. Betrachte auch das Mysterium des Kommens Christi in die Welt: In einer dunklen Steinhöhle wurde der Lichtbringer geboren. Ihr seht: Der Kristall ist ein schönes Meditationsbild.

Menschen fühlen sich also von den ihnen entsprechenden Steinen angezogen. Den Steinen geht es umgekehrt genauso: Sie haben ein »Gefühl« dafür, wo sie hingehören. Sie sind dickköpfig. Wo sie nicht sein wollen, gehen sie weg, das heißt, sie gehen verloren, gehen kaputt, werden gestohlen. Sie streben nach Orten, wo sie hingehören. Menschen sind eine Art Beine für die Steine. Sie werden an Orte geführt, wo die Steine sich befinden, die zu ihnen streben oder sich von ihnen transportieren lassen wollen. Und Engeln ist es möglich, mittels Steinen Zugang zu Menschen, Orten und Häusern zu finden. Oft ist es der Weg über den »greifbaren« Stein, der einen Menschen öffnet, sodass er Zugang zu den ungreifbaren, nicht so ohne weiteres sichtbaren Ebenen findet.

Heilende Impulse kommen nicht vom Stein, sofern er Materie ist, sondern von den Wesen, die mit dem Stein verbunden sind. Sie gehen aus von Luftgeistern und von

Engeln, die zum Stein hinkommen, sich bei ihm zu Hause fühlen, um ihn herum sind. Engel wirken immer nur außerhalb des Steins. Man kann Steine mit sich tragen: Über sie kommen dann auch Engel mit. Engel überbringen heilende Impulse, die Meister des Steins überbringen ihnen ihr Wissen. Heilende Engel tun etwas, sie legen zum Beispiel die Hände auf kranke Körperteile. Steinmeister tun das nicht. Sie belehren über die Eignung des Steins. Sie belehren aber auch die Menschen darüber, dass sie mithilfe von Steinen heilen können, weil Engel kommen. Man besuche also die Steinmeister, um mit ihnen ins Gespräch zu kommen und sie zu fragen, wofür der Stein geeignet ist. Dann kann man die Antwort an die Engel vermitteln, die daraufhin wirksamer tätig werden können. Seht ihr, hier taucht eine Situation auf, wo nicht die Engel euch, sondern ihr den Engeln Wissen und Information weitergebt.

Nicht jeder Stein ist für alles geeignet. Manche Steine möchten schmücken, manche schützen, manche heilen, manche in andere Form gebracht werden. Deshalb ist die erste Frage, die an den Steinmeister zu stellen ist, zu welchem Aufgabenbereich sein Stein gehört.

Mit einem Schmuckstein heilen zu wollen ist so sinnvoll, als würdet ihr einen Juwelier bitten zu operieren.

Wenn man einen Heilstein gefunden hat und ihn verwenden will, ist der Meister beispielsweise zu fragen: Sollte man ihn in der Hand tragen? Ihn auflegen? Wie und wo? Im Licht oder im Schatten? Wo ist oben und unten? Wo möchte der Stein aufbewahrt werden? Warum wollte er gerade zu mir? Das hat immer einen Grund und kann euch viel Aufschluss geben über die eigene Person. Oder: Kannst du mir Aufschluss geben über Zustand, Aufgaben, Entwicklung, Probleme der eigenen Persönlichkeit? Was in mir möchtest du unterstützen, harmonisieren, beruhigen, schützen, beleben? Willst du zum Beispiel, dass ich mich von bestimmten Menschen oder Dingen trenne? Danach wendest du dich an die Friedensengel und bittest sie, die entsprechenden Heilengel zu senden. Sie halten sich dann beim Stein auf und beginnen zu wirken.

Kommt es auf den einzelnen Stein an, oder gilt für Steinarten insgesamt, dass sie in bestimmter Weise wirken? Wirken zum Beispiel verschiedene Amethyste unterschiedlich, oder haben alle Amethyste dieselbe Wirkung?

In einer allgemeinen Einführung wäre es legitim, eine generalisierende Ordnung zu präsentieren. Fortgeschrittene sollten jedoch differenzieren. Erstens hat jeder Stein seine eigene Art, zu sein und zu wirken. Denn die Welt der Steine ist ein Kosmos. Sie kann nach verschiedenen Gesichtspunkten geordnet werden: zum Beispiel nach Farbe, chemischer Zusammensetzung, Kristallbildung, Fundgebieten, nach Größe oder Intensität, Bearbeitung etc. In einer allgemeinen Einführung könnte man zum Beispiel sagen: Der Bergkristall sei Repräsentant für Klarheit im Menschen; der Rubin für Wärme, Liebe, Gefühl; der Amethyst für geistiges Streben; der Hämatit für Wille und Tatkraft.

Doch das ist so richtig, wie wenn ihr sagt: Die Deutschen sind so und so, die Franzosen so und die Engländer so. Diese allgemeinen Feststellungen mögen nicht unbedingt falsch sein, aber sie werden dem einzelnen Menschen nicht gerecht. Dasselbe gilt hier. Ein Überblick über die allgemeine Ordnung der Steine ist also für die Heilarbeit nicht ausreichend. Vielmehr gilt: Jeder Stein ist ein Stein für sich mit eigenem Steinmeister, seinen Engeln und seinen je eigenen Aufgaben. Es ist also immer zu klären, wie und wo ein Heilstein bei einem Menschen eingesetzt werden möchte.

Zweitens kommt es individuell auf den zu behandelnden Menschen an. Das Grundprinzip lautet: Jeder Mensch bildet einen einzelnen Fall. Es können zwei dieselbe Krankheit haben, aber verschiedene Energiebilder; oder ein Mensch kann zweimal dieselbe Krankheit haben, einmal mit 15, einmal mit 25 Jahren. Sie sind dann mit jeweils verschiedenen Steinen zu behandeln.

Drittens kommt es auch noch auf den behandelnden Menschen an: auf seine moralische und psychische Grundstruktur, auf seine Ausbildung und Erfahrung und auch auf seine momentane Verfassung.

Behandelnder, Behandelter und Stein bilden also eine Dreiheit:

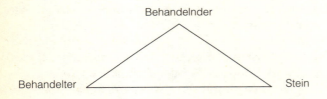

Es sind die Energiebilder von Behandelnden und Behandelten und die Besonderheit des Steins zu beachten. Alle drei sollten eine kleine Dreieinigkeit bilden. Sich da hineinzufinden bedarf vieler Arbeit, vieler Erfahrung und Intuition.

Bisher genügte im Heilkreis eure Anwesenheit, die Engel bestimmten für jeden Teilnehmer die ihm jeweils zukommende Energie; ihr hattet auf den Heilvorgang keinen unmittelbaren Einfluss. Jetzt bedarf es eines kleinen Teils der Eigenarbeit. Wollt ihr wissen, wie sie auszuführen ist?

Aber Vorsicht! Was ihr von uns erfahrt, müsst ihr dann auch tun. Wollt ihr? – *Ja*.

Gut. Dann macht jetzt einmal folgende Übung: Wir schlagen euch als Anfängern vor: Ihr bildet nicht einen Heilkreis, sondern behandelt erst mal nur einen Menschen. Also geht zunächst wieder den üblichen Weg: über die innere Kapelle in den Friedensdom, dort erfolgt die Einkleidung in Weiß, sodann das Ablegen des Versprechens. Dann begebt euch in den Raum, den ihr von der Heilarbeit her kennt. Etwas abseits ist ein Stuhl oder eine Liege, wo der Patient sitzt oder liegt. Begrüßt ihn. Ein Engel steht euch gegenüber.

Er begleitet euch zu der Schatzkammer, wo die Steine wie in einer Auslage liegen. Ihr bittet um Steine, die für diesen Menschen gut und wirksam sind, und haltet eure Hände auf. Man wird euch die richtigen Steine geben. Damit geht ihr zu dem Patienten zurück und handelt nach Anweisung des Engels. Dieser steht euch wieder gegenüber auf der anderen Seite des Patienten und deutet auf die Stellen, wo ihr den oder die Steine hinlegen sollt, zum Beispiel Rosenquarz auf die Brust, grüne Steine auf den Hals, blaue auf die Geschlechtsteile, Bergkristalle auf die rechte Seite. Lasst den Engel entscheiden und euch einweisen.

Habt ihr dann alle Steine platziert, so haltet eine Hand in die Höhe des Kopfes, eine in die Fußgegend, ohne den Patienten zu berühren. Der Engel gegenüber tut spiegelbildlich dasselbe. Schaut ihm bei der Arbeit zu. Er wird vielleicht seine Energie und Aufmerksamkeit jeweils auf einen Stein richten. Dieser fängt dann von innen an zu leben, zu sprühen, zu strahlen, zu klingen, er wird größer, seine Formen lösen sich etwas auf. Beobachtet und genießt diesen Vorgang. Eure Aufmerksamkeit, Dankbarkeit und Freude wirken ebenso heilend wie die belebenden Handlungen des Engels. Der Engel wird euch mitteilen, wenn er fertig ist. Nehmt dann die Steine wieder in die Hand.

Jetzt habt ihr zwei Möglichkeiten:
Entweder ihr bringt die Steine zur »Steinapotheke« zurück, oder ihr nehmt den einen oder anderen und befragt den Steinmeister: Wozu bist du gut, was ist deine Aufgabe, was sollte bewirkt werden, welche Engel gehören zu dir? Dann werdet ihr in Kürze sehr viel lernen.

Aber nie vergessen: Die Wirkung ist immer wieder individuell. Zum Beispiel gibt es den Stein der Auflösung: Er kann schlechte Gedanken, Erinnerungen, Energien, Gewebe, Blockaden, ja Steine im Körper auflösen. Was bei einem Menschen aufgelöst wird, auf welcher Ebene oder in welchem Teilbereich Auflösung bewirkt wird, steht in der Macht der Engel. Denkt nicht, ihr wüsstet, was bei diesem oder jenem Menschen aufzulösen ist. Also immer den Engel entscheiden lassen, sowohl über die Auswahl als auch über die Platzierung des Steins. Ihr tretet zwar ein in die Verantwortlichkeiten und solltet konzentriert arbeiten und lernen, aber nicht eigenmächtig handeln. Folgt, beobachtet, lernt und freut euch.

Können Steine auch schädliche Wirkungen haben?

Nein, niemals, allenfalls sind sie wirkungslos. Sollte eine schädliche Wirkung überhaupt möglich sein, so schweigt der Meister, und es gibt keine Wirkung. Auch der Schutzengel würde sie sonst verhindern. Zu schaden gehört aber ganz allgemein nicht zum Auftrag der Steine. Steine haben ihren Ursprung in der Welt der Urbilder des Paradieses. Sie haben keinen Kontakt zu Wesen der linken Hierarchien; sie können gar nicht schaden wollen.

Das Verbot der Eigenmächtigkeit gilt also nicht zum Schutz des Behandelten – er bedarf dessen nicht –, sondern zum Schutz des Behandelnden. Entscheidet man eigenmächtig und zu früh selbst, entfernt man sich von Engeln und Naturgeistern und verliert die Chance zu lernen.

Was erleben die Meister beim Transport von großen Drusen?

Der Transport ist unangenehm und aufregend wie eine Geburt, aber er ist auch ein Aufbruch.
Und während der Lagerzeit?
Die ist für sie nur wie ein Lidschlag, eine ganz kleine Sekunde.
Und wenn eine große Druse in kleine zerbrochen wird?
In der großen Druse befindet sich meist ein Meister der Meister. Er unterrichtet die Meister wie der Herr die Jünger, so lange, bis die Druse gefunden und eröffnet wird. Dann kehrt er zur Sonne zurück, er wird zu Licht. Ihr könnt den Meister eines Drusenstückes nach dem Meister der Meister fragen, nach seinem Verhältnis zu ihm. Dies war vielleicht sehr eng, und die Frage stimmt ihn wehmütig. So etwas fragt deshalb nur, wenn ihr mit ihm schon vertraut seid. Die Frage »Was hat dich der Meister der Meister gelehrt?« löst dann sehr schöne, lichtvolle und liebevolle Erinnerungen aus und eröffnet euch unter Umständen ein großes Wissensfeld.

Wie verhalten wir uns richtig, wenn wir einen Stein verschenken wollen?

Fragt zuvor den Meister. Wenn der Meister es ablehnt, an den oder jenen verschenkt zu werden, so geht davon aus, dass er mehr weiß als ihr und seine Gründe hat. Es geschieht bestimmt nicht aus Egoismus. Beherzige in jedem Fall seine Weisung, sonst frage besser erst gar nicht.

Wiederholt jetzt die Übung; diesmal jeder mit einem »Sorgenkind«. Wir danken euch und freuen uns und bitten um kontinuierliche Arbeit.

Donnerstag, 29. Juni 1995 (abends)
(Auszug)

Über Sinn und Sinnlosigkeit

(Am Nachmittag dieses Tages war Martin Zielscheibe einer versuchten Intrige, die, wenn sie Erfolg gehabt hätte, die Fortsetzung unserer Arbeit praktisch unmöglich gemacht hätte. Wir fragen nach dem Sinn dieses Vorgangs und werden in den Friedensdom geführt. Nadjamael – der oberste der Friedensengel:) Es herrscht schon seit einigen Tagen Bestürzung und Aufgeregtheit unter den Engeln, die mit dir besonders verbunden sind. Sie haben das nicht so gewollt.

Deine Frage richtet sich in ihrem Kern letztlich auf Macht und Ohnmacht der Engel. Sie sind mächtig, soweit Menschen sich von ihnen führen lassen, und ohnmächtig, wenn innere Taubheit das verhindert, insbesondere wenn die Doppelgänger von Menschen oder die Hierarchien zur Linken Gelegenheit zu Eingriffen gefunden haben. Für Engel wie auch für die höheren Hierarchien gilt das Prinzip der Nichteinmischung. Geschehen Dinge, die sie nicht gewollt haben, so sind sie zwar bestürzt und betrübt. Das veranlasst sie aber nicht, einzugreifen, es sei denn, es geht darum, ein Wunder geschehen zu lassen. Das aber geschieht nur selten und nur, wenn die Möglichkeit besteht, dass das Wunder bei den beobachtenden Menschen eine Hinwendung zum Himmel bewirkt.

Außer in solchen Ausnahmefällen werden die Engel die schadenstiftenden Menschen nicht in die Knie zwingen. Selbst wenn es um Leben und Tod geht, schreiten sie nicht ein. Denn sie haben nicht die Befugnis, in den freien Willen eines Menschen einzugreifen. Sie können es nicht und dürfen es nicht. Wie wären sonst all die schlimmen Ereignisse möglich, die ihr täglich im Fernsehen sehen könnt? Die Engel versuchen, auf ihre Art zu helfen, aber sie können nur wirken, wo Menschen ihr Wirken zulassen, sei es bewusst oder unbewusst. Verschließen sich die Menschen, können die Engel ihr Tun nicht abwenden.

Wenn einem etwas Schlimmes widerfährt, ist die rechte innere Haltung: Nicht zweifeln, sich nicht verlassen fühlen, sondern hoffen, dass es sich als sinnvoll erweisen wird. In der Regel haben die Ereignisse einen Sinn, auch wenn dieser nicht sogleich erkennbar ist. Deshalb gilt es zunächst, den Sinn zu suchen und zu verstehen. Das bedarf ruhiger Betrachtung, einer gewissen Übung und häufig der Geduld. Mitunter zeigt sich der Sinn erst überraschend nach einiger Zeit.

Manchmal aber sind die Geschehnisse wirklich ohne Sinn. In einem solchen Fall solltet ihr abwarten, bis ihnen ein neuer Sinn verliehen ist. Im Kosmos hat letztlich alles seinen Sinn, aber der Sinn wird immer neu geboren, er ist kein alter Greis, er erneuert sich ständig: Früher Sinnvolles verliert seinen Sinn, Sinnloses bekommt Sinn. Es ist also unsinnig, immer sogleich nach der Sinnhaftigkeit eines Ereignisses zu fragen; denn oft hat es anfänglich ganz einfach keinen Sinn. Wenn ihr über den Kontakt mit den Engeln erfahrt, dass ein solcher Fall vorliegt, gebt ihnen die Chance, der Situation nachträglich einen Sinn zu verleihen. Vertraut auf die Kunst der Engel. Sie können zwar das Böse, die Eigenmächtigkeiten nicht verhindern. Aber sie versuchen, das Ungute zum Guten zu wenden wie im Märchen die Feen, zum Beispiel in Dornröschen:

Die letzte Fee konnte den bösen Fluch nicht verhindern oder ungeschehen machen, aber sie suchte nach einem Weg, so gut wie möglich das Beste daraus zu machen. In dieser Kunst sind die Engel sehr geübt.

Wenn ihr in einer Situation keinen Sinn wahrnehmt, gibt es also zwei Möglichkeiten: Entweder sie hat einen Sinn, er ist euch bloß nicht erkennbar oder noch nicht erkennbar. Oder sie hat tatsächlich keinen Sinn. Also bedarf es auch hier der Kunst der Unterscheidung. (Scherzend:) Sinn oder Nichtsinn, das ist hier die Frage. In einem solchen Fall könnt ihr Elion oder eure Führungsengel fragen. Ihr könnt euch aber auch zu eurem inneren Weisen begeben und ihn bitten, in die vor ihm liegende Kristallkugel schauen zu dürfen, die ja Aufschluss über Sinn und Hintergründe der Situation ergibt, die ihr in eurer Vorstellung in sie hineinlegt (vgl. 2.5.1995). Wenn diese keine Bilder zeigt und wie erloschen daliegt, dann deshalb, weil kein Sinn da ist.

In eurem heutigen Fall, nach dem ihr gefragt habt, ist das Geschehen tatsächlich sinnlos. Aber verzagt nicht, sondern haltet euch an die Parole, die die Engel mit den Engländern gemeinsam haben: »Make the best of it«, und vertraut auf die Kunst der Engel, die Dinge zum Guten zu wenden.

Dienstag, 11. Juli 1995

Tages- und Stundenengel

Ein goldfarbener Tagesengel: Es gibt Engel des Tages und Engel der Nacht. Die Tagesengel sind golden, die Nachtengel silbern. Die Tagesengel regieren von Sonnenaufgang bis Sonnenuntergang, die Nachtengel von Sonnenuntergang bis Sonnenaufgang. Der Tag beginnt für die Engel immer mit Sonnenaufgang. Der Beginn der Wirksamkeit des Tagesengels wandert also mit dem Sonnenaufgang von Ost nach West um die Erde herum. Für die Nachtengel gilt das Entsprechende: Die Nacht beginnt für die Engel mit Sonnenuntergang.

Ihr versteht Wesen und Wirkungsweise dieser Engel am besten, wenn ihr euch ihre Dreigestuftheit vergegenwärtigt.

1. Es gibt zunächst den »Großen Tagesengel«, der die »Idee«, das »Prinzip« des Tages, seine Grundschwingung prägt. Denkt zum Beispiel an den 24. und 25. Dezember. Hier ist die Besonderheit der Grundschwingung besonders spürbar. Aber nicht nur die großen Festtage, sondern alle Tage des Jahres haben ihren Großen Tagesengel.
2. Aus dem Großen Tagesengel wird jedes Jahr der Engel des Tages herausgesetzt. Es ist eine jährliche Neuge-

burt. Unter Beibehaltung der Grundschwingung ist der Tag in jedem Jahr ein wenig anders. Am Abend kehrt der Tagesengel zum Großen Tagesengel zurück.
3. Der Tagesengel vervielfacht sich: Er setzt so viele individuelle Tagesengel aus sich heraus, wie es Menschen gibt. Jeder Mensch hat also seinen individuellen Tagesengel und erlebt den Tag ein wenig anders als die anderen Menschen. Doch ihre individuellen Tagesengel bleiben geborgen in den Schwingungen des Tagesengels, wie dieser in den Grundschwingungen des Großen Tagesengels. Am Abend kehren die individuellen Tagesengel in den Tagesengel zurück – und mit diesem in den Großen Tagesengel. Es gibt also die Großen, die jährlich neuen und die individuellen Tagesengel.

Für die Nachtengel gilt auf allen Stufen das Entsprechende. Der »Große Nachtengel« leitet zu dem Großen Tagesengel des folgenden Tages über. Er ist also mit diesem, nicht mit dem des vergangenen Tages verbunden. Deshalb beginnt man einen Festtag am Vorabend mit den so genannten »Vigilien« zu feiern.

Es gibt also so viele »kleine« Tages- und Nachtengel wie Menschen; jeder kann von »seinem« Engel sprechen – und doch sind sie alle einer und derselbe. Das ist für euch schwer zu verstehen, doch so ist es. Es ist nicht schwieriger zu begreifen, als dass sich Christus in jedem Menschen und doch zugleich an seinem himmlischen Ort befindet.

Der individuelle Tagesengel gibt dem Tag seine Prägung, die mit eurem Gestimmtsein zusammenfällt: froh, matt, beschwingt usw. Er harmonisiert, schützt, begleitet euch bei körperlichen Schwierigkeiten, seelischen Problemen, Spannungen, Unausgewogenheiten. Er wird sich freuen, wenn ihr euch mit ihm beratet. Sprecht mit ihm und wartet seine Antworten ab. Begrüßt ihn morgens und fragt, wie es ihm geht. Er hält ein Tablett. Fasst es an und besprecht den Tag mit ihm: Termine, Arbeit, Begegnungen. So wie ihr der Tageszeitung Informationen über den Tag entnehmt, zum Beispiel über die Wetterlage, so könnt ihr euch bei eurem individuellen Tagesengel über den Tag informieren: zum Beispiel über die Gestimmtheit, die individuellen Möglichkeiten, über das, was auf dem Plan steht. Er kann euch dann raten, zum Beispiel: Heute klappt es nicht so gut, bremse dich, verhalte dich ruhig, morgen schreite vorwärts! Oder: Was du dir für den Vormittag vorgenommen hast, wird dir am Nachmittag viel besser von der Hand gehen – und dergleichen.

Abends haltet Rückschau mit ihm – in freundschaftlicher, naher, menschlicher Form. Dankt ihm und verabschiedet euch von ihm.

Dann wendet euch bewusst dem Nachtengel zu und vertraut euch ihm an für die nächtliche Reise.

Es gibt keine Seele, die nicht im Schlaf etwas täte. Was sie tut, hängt von der seelischen Struktur und Verfassung des Menschen ab. Oft sucht sie einfach einen Ort der Erholung auf, vor allem bei Angst, Panik, Trauer und Depression. Zu anderen Zeiten bekommt die Seele neue Impulse. Menschen, die viel sprechen müssen, zum Beispiel als Lehrer, tauchen ihre Seele in eine Sphäre der Stille, des Schweigens. Manchmal wird die Seele zu anderen Menschen gesandt; das kann der Mensch aber nicht bewusst in die Hand nehmen, sonst entstünde Chaos.

Vor dem Einschlafen könnt ihr die Seele um rechtes Geleit bitten und das Schutz-Ave-Maria sprechen (vgl. S. 171). Engel übernehmen während des Schlafes die Führung eurer Seelen. Ihr könnt sie darum bitten, dass ihr euch morgens erinnern möget, wo ihr wart. Ihr empfangt dann morgens einen stillen, leisen Impuls. Versucht nicht, ihn kritisch zu beleuchten, sonst ist er – husch, husch – verschwunden. Der Nachtengel trägt eure Seele im Schlaf dorthin, wo sie lernen soll. Am Morgen vergesst nicht, ihm zu danken!

Wenn der Volksmund sagt: »Morgenstund hat Gold im Mund«, so versteht man das heute meist so: Wer früh aufsteht, kann viel Geld verdienen. Der ursprüngliche Sinn dieser Redensart ist aber viel tiefer und bedeutsamer: Der goldene Engel des Tages übernimmt das Regiment vom silbernen Engel der Nacht.

Ferner gibt es Engel für jede Stunde des Tages, also 24 Stundenengel. Es gibt zwölf Stundenengel des Tages und zwölf der Nacht. Der Tag wird von Sonnenaufgang bis Sonnenuntergang gerechnet und in zwölf gleiche Teile geteilt, die Nacht entsprechend. Die Stunden unterscheiden sich also von den Stunden der Uhrzeit. Im Sommer sind die Tagesstunden länger als im Winter, die Nachtstunden kürzer, im Winter ist es umgekehrt.

Auch die Stundenengel sind dreigestuft: Es gibt die »Großen Stundenengel«, zum Beispiel den Engel der ersten Stunde nach Sonnenaufgang, die mittleren, die aus dem Großen täglich herausgesetzt werden, also die des jeweiligen Tages, und die kleinen, in die sich der mittlere vervielfacht: für jeden Menschen einen. Die Stundenengel sind besonders schön anzusehen. Ihre Kleidung ist nicht schlicht, sondern reich verziert, zum Beispiel mit Bordüren und Schmucksteinen, und zwar jeden Tag anders.

Da jede Stunde ihren Engel hat, hat sie ihre besondere Qualität, ihre Schwingung, ihre Prägung. Diese kommt darin zum Ausdruck, dass jede Stunde auch ihre Farbe hat. Die erste Stunde nach Sonnenaufgang und nach Sonnenuntergang ist rot, die zweite orange, die dritte gelb, die vierte grün, die fünfte blau, die sechste violett. Dann – also am Mittag und um Mitternacht – kehrt sich die Reihenfolge um: violett, blau, grün, gelb, orange, rot. Diese Angaben sind etwas vereinfacht. Die Farben sind zum Teil changierend und mit Beimischungen durchsetzt, und es gibt die übergelegten Komplementärfarben. Aber das ist ein komplexes Thema; für den Anfang mag das gegebene Schema genügen. Diese Farben sind am Tag mit Gold, in der Nacht mit Silber unterlegt.

Dass die Stunden ihre Farben haben, ist den Menschen schon immer bekannt gewesen. Man spricht zum Beispiel von der »blauen Stunde« und meint die Stunde, in der man besonders geneigt ist zur Träumerei, zum Schweigen, zum Kontemplieren, zum Nachsinnen, die Stunde, in der man am wenigsten auf die Welt ausgerichtet ist.

Sehr eigenartig und wunderbar ist die »violette Stunde«: Da werden die Dinge durchsichtig, die Dinge hinter den Dingen scheinen sich zu zeigen. Die Griechen sprachen von der mittäglichen »Panstunde«: Da fühlt man sich entzückt, verführt, entrückt in andere Zustände; diese Stunde hat etwas Lockendes, Faszinierendes. Der »Pan« ist nichts Schlimmes; er gehört zu den Naturgeistern. Die ganze griechische Mythologie spricht ja im Grunde von Naturgeistern, Engeln verschiedener hierarchischer Stufen und Djinn – nur in undifferenzierter Weise. Sie versucht eine Ordnung hineinzubringen, aber nach anderen Prinzipien: nach Einflussgebieten und Machtsphären.

Die Panstunde hat ihr nächtliches Gegenstück in der »Geisterstunde«, nur dass diese nicht golden, sondern silbern unterlegt ist. Der Volksmund meint, hier erschienen Tote und Gespenster. In Wirklichkeit wird der Mensch hier besonders sensibel und wahrnehmungsfähig für die geistige Welt überhaupt: für Engel und Naturgeister, aber allerdings auch für gefallene Engel, Dämonen, Nachtfalter, verlorene Seelen. Wer ein Gespür für Dimensionen hat, kann hier unendliche Tiefen und Dunkelheiten wahrnehmen.

Eure individuelle Farbfeldschwingung trifft mit der allgemeinen Stundenprägung zusammen. Das bedeutet: Ihr bekommt den individuellen Stundenengel, der euch zuträglich ist und entspricht. Es gibt also Anforderungen, die für jeden Menschen gleich sind, und individuell angepasste Prägungen. Das bewusste Gespräch mit den Stundenengeln kann für den Menschen große praktische Bedeutung haben. Wenn ihr die Stundenengel zum Beispiel regelmäßig fragt, wann welches Tun richtig ist, werdet ihr bald gute Erfahrungen im Alltag gemacht haben. Sie werden euch zum Beispiel raten, eine bestimmte Tätigkeit auf eine spätere, günstigere Stunde zu verschieben. Ihr könnt sie auch um ihren Segen bitten und sie über ihr spezielles Wesen befragen. Sie sind sehr dienstbereit. Sie schützen die Stunde und euch.

Versucht, allmählich ein Gespür für die Qualitäten der einzelnen Stunden zu bekommen. Haltet mehrmals täglich inne und bedenkt die Stunde. Wer Gelegenheit hat, kehre in seine innere Kapelle ein und wende sich an den Stundenengel. Die Begegnung kann ganz natürlich in den Alltag einfließen – beim Kochen, Autofahren, Arbeiten. Das bewusste Mitleben mit den Stundenengeln wird euch sehr hilfreich sein.

Es gibt Tage und Stunden, die sind geprägt von Betrübnis, Ärger, Frust oder Streit. Hängt das mit besonderen Tages- oder Stundenengeln zusammen?

Nein, aber die Doppelgänger versuchen, den Anspruch des Tages oder der Stunde zu vereiteln. Es gibt die Forderungen der Außenwelt und den Druck, der entsteht, wenn man das, was man zu leisten vermag, nicht schafft. Ebenso gibt es das, was der Tag und die Stunde eigentlich verlangen. Kommt man dem nicht nach, entsteht ebenfalls ein Gefühl des Ungenügens, und das doppelte Versagen macht es noch schlimmer. Für die individuellen Tages- und Stundenengel ist das ein schmerzliches Erlebnis: Sie haben nichts vollbracht. Der Tag, die Stunde kommen nicht wieder. Es kommen zwar ähnliche, und der Mensch hat neue Chancen. Aber für die Engel des Tages und der Stunde sind sie unwiederbringlich verloren. Sie kehren traurig heim mit dem Gefühl: Es ist vertan.

Der Hohelehrer: Um zu verstehen, was das bedeutet, vergegenwärtigt euch einmal das Ideal: Man lebt so im Einklang mit den individuellen Tages- und Stundenengeln, dass diese dem Großen Engel vollkommen gleichen können. Ihr mögt meinen: Sich so an die Anforderungen der Engel anzupassen sei mit erheblichen Begrenzungen der Individualität verbunden. Gewiss – aber es würde nichts Geringeres bedeuten als die Heimkehr zum Vater. Wenn man nichts anderes täte, als den jeweiligen Anforderungen der Tages- und Stundenengel genau zu entsprechen, so wäre das tatsächlich ein möglicher Weg zurück zum Vater, ja es wäre der großartigste Weg. Das klingt, als wäre es einfach. Was er fordert, ist jedoch nichts anderes, als sein ganzes Leben dem ursprünglichen Entwurf, dem Urbild anzugleichen. Ein Vorbild findet ihr im Leben Jesu: Er hat diese Deckungsgleichheit gelebt und hat nie einen falschen Schritt getan. Wie sich ein Balletttänzer genau der Choreografie entsprechend bewegt, so stand sein Leben im vollkommenen Einklang mit der himmlischen Choreografie, und zwar jeden Tag und jede Stunde.

Freitag, 14. Juli 1995

Der Innenraum mit dem Sophienengel. Über das Schweigen

(Den Unterricht übernimmt heute ein bordeauxroter, sehr ernst und vornehm wirkender Engel:) In der heutigen Stunde möchte ich euch zunächst in einen weiteren Innenraum einführen: in den Sophienturm. Ihr kennt den Marienturm, aber eure innere Kirche hat zwei Türme; beide befinden sich im so genannten Hals-Chakra. Begebt euch in die innere Kirche. Rechts im Altarraum (das heißt rechts, wenn ihr mit dem Rücken zum Eingangstor steht) findet ihr eine Tür. Sie führt in ein Treppenhaus mit einer Wendeltreppe. Schreitet sie hinauf. Sie führt euch in einen schlichten Raum mit einer Betbank. So wie ihr im linken Turm euren Marienengel antrefft, so begegnet ihr hier eurem Sophienengel. Beide sind Repräsentanten der himmlischen Mutter, doch zweier verschiedener Aspekte von ihr. Während ihr mit dem Marienengel zu sprechen pflegt, zum Beispiel Bitten oder Fürbitten vorbringt, übt ihr beim Sophienengel das Schweigen.

Ihr seht: Euer Sophienengel ist bordeauxrot gekleidet wie ich. Auch ich bin ein Engel der heiligen Sophia und heute zu euch gesandt. Unsere Losung des heutigen Tages bezieht sich auf das Schweigen:

Schweigt, und ihr werdet sehen.
Schweigt, und ihr werdet hören.
Schweigt, und ihr werdet sprechen.
Das Herz, das glaubt, schweigt,
und im Schweigen wohnt das Wort.

Schweigen bedeutet mehr, als nicht zu sprechen. Es gibt auch das Schweigen des Körpers, der Begierde, der Gefühle, der Gedanken, der Vorstellungen, des Ich. Zuletzt offenbart sich im Schweigen des Herzens alles andere Schweigen.

Wenn ihr das übt, so nehmt ihr also einen Weg von außen nach innen. Ihr geht diesen Weg, indem ihr eure Innenräume durchschreitet, beginnend beim inneren Meer, abschließend in der inneren Kirche. Entweder ihr geht im Zickzack: inneres Meer – innerer Kosmos, innere Krypta – innerer Weiser – innere Quelle – Marien- und Sophienturm – innere Kirche. Oder ihr geht drei Stufen aufwärts: inneres Meer, innere Krypta, innere Quelle, und vier abwärts: innerer Kosmos, innerer Weiser, Marien- und Sophienturm, innere Kirche. Oder ihr nehmt den Weg aufwärts, überspringt aber zunächst die innere Kirche und schließt dann mit ihr ab. Auf diesem dritten Weg wollen wir es jetzt üben. Für jedes Chakra – das heißt für jeden eurer Innenräume – gibt es eine besondere Art des Schweigens. Denn es besteht eine jeweils andere Verbindung der äußeren Ebenen zu den Innenräumen. Ihr tut etwas erst außen, dann innen, und seht dann, wie sich das bedingt.

Übung:

1. (Inneres Meer:) das Schweigen des Körpers. Fragt euch: Welche Körperhaltung ist günstig? Was heißt Schweigen für einen Fuß usw.? Wie ist das Gefühl eines schweigenden Körpers? Was hält den Körper vom

Schweigen ab – welchen Hindernissen begegnet er (zum Beispiel, Geräusche gehen auf die Nerven, der Boden ist kalt, der Stuhl hart, es kribbelt und juckt usw.)? Versucht den Körper im inneren Meer und das innere Meer im Körper zur Ruhe zu bringen.

2. (Innere Krypta:) das Schweigen der Gefühle. Geht durch die Gefühlswelt wie von Vorhang zu Vorhang. Welche mächtigen Gefühle stehen im Vordergrund (zum Beispiel Wut, Ärger)? Welches ist das stillste, feinste Gefühl hinter allen anderen? Versucht einmal, in diesem Gefühl zu leben und all die anderen, die es mit ihrer Vehemenz übertönen, zum Verstummen zu bringen.

3. (Innere Quelle:) das Schweigen des Wollens. Versucht herauszufinden, was geschieht, wenn der menschliche Wille zum Schweigen gebracht wird. Entsteht dann ein Vakuum? Nehmt euch etwas vor – zum Beispiel, ich will ein Bild anschauen – und verkehrt es ins Gegenteil – ich will es nicht. Und Umgekehrt: Verkehrt ein Nichtwollen ins Positive – ich will es doch – und beobachtet, was geschieht. Versucht zu erleben, dass das Wollen und das Nichtwollen gleich gültig – also auch gleichgültig – sind. Dadurch kommt das Wollen in die Balance. Man nimmt es, wie es kommt.

4. (Türme mit Marien- und Sophienengeln:) das Schweigen der Worte. Enthaltet euch des Sprechens, übt das innere Lauschen. Das ist viel schwerer, als ihr vielleicht meint. Versucht einmal, einen einzigen Tag lang nicht zu sprechen – weder zu anderen noch zu euch selbst: Ihr werdet sehen, wie schwer das ist.

5. (Raum des inneren Weisen:) das Schweigen der Gedanken. Dies ist ein wichtiger Schritt zum Schauen. Die Gedanken zum Schweigen zu bringen ist nur möglich, wenn man sie nicht von vornherein auszu-

schließen versucht. Lasst sie kommen, nehmt sie freundlich auf, sagt ihnen »grüß Gott« und lasst sie ziehen. Ihr könnt einen Engel zu Hilfe bitten. Er hält eine Schale in der Hand, in die ihr die auftauchenden Gedanken hineinlegen könnt. Das Kommen und Ablegen der Gedanken wird immer langsamer. Wie eine Blume, die Blütenblätter ablegt, lasst ihr die Gedanken einen nach dem anderen beiseite. Die Verlangsamung entspricht einem allmählichen Einschlafen, während die Beschleunigung euch schwindelig macht. Übt das Verlangsamen und Beschleunigen mithilfe des Engels. Die Kunst ist, dem Einschlafen nahe zu kommen, ohne wirklich einzuschlafen. Das ist ein schwieriger Balanceakt zwischen Loslassen und Disziplin. Denn in der Leere, die zu entstehen droht, wird man entweder nervös, oder man schläft unversehens ein. Ein gutes Hilfsmittel ist das Beten einer Litanei (aber nicht das Rosenkranzgebet). Denn die Litanei hat den Sinn und Zweck, zu ebendieser Balance zu verhelfen.

6. (Innerer Kosmos:) das Schweigen des Ich. Legt eure Vorstellungsmuster über den Herrn, die Welt, den Weg ab. Zieht eure euch bekannten früheren Erdenleben wie Kleider an – und zieht sie aus, hängt die Kleider an einen Haken. Zuletzt legt auch das Gewand eurer jetzigen Inkarnation ab. Was bleibt dann?

7. (Innere Kapelle:) das Schweigen des Herzens. Lasst euch Zeit, beginnt mit den Übungen 1 bis 6. Danach werdet ihr von alleine wissen, was das Schweigen des Herzens ist – und ihr werdet euch selbst ganz neu begegnen. Bittet eure Schutzengel und andere Engel: Geht mit mir, bringt mir das im Schweigen Erwachende nahe, erinnert mich, bringt es zum Klingen!

Die Übung bedarf der Ausdauer, Disziplin und der richtigen, liebevollen Haltung zu sich selbst. Sie klingt einfach, ist es aber nicht. Die Ergebnisse mögen euch zunächst gering erscheinen. Wenn aber nur ein Atom verschoben ist, ist das eine Veränderung von kosmischer Tragweite.

Man bemerkt einen Prozess nicht, solange man im Prozess ist. Wer von sich behauptet, er mache spirituelle Fortschritte, der macht keine. Auch Schulen und Gemeinschaften, die behaupten, sie könnten Fortschritte herbeiführen, können das in Wirklichkeit nicht. Das Erlernen von Techniken – zum Beispiel der Technik des Meditierens – ist kein spiritueller Fortschritt, sondern nur eine Grundlage für spirituelle Arbeit. Den spirituellen Fortschritt bemerkt man nicht. Bitte überprüft eure Fortschritte nicht, versucht nicht, sie zu benennen. Wer wirklich auf dem Weg ist, kümmert sich um Erde, Natur, Naturgeister, Pflanzen, Tiere, Menschen, Heilung, Engel, die Trinität – aber nicht um seinen spirituellen Fortschritt. Wer das tut, erleidet nur Rückschritte. Der spirituelle Fortschritt wird gegeben, nicht erlangt, er ist immer ein Geschenk von oben. Der Ausdruck »Fortschritt« ist schon deshalb missverständlich.

Der Hohelehrer: Wenn ihr von »Fortschritt« sprecht, so habt Acht darauf, ob und wie weit ihr euch damit zur Entfernung vom Vater programmiert. Wenn ihr fortschreitet, vergesst nicht, heimzukommen. Wenn ihr das Wort sinnvoll verwenden wollt, so fragt stets: Fortschritt wohin? Wenn ein Kind erwachsen wird, dann gibt es drei Möglichkeiten: Erstens: Das Kind bleibt zu Hause. Zweitens: Es geht fort und kehrt nie zurück. Drittens: Es geht fort und kommt immer wieder heim. Die dritte Möglichkeit ist die beste: eine gesunde Mischung aus Dynamik und Rückbindung. So sollte es auch in der Wissenschaft, im Recht, in der Politik sein: Man schreitet fort in der

Welt, bewahrt aber die religiöse Rückbindung an den Himmel. So sollte es auch auf dem spirituellen Weg sein. Führt euch euer Fortschritt fort vom Vater, so kehrt um und kommt zurück in die Heimat.

Sonntag, 16. Juli 1995

Warum das Böse zugelassen ist. Warum es nicht siegen kann

Führungsengel: Ihr hattet den Wunsch, einmal über das Böse in der Welt zu sprechen. Heute ist dazu Gelegenheit. Stellt eure Fragen.

I. Dürfen wir noch einmal auf das Thema Macht und Ohnmacht der Engel zurückkommen (vgl. 29.6.1995) und die Frage stellen: Warum dürfen die Engel nicht eingreifen, wenn Böses geschieht? Warum wird das Schlimme erlaubt, wenn der Vater doch gütig und allmächtig ist? Warum hat er selbst Auschwitz zugelassen?

(Es erscheint ein Engel, der aussieht wie eine weiße Flamme:) Dies ist ein großer Schlüssel. Wer das weiß, weiß im Prinzip Bescheid über die Pläne und Absichten der göttlichen Macht. Er kennt den Gesamtplan Gottes. Eine erste allgemeine Antwort lautet: Es gibt keine allgemeine Antwort. Die Engelmacht ist weder generell begrenzt noch unbegrenzt, sondern größer oder kleiner, je nachdem, wie sie jeweils sein soll. Doch man kann sagen: Alles, was geschieht, geschieht, weil es zugelassen wurde.

Die Frage »Warum lässt der Väter dieses und jenes zu, selbst das Schlimmste?« lässt sich nur beantworten, wenn man sie ins Grundsätzliche wendet: Warum lässt er überhaupt das Wirken und Walten der dunklen Hierarchien zu? Zunächst: Er lässt es zu, weil er die dunklen Hierarchien zugelassen hat. Er hat den Abfall der Engel nicht gewollt, aber er hat ihn hingenommen und ihn nicht mit der Vernichtung der gefallenen Wesen beantwortet. Das hätte er nur in der Weise tun können, dass er die gesamte Engelschar zurückgenommen hätte, die gefallenen und die nicht gefallenen Engel gleichermaßen. Denn da er sie als freie Wesen geschaffen hat, gibt es immer die Möglichkeit, dass sie fallen, ebenso wie die Möglichkeit, dass sie zurückkehren. Sie lassen sich nicht in definitiv Schuldige und Unschuldige trennen. Er hätte also sie alle zurücknehmen und neu schaffen müssen – und zwar nicht nur die Engel, sondern auch die Menschen mit ihren Innenräumen, die ja auch von Engeln belebt sind. Das hätte er tun können: Er hätte die gesamte Schöpfung zurücknehmen und eine neue aus sich heraussetzen können – wiederum mit freien Wesen, also auch wiederum mit der Möglichkeit, dass sie fallen. Er hat es vorgezogen, dies nicht zu tun und die dunklen Hierarchien hinzunehmen – im Vertrauen darauf, dass ihre Zahl und Macht nie größer werden wird als die der lichten Hierarchien.

Diese haben jederzeit die Möglichkeit, sich vom Licht abzuwenden und ins Dunkel zu gehen, doch die meisten bleiben gern und freudig im lichten Bereich. Nur auf diejenigen, die die Freiheit haben, zwischen Licht und Dunkel zu wählen, und die sich beständig und immer von neuem für den lichten Bereich entschieden haben, kann sich der Vater verlassen. Er kann es also gerade deshalb, weil sie die Freiheit zum Abfall haben, und diese Freiheit haben sie nur, weil und solange er die Existenz der dunklen Hierarchien hinnimmt. Dass er sie hinnimmt, wirkt sich dann freilich bis auf die Erde aus. Das Böse, das sie dort anrichten, hat der Vater nicht gewollt, aber er kann es nicht verhindern. Er lässt die Existenz dieser dunklen Hierarchien zu, also lässt er ihr Wirken zu.

Seine Allmacht ist auch Allgerechtigkeit. Wollte er das Böse auflösen, müsste er alles auflösen. Aber selbst wenn er die gefallenen und die zum Fall disponierten Engel heraussortieren und isoliert vernichten könnte, würde er es nicht wollen. Auch die gefallenen Engel sind seine Geschöpfe. Auf Erden stoßen die Eltern ihre Kinder nicht aus, wenn sie kriminell werden, umso weniger tut das der himmlische Vater.

Denkt einmal an das Gleichnis Jesu von den Arbeitern im Weinberg (Mk 20,1–16). Es ist vielen Menschen schwer verständlich, weil sie kleinlich sind und meinen, der Lohn sei nach der Leistung zu berechnen. Der Vater wünscht aber nicht, dass seine Geschöpfe licht und gut sind, weil sie sich vom Vater Lohn versprechen – wie ein Kind, das sich brav verhält, damit es ein Bonbon bekommt –, sondern aus Freude. Die Engel, die sich für den lichten Bereich entschieden haben und in ihm wirken, tun das nicht aus Berechnung, sondern weil sie sich in diesem Bereich wohl fühlen und weil sie dem Vater treu bleiben wollen. Die Reinheit dieses Motivs würde der Vater infrage stellen, wenn er die gefallenen Engel mit Vernichtung bestrafen würde, selbst wenn er es könnte.

Und überdies: Wenn er sie vernichten müsste, hätte er seine Allmacht aufgegeben, er hätte die gefallenen Engel als Gegenmacht, das Dunkel als Feind anerkannt. Es wäre grauenvoll, wenn der Vater bedrohbar und zum vernichtenden Gegenangriff provozierbar wäre. Aber auch die gefallenen Engel sind Engel. Sie sind also von ihrem Wesen her nicht böse. Der Vater ist überzeugt, dass sie alle ins Licht zurückkehren werden. Schließlich sind auch sie seine Geschöpfe. Ihre Vernichtung käme einem Kindesmord gleich.

Ihr solltet begreifen, dass sie in ihrem Ursprung lichte Wesen, aber ins Dunkel gefallene Wesen sind, die gern ins Licht zurückkehren würden. Doch so, wie die Dinge jetzt liegen, bedürfen sie der Hilfe, und diese Hilfe erfordert viel Arbeit und Geduld. Der Sohn in seiner Präsenz als Erlöser hat schon manche zur Hinwendung zum Licht veranlasst. Es gibt einige Heilige, die sich ganz der Aufgabe verschrieben haben, mit den gefallenen Wesen zu reden und sie davon zu überzeugen, dass sie auf dem falschen Weg sind und besser daran täten, sich wieder den lichten Hierarchien anzuschließen. Es gibt aber auch Menschen – nicht nur in den Klöstern –, die solche Erlösungsarbeit leisten. Auch ihr könnt das tun, wenn auch nur mit Wesen der unteren Stufe: also mit Doppelgängern, mit gefallenen Engeln und mit verlorenen Seelen. Damit könnt ihr viel Gutes tun, und wenn ihr wollt, werdet ihr darauf vorbereitet werden.

Die Menschen sollten begreifen, wie sie sich angesichts des Bösen zu verhalten haben. Wenn sie bloß lamentieren und den Vater anklagen, so erreichen sie sein Ohr gar nicht, und sie verändern auch nichts. Der Arzt wendet sich an der Unfallstelle zuerst dem zu, der am schwersten verletzt ist, nicht dem, der am lautesten klagt. So verhält sich auch der Himmel: Wer nur lamentiert, wird nicht ernst genommen und überzeugt nicht. Mit Lamentieren tut ihr weder dem Vater noch dem Leidenden noch euch selbst einen Gefallen – hört auf damit!

Wenn ihr über ein grausames Geschehen empört seid, dann ist es besser, im Rahmen eurer Möglichkeiten tätig zu werden, von den Engeln Hilfe nicht nur zu erbitten, sondern zu fordern, ihnen kühn zu befehlen und mit heiligem Zorn einen Schwur zu leisten wie eure Freundin Ursel Händel. Der Himmel wartet nur, dass ein Mensch da ist, der überzeugend wirkt – dann sind die Engel da. Sie können nicht unmittelbar eingreifen, aber sie können Menschen helfen. Es gilt ganz allgemein: Wenn ihr den Himmel um etwas bitten möchtet, dann versucht nicht, ihn zu betören, ihm etwas vorzujammern, ihn zu zwingen, zu überrumpeln oder zu betrügen, sondern ihn zu überzeugen. Menschen gewinnt ihr in aller Regel ja auch nur auf diese Weise. Wie auf Erden, so im Himmel.[42]

II. Wenn ihr euch künftig an der Erlösungsarbeit beteiligen wollt, so bedarf es zunächst einiger grundsätzlicher, einführender Informationen über die Hierarchien zur Linken. Es gibt für euch einen besonderen Schutz. Dank dieses Schutzes könnt ihr künftig etwas über sie lernen. Bisher wurdet ihr unterrichtet über die zwei Hierarchien der Engel und der Naturgeister. Doch künftig werden wir auch über die Hierarchien zur Linken sprechen müssen. Was Rudolf Steiner über sie lehrte, war interessant, aber nicht der Weisheit letzter Schluss. Er hatte keine volle Kenntnis von ihnen. Er hat sich festgelegt auf zwei, drei Größen und sah sie überall am Werke. Sie haben durch das viele Reden über sie einen enormen Zuwachs an Macht erhalten. Denselben Effekt erzielen jene kirchlichen Kreise, die gern von Teufeln, Dämonen und der Hölle reden: Sie tun es in warnender Absicht, spielen aber denen in die Hände, die sie abwehren wollen. Doch auch das wird zugelassen.

Heute kann euch nur eine erste Einführung gegeben werden. Zunächst einmal: Vergesst nicht, dass auch die Hierarchien zur Linken an Regeln gebunden sind. Sie können auch nicht einfach tun, was sie wollen. Die göttliche Macht ist – im Gegensatz zur landläufigen Annahme – mächtig über sie. Es gibt keine Macht außerhalb Seiner Macht.

Zur Heilsgeschichte gehört auch eine Schattengeschichte, eine Unheilsgeschichte.

Es gibt einerseits die neun Hierarchien der Engel und die Heilsgeschichte mit dem Herrn. Es gibt aber auch die Hierarchien zur Linken und die Schattengeschichte, die Unheilsgeschichte. Auch im Wort »Unheil« ist »Heil« enthalten. Unheil ist nicht die Vernichtung, aber die Verdrehung und Verzerrung dessen, was Heil ist.

Zu den Schattenbildern gehören zwar auch Gegenspieler der Jünger, der Maria, sogar des Herrn (der »Antichrist«), aber sie stehen nicht auf der jeweils entsprechenden Ebene, sondern auf der Ebene der Exusiai. Sie erschrecken die Menschen mit furchtbarem Aussehen und gaukeln ihnen vor, sie seien den lichten Wesen gleich an Rang und Macht; aber das sind Trugbilder. Ferner gibt es »unten« die Hierarchien der Naturgeister und ihnen entsprechend die Hierarchien der Schattengeister, die von Menschen zum Bösen verführt worden sind, also die »Naturgeister zur Linken«.

Die Hierarchien oben und unten, zur Rechten und zur Linken könnt ihr euch im Bild eines »X« vorstellen, in dessen Zentrum der Mensch steht. Der Mensch ist der Mittler zwischen oben und unten, aber auch zwischen rechts und links, zwischen Licht und Schatten.

Der Mensch mit ausgebreiteten Armen bildet eine Horizontale. So haben wir das Bild eines sechszackigen Sterns:

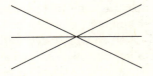

Doch es gibt ein Übergewicht nach oben: durch eine siebte Linie. Sie führt über den Kopf über das Scheitel-Chakra nach oben:

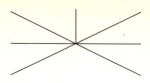

Die siebte Linie ist der Lichtstrahl, der den Menschen über seinen Sonnenengel an die Trinität und die heiligen Hierarchien anschließt.

Das Licht ist mächtiger als das Dunkel: Es macht das Wesen des Seienden aus; »Dunkel« ist keine Wesensbeschreibung, sondern eine Zustandsbeschreibung, die gekennzeichnet ist durch die Abwendung vom Licht. Das Zentrum des Menschen ist Licht – der Doppelgänger befindet sich an seiner Peripherie. Infolgedessen ist die siebte Achse die mächtigste, die auf die Dauer die anderen heiligen und retten kann. Sie ist energetisch stärker als die anderen, weil sie mehr als diese mit lichter Energie versorgt ist. Die Sieben ist deshalb die heilige Zahl. Sie symbolisiert den direkten Kontakt zum Schöpfer. Sie gibt uns die Gewissheit, dass es immer ein Übergewicht des Himmels gibt.

Ihr seht, welche Wichtigkeit der Mensch durch seine Stellung im Kosmos hat. Er steht mit beiden Füßen auf der Erde und trägt den Himmel auf der rechten Schulter, das Schattenreich auf der linken. So bildet er eine Brücke zwischen beiden. Will er nicht Brücke sein, reißt es ihn und mit ihm das Ganze auseinander. Das geschieht zum Beispiel, wenn er sich an falschen Meistern orientiert und seine Entwicklung zu rasch vollziehen will. Denn handelt er zu schnell, wird er innerlich zerrissen und entwickelt sich unharmonisch. Wesentlich ist, dass ihr euch als ein Ganzes harmonisch zu erhalten sucht.

Ihr werdet später über die Wesen der Schattenwelt im Einzelnen näher informiert werden, aber erst, wenn euer

Schutz völlig sichergestellt ist (26.7.1995). Dieser Schutz besteht in einer Lichthülle. Sie wirkt wie ein Kleister, der die Einheit zusammenhält. Es geht nur darum, euch gegen die Angriffe aus den Reihen der Schattenwesen abzuschirmen, nicht darum, diese zu vernichten oder so zu tun, als gebe es sie nicht mehr. Es gilt, die Welt zu sehen, wie sie ist. Ihr habt den Doppelgänger bei euch, und dieser integriert die Linken. Wendet euch nicht ab von ihm, sondern versucht harmonischen Umgang mit ihm zu pflegen. Das bedeutet: Lasst ihn leben, aber da wo er hingehört, und führt euer Leben, ohne ihm Macht einzuräumen.

Der Schutz vor den Hierarchien zur Linken bedeutet für euch Trost. Doch auch für diese selbst ist er ein Grund zur Hoffnung. Denn die Angriffe der Hierarchien zur Linken sind in der Regel Verzweiflungstaten von gefallenen Engeln, die sich nach Erlösung sehnen.

Es gibt freilich auch Angriffe des wirklich Bösen aus Hierarchien, die in der Rangordnung höher stehen als die Engel. Doch je stärker eure innere Einheit, Zentriertheit, Stabilität ist, desto größer wird die Schutzhülle. Sie wirkt hell, licht, tröstlich. Sie zieht die im Dunkeln, die sich nach Erlösung sehnen, an. Sie kann schließlich sehr stark und so groß werden wie ein Zimmer, in dem für sie Berührung und Heilung möglich wird. Die des Christus war so groß wie die ganze Erde.

Die Auseinandersetzung mit den Hierarchien im Schattenbereich, denen auf der Lichtseite die Erzengel entsprechen, erfordert einen speziellen Auftrag und eine besondere Ausbildung. Dies ist aber für euch nicht nötig. Ihr habt schon viel getan, wenn ihr euch der Auseinandersetzung mit denen widmet, die der Engelstufe entsprechen. Was sie Böses tun, tun sie nicht wirklich aus Bosheit, sondern aus Angst, Verzweiflung, Trotz, Suche, Verlassenheit, Einsamkeit. Auch die so genannten »bösen Menschen« sind meist solche, die von »linken Engeln« berührt sind.

Da tritt nicht pures Böses auf, sondern eine Mischung der Motive. Da gilt es zu differenzieren.

Es gibt auf der linken Seite auch einige Erzengel, die im Auftrag der noch höheren Hierarchien zur Linken handeln, sodass auch dort eine Mischung der Motive entsteht. Erst ab der Archai-Stufe beginnt die wirkliche Nacht.

Werden auch diese erlöst werden?

Diese Frage berührt die Grenze des Fragbaren.

Kann man nur hoffen?

Streiche das »nur« und ersetze »hoffen« durch »vertrauen«. Also: Ihr dürft darauf vertrauen. (Auf unseren Ausdruck der Freude:) Die Erlösung geschieht nicht in Zeiträumen, die der Mensch kennt. Die Ausdehnung der bösen Hierarchien erstreckt sich weit über die Erde und euer Gesamtsystem hinaus. Da walten andere Dimensionen, da gilt ein anderer Maßstab.

Bedenkt stets: Jeder Gedanke ist von kosmischer Tragweite, und das gilt auch, wenn er nicht wahrhaftig und rein ist. Alles, was euch geschieht und was von euch ausgeht, ist im Gesamtrahmen unendlich klein, und doch ist die Stellung des Menschen im Kosmos so groß und erhaben.

(Anmerkung: Das Problem des Bösen wird nochmals ausführlich behandelt am 23., 24. und 26.7.1995, am 22.12.1995* und ausführlicher am 14.8.1996*.)

---

* Vgl. Band 2 der Originalausgabe *Wie im Himmel so auf Erden*, CH. Falk Verlag, Seeon 1998 ff.

Montag, 17. Juli 1995

Elementargeister

Agar: Naturgeister entsprechen der Stufe der Engel, ihre Könige der der Erzengel. Heute gehen wir einen Schritt weiter auf die Ebene der Elementargeister, die den Archai entspricht. Es gibt vier Arten entsprechend den vier Elementen Feuer, Wasser, Erde, Luft. Daher hat die alte Lehre von den vier Elementen, die in der modernen Naturwissenschaft keine Rolle mehr spielt, ihre tatsächliche Berechtigung.

Für die Engel ist die Wirksamkeit im physischen Bereich sehr begrenzt, sie wirken moralisch, psychisch, geistig. Nur die höheren Hierarchien können ins Physische hineinwirken. Doch die Elementargeister haben Zugriff auf die Physis und können so Menschenleben retten. Sie können zum Beispiel einen Baum stürzen, sodass er eine Brücke über den Fluss bildet und ihr gerettet werdet. Die weisungsberechtigten Engel können die Elementargeister bitten, euch zu helfen, doch ihr könnt sie auch unmittelbar selbst um Hilfe bitten. Dies gilt nicht nur für solche Extremsituationen.

Menschen mit der rechten Einstellung und Lebensweise erzeugen durch ihre Schwingungen ein Umfeld, das den ständigen freien Austausch von Engeln und Naturgeistern möglich macht und ein ganzes Heer von Helfern in Teamarbeit mobilisiert. Die Engel haben die Übersicht, die Naturgeister die Eingriffsmöglichkeit. Wenn beide zusammenwirken, wirken Menschen heilend, aufmunternd, harmonisierend – allein durch die Anwesenheit dieser Wesen. Diese bilden um den Menschen herum einen Lichtkreis, sozusagen ein kleines Paradies. Wo solche Menschen hinkommen, können allein schon durch ihre Anwesenheit Wunder geschehen.

Normalerweise ist ein direkter Kontakt zwischen Naturgeistern und Engeln nicht möglich, nur ein indirekter über Menschen. Wenn aber Menschen zur Verfügung stehen, kann in ihrem Umkreis doch ein solcher direkter Kontakt entstehen. Engel und Elementargeister können sich dann frei begegnen. Wohl gemerkt, sie können es nie allein, sondern nur im Umfeld eines Menschen.

Die Arbeit zwischen Himmel und Erde ist also komplizierter, als man gemeinhin annimmt. Die Engel machen nicht einfach eine Handbewegung und werden wirksam, sondern sind angewiesen auf gute Zusammenarbeit mit den Naturgeistern – und umgekehrt. Viele Kontakte, die sonst schwieriger wären, werden möglich durch den Menschen, der eine Kontaktstelle, eine Brücke zwischen ihnen zu bilden vermag.

Die Elementargeister kommen nicht einfach, sondern man begibt sich zu ihnen. Ich (Agar) und auch eure persönlichen Naturgeister begleiten euch, wenn wir sie jetzt besuchen. Ihr braucht nichts zu fürchten. Namen von Elementargeistern werden euch erst gesagt, wenn ihr Erfahrungen gesammelt habt. Die Reihenfolge, in der wir sie besuchen, ist gleichgültig. Ich drehe diese Scheibe wie ein Glücksrad, Isabel sagt »stopp«.

1. Erde

Der Lieblingsplatz der Erdgeister ist der Wüstensand: die sauberste und kristallinste Form von Sand. Um Elementargeister wirklich kennen zu lernen, muss man ihren Zustand annehmen. Bei Erdgeistern müsst ihr zunächst einmal die eigene Form aufgeben und euch flexibel machen, nicht nur klein, sondern krümchenförmig, oder auch lang und ganz dünn wie eine Schlange, die sich durch die Sandkörner schlängelt. Die Kunst, die eigene Form verändern zu können, bedarf der Übung. Man sieht dann komisch aus: wie Nudeln, Spaghetti, Maccharoni, oder wie eine Spirale, die in der Mitte breit ist und an den Enden auseinander geht.

Ein Ort, wo sich etwas über die Erdgeister erfahren lässt (einer von mehreren), heißt »Rimabál«. Nur wer den Namen der Orte kennt, kann dorthin kommen; die Namenskenntnis ist der Schlüssel, der euch das Tor öffnet. Die Erdgeister, die man hier findet, sind Geister der Form, aber auch Geister der Auflösung, des Zerfalls, der Vergänglichkeit. Ihr Symbol ist die Sanduhr.

Sie herrschen in den verschiedenen Ebenen oder »Schichten« der Erde. Im Gegensatz zur landläufigen Vorstellung werden sie zum Erdmittelpunkt hin immer größer, weil der Anteil der Materie dort immer geringer wird. Es gibt verschiedene Schichten der Erde – wie bei den anderen Planeten auch. Im Mittelpunkt jedes Planeten gibt es ein Tor zu den anderen Planeten. Die Reise zu den Planeten ist also auch möglich über den Erdmittelpunkt. Für jede solche Reise ist es notwendig, die Erdgeister gut kennen zu lernen. Je besser man sie kennt, desto tiefer, verzweigter und fester sind die Wurzeln, die einen in der Erde halten. Und je besser man verwurzelt ist, desto höher kann man zum Himmel hinaufreichen.

Es gibt eine solche Fülle von Ausblicken, dass ich nicht weiß, wo anfangen. Deshalb die Frage:

Seid ihr mehr interessiert am Element Erde an sich oder an diesem Element speziell in Bezug auf den Planeten Erde?

Zunächst am Element Erde an sich.

Gut. Die Naturgeister der Elemente stehen hierarchisch über den Königen. Denn die Elemente sind Grundelemente der Schöpfung: So wie zu den Hierarchien der Engel Geist, Liebe, Licht gehören, so zu den Naturgeistern Erde, Wasser, Feuer, Luft – und als fünftes Element der Äther. Diese Elemente gibt es auf allen Planeten, in allen Sonnensystemen. Also gibt es auf allen Planeten auch Erdgeister.

Beim Besuch anderer Planeten empfehlen wir, nach den Elementargeistern zu fragen: wie sie sich von den irdischen Elementargeistern unterscheiden und wie sie dort mit den Elementen umgehen.

Innerhalb der Elementargeister gibt es Abstufungen: Es gibt einen Herrn des Elements oberhalb der normalen Elementargeister, der jedoch noch derselben hierarchischen Stufe angehört. Die Herren der Elemente sind nicht immer, sondern nur besuchsweise auf der Erde, aber die zugehörigen Elementargeister sind immer da.

Erdgeister haben die Aufgabe, das Element Erde zu reinigen, zu erneuern, zu versorgen. Sonst verlöre es seine Ordnung und zerfiele. Ferner sind sie zuständig für Formen und für die Auflösung der Formen, also für Geburt und Tod der Formen und damit für Leben und Stabilität der Formen. Sie sind die Bearbeiter und Beschützer ihrer Tragfähigkeit, die Bewahrer der Realität. Die Unterscheidung von Traum und Realität ist nur durch sie möglich.

Die Erdgeister des Planeten Erde haben eine Besonderheit. Erdgeister sind an sich männlich oder geschlechtsneutral. Auf Erden aber tritt das Weibliche hinzu. Es zeigt sich in der Hinwendung zu Leidensfähigkeit, Hingabe, Ausdauer, Geduld und Fruchtbarkeit. Diese Besonderheit des Planeten Erde entstand durch die Verbindung der Mutter mit der Erde. Dass sie sich in die Erde hineingegeben hat, hat die Erde verändert. Unter anderem wohnt ihr eine heilende Kraft inne. Für die Elementargeister und die Könige der Naturgeister stellte sich die Besonderheit ein, dass sie auf der Erde beide Aspekte haben, den des Männlichen und den des Weiblichen. Das gilt allerdings nicht für die Herren der Elementargeister; diese sind geschlechtsneutral, auch wenn man sie der Gewohnheit zufolge »Herren« nennt.

2. Feuer

Wiederum: Wir gehen hin, die Elementargeister kommen nicht etwa zu uns. Aber keine Sorge, es passiert euch nichts.

Was von euch gefordert ist, ist Wandlungsfähigkeit im Kontakt mit euch selbst in der Intensität des Selbstempfindens. Übt einmal, neben euch oder hinter euch selbst zu stehen, übt zum Beispiel, kalte Füße zu kriegen und taub zu werden. Dann zieht euch in euch selbst zurück, dreht euch in euch hinein, begebt euch in die Extremitäten. Übt das Hinlenken des Atems zum Beispiel zum rechten Ohrläppchen oder in die linke Kniescheibe, schließlich in alle Körperteile hinein bis in die Nägel und Haarspitzen. Dann übt, das »Feuer« zu erleben, ein sehr intensives Gefühl des eigenen Seins. Lenkt den Atem in alle Körperteile; alles sollte vibrieren.

Dann begebt euch an den Ort, wo ihr etwas über die Feuergeister erfahren könnt. Er ist wie ein Turm oder eine Säule aus Flammen. Sein Name ist: Shirím.

Die Feuergeister sind schwer fassbar. Ihr Symbol ist der Stab, ein magischer Zauberstab. Indem die Feuergeister euch mit ihm berühren, bringen sie euch neue Lebendigkeit und Intensität. Es ist, wie wenn sie euch noch einmal den Odem des Lebens einhauchen.

Jeder Lichtstrahl von oben und jede Handlung, die mit einem solchen Lichtstrahl verbunden ist, wird von Feuergeistern begleitet, auch zum Beispiel die Erleuchtung, auch die Heilung eines Kranken. Dank dieser Mitwirkung wird der Strahl auf menschlicher Ebene wirksam. Auch beim Kontakt mit den höheren Hierarchien ist der Stab der Feuergeister beteiligt. Er bringt immer eine Intensivierung des Lebens mit sich. Die Intensität von Glück und Leid beruht auf der Berührungskraft des Stabs. Das macht erklärlich, warum spiritueller Fortschritt mit so viel Intensivierung des Lebens verbunden ist.

Das Wissen um den Stab bedeutet für euch die Aufforderung, mehr solche Kontakte zu ermöglichen. Das setzt Kenntnis der Elementargeister voraus, vor allem aber die Fähigkeit, sich in die Elemente zu versetzen – durch das Nachempfinden von Veränderungen der Form und der Intensität.

Also: Für die Perfektionierung der Form sind die Erdgeister zuständig, für die Begeisterung die Feuergeister. Im Feuer der Begeisterung springt der Funke über. Das gilt für die Begeisterung, die zum Beispiel Musik, Schauspiel, Literatur, Vorträge und anderes auslösen können. Wer etwa als Künstler oder als Lehrender vor Menschen hintritt, kann die Elementargeister des Feuers bitten, wirksam zu werden.

Wirksame Bitten kann man an die Elementargeister freilich nur herantragen, wenn man die Orte mit Namen kennt (Rimabál und Shirím) und wenn man sie mit den richtigen Worten anruft, zum Beispiel: Ich möchte die

Form dieser Skulptur ändern, oder: Ich möchte die Intensität steigern.

Freilich kann diese Wirksamkeit auch ohne Bitte durch euch eintreten. Denn manche Engel sind insofern weisungsberechtigt: alle Sonnenengel, auch einige Führungsengel (eure auch). Sie haben ein gutes freundschaftliches Verhältnis zu den Elementargeistern. Wenn es von ihnen gewünscht wird, dann treten die Elementargeister hinter euch, und ihr könnt Meisterwerke schaffen oder auch sonst im Leben Glanzleistungen vollbringen. Angenommen, zum Beispiel in einem Gerichtsverfahren ginge es um Leben und Tod, dann helfen sie dem Verteidiger, eine glänzende Rede zu halten, die die Prozessbeteiligten berühren und überzeugen kann. Oder im Krieg besteht eine ausweglose Situation, doch ein plötzliches Husarenstück ermöglicht doch noch, zu überleben.

3. Wasser

Ihr begebt euch wiederum an den Ort, wo ihr mit den Wassergeistern in Kontakt kommen und etwas über sie erfahren könnt. Ihr übt zunächst das Sinken, ein inneres Sinken, immer tiefer und tiefer. Räumlich sinkt das Ich vom Kopf nach unten wie in einer Luftblase oder Kristallkugel oder Taucherkugel. Das bedeutet: Ihr werdet still, schweigsam, zieht euch zurück von der Außenwelt, nehmt euer aktives Wollen zurück.

Der Ort heißt: Lojudai. Er schaukelt ein wenig. Lojudai ist überhaupt das Schlüsselwort, das euch zur Beruhigung verhilft, zum Beispiel bei Verängstigung, Schlafstörung, schlechten Träumen. Es bringt euch in eine wiegende, schwingende Ruhe. Sie ist das Gegenteil von Erstarrung, nämlich die Ruhe eines freundlichen Friedens.

Das Symbol der Wassergeister ist die Kugel. Sie ist das Symbol der Zeitlosigkeit, der Aufhebung des linearen »Früher« und »Zukünftig«, das Symbol der Ewigkeit. Denn die Elementargeister des Wassers sind zuständig für das, was man oben »Ewigkeit« nennen würde: für Gelassenheit, für das Gleichmaß, für eine Stille, in der alles fließt. »Alles fließt« ist die Umschreibung der Ewigkeit, nicht der Zeit.

Naturgeister finden eure Vorstellungen von Zeit und Ewigkeit paradox. Für Menschen verbindet sich mit dem Begriff »Ewigkeit« eine Vorstellung von Stillstand: Das Ticken der Uhr ist zu Ende. Naturgeister sehen es andersherum: Sie verbinden mit »Ewigkeit« die Vorstellung des Fließens, des Atmens, des Hinundherwogens. Für Menschen hat die »Zeit« etwas mit dem Fluss zu tun, auf Naturgeister macht »Zeit« einen Eindruck wie ein Roboter, der immer langsamer stottert, bis er zur Ruhe der Starrheit kommt. Die Zeit ist für sie ein aneinander gereihtes Stillstehen. Wer aus der Zeit in die Ewigkeit geht, kommt für sie erst richtig in Bewegung. Was ihr »Zeit« nennt und was für menschliche Vorstellungen ein Zuschreiten auf Erstarrung und Tod bedeutet, ist für sie einfach »Leben«. Das Fließende aber ist für sie die Ewigkeit.

Euer Zeitbegriff ist eine Leid bringende Erfindung. Sie bringt euch körperlich, psychisch und geistig aus dem harmonischen Fluss heraus in ein abgehacktes Schema, bestimmt von der Uhr und vom Kalender. Ein Körper, der in diesem Zeitschema lebt, altert schneller als nötig. Der Fluss, den die Kugel symbolisiert, geht gegen den Uhrzeigersinn; er nimmt euch aus dem Zeitschema heraus und bringt euch mit der Ewigkeit in Berührung.

Macht einmal folgende Übungen:

a) Ihr steht in eurer Vorstellung in einem Fluss, das Wasser kommt von hinten, es steigt vor euch auf, geht hoch über euren Kopf hinweg nach hinten und sinkt in den Fluss zurück. Ihr steht also in einer Wasserkugel.

Nun werdet so groß, dass ihr – obwohl ihr mit den Füßen im Wasser steht –, mit den Händen über euch den Kreislauf des Wassers berühren könnt.

b) Nun wendet sich die Richtung des Flusses: Das Wasser strömt von vorn, es steigt hinter euch hoch und senkt sich vor euch nieder. Und wiederum berührt es über euch mit den Händen. Diese Übung wird euch helfen, euch von eurem Zeitbegriff zu lösen.

Euer Zeitbegriff beruht auf dem Schema: Vergangenheit–Gegenwart–Zukunft. Dieses Schema wirkt sowohl psychisch als auch geistig verwirrend.

Psychisch: Denn mit euren Gefühlen wisst ihr nie richtig, wo ihr seid, da ja das Vergangene im Gefühl präsent ist, ihr holt es in die Gegenwart, es reist in die Gegenwart. Ihr habt zum Beispiel einen Triumph gefeiert. Das Gefühl der Freude habt ihr noch jetzt, zeitlich versetzt, es wird nicht etwa zurückkatapultiert. So verwirrt der Zeitbegriff das psychische Erleben.

Geistig: Denn mit eurer Vorstellung von Zukunft verbindet sich das, was ihr wollt, was ihr im irdischen Sinn erhofft oder fürchtet, was ihr erwartet, was ihr tun und gestalten wollt, was ihr plant. Ihr werft einen Anker in die ferne Zukunft, und euer Schiff zieht sich an diesem Anker voran. Das führt zu einer gewissen Verkrampfung. Es ist nicht günstig, die Zukunft per Planung in die Gegenwart zu holen. Ihr legt euch viel zu sehr damit fest und seid nicht mehr offen für das, was euch das Leben vielleicht bringen möchte und was eure Führungsengel mit euch vorhaben.

Ihr rechnet mit bestimmten Geschwindigkeiten. Aber auch dieser Begriff der »Geschwindigkeit« stimmt aus zwei Gründen nicht: Erstens ist die Zeit nicht so gleichmäßig, dass eine Stunde 60 Minuten umfasst. Diese Vorstellung von Gleichmäßigkeit zwingt euch eine gewisse Monotonie auf (vgl. 11.7.1995). Zweitens vergeht euch die Zeit immer zu langsam oder zu schnell, in Langeweile oder im Stress. Eure Zeitvorstellungen sind also im buchstäblichen Sinne kränkend, das heißt, sie machen den Menschen krank.

Die Engel leiden zum Beispiel, wenn sie schweigen und warten müssen und nicht eingreifen können. Sie haben aber kein Zeitproblem. Hingegen leiden die Wassergeister unter dem Zeitproblem. Denn die Probleme des Wassers haben eine ihrer Ursachen in euren Zeitvorstellungen. Wasserverschmutzung, Wasserverarmung, Hochwasser etc. sind Hinweise auf falschen Umgang mit der Zeit, ausgelöst durch die Vorstellung: Zeit sei zurzeit so kostbar, es bleibt so wenig Zeit usw. Dieses simplifizierende Raster entstammt der Sphäre der Trugbilder oder schlimmerer Mächte.

Zur Auflösung des Zeitproblems bedarf es

1. der Kenntnis von Lojudai;
2. der Übung, die euch in die Wasserzeiten einführt und die euch mit ihren Gesten aus der Rasterzeit ausklinkt;
3. des Sich-unabhängig-Machens von der Uhr. Von Uhren solltet ihr euch möglichst fern halten, euch durch sie weder treiben noch bremsen lassen. Dass eure Pendeluhr in der Küche immer wieder kaputt ist, hat einen Grund: Sie hat Anweisung, nicht zu gehen.

Der natürliche Rhythmus sind die Tageszeiten: morgens, mittags, abends, nachts. Der Tag fließt in einem wellenförmigen Zeitfluss dahin:

Morgens vergeht die Zeit schneller, lebendiger, quirliger, mittags langsamer und gesetzter, abends wieder schneller, nachts wieder langsamer. Ebenso gibt es Wochenrhythmen: Eine Woche vergeht schnell, die zweite langsamer, die dritte wieder schneller usw. Entsprechendes gilt für die Monate. Auch die Jahreszeiten haben ihre Rhythmen: Das Jahr beginnt im Frühjahr mit Schwung und Aufstieg, der Sommer vergeht langsamer. Kurz: Die Zeit fließt in großen, kleineren und noch kleineren, einander überspielenden Wellen dahin, ähnlich, wie ihr es am Meeresstrand beobachten könnt.

Wenn Menschen ihr Leben betrachten, sollten sie es nicht in Jahren und Jahrzehnten tun, sondern in Gezeiten. Das Leben atmet ein, atmet wieder aus, dazwischen hält es für einen Augenblick die Luft an. Das alles sollte sich natürlich ergeben, nicht vom Kalender diktiert – und auch nicht von der Uhr. Im Kleinen ergibt sich ein natürlicher Rhythmus, wenn ihr auf euer Herz lauscht. Das Herz schlägt nicht gleichmäßig, sondern immer im richtigen Rhythmus. Ihr könnt den inneren Herzschlag wahrnehmen, ihn mit einer Armbewegung oder im Tanz aufgreifen, in ihm schreiten, denken und sprechen.

Gewöhnt euch an, euch nicht vom Wecker, sondern von den Elementargeistern des Wassers wecken zu lassen. Wenn ihr kurz vor dem Wecker aufwacht, ist das ein Trick der Seele, die dem Weckerklingeln zu entfliehen sucht. Sie liebt es viel mehr, wenn die Wassergeister das Wecken übernehmen. Die Wassergeister passen den Schlafrhythmus, die Träume etc. ab und wecken euch richtig. Ihr werdet dann in weniger Zeit mehr leisten können.

Eine Karaffe mit Wasser am Bett ersetzt den Wecker. Ihr könnt euch mit den Wassergeistern absprechen: Bitte rechtzeitig wecken. Wenn man dann nicht geweckt wird oder zu spät, hat das seinen Sinn. Dann war das Wecken überflüssig; der Schutzengel hat sich mit den Wassergeistern besprochen.

Was sind »Undinen«?

Das sind weibliche Wassergeister (es gibt auch männliche). Sie bilden eine weniger scheue Unterart der Naturgeister, die zum Element des Wassers gehören, also nicht der Elementargeister. Auch bei den anderen Naturgeistern gibt es Unterarten, die weniger scheu sind, die sich den Menschen leichter zeigen. Bei den Luftgeistern sind es die Sylphen, bei den Feuergeistern die Salamander, bei den Erdgeistern die Gnome.

Im Volksmund nennt man große glatte Flächen in einem fließenden Flusss »Flügel der Undinen«.

Ja, sie haben Flügel wie Libellen, anders als die Feuergeister: Diese haben »Flammen«. Das Wort »Flügel« ist aber eigentlich den Engeln vorbehalten; Flügel gehören zu ihrer Wesensart und bezeichnen nicht etwa einen Körperteil. Allenfalls bei Vögeln und Schmetterlingen kann man noch von »Flügeln« sprechen. Bei Vögeln sagt man aber besser »Schwingen«, bei Flugzeugen »Tragflächen«. Ganz absurd ist der Wortgebrauch »Flügel« beim Militär oder bei »Flügelkämpfen«. Auch christliche Parteien haben keine Flügel. Wenn sie doch welche hätten!

4. Luft

Luftgeister werden gern persönlich gebeten. Dazu muss man den Ort besuchen und seinen Namen kennen. Der Ort heißt Widím (mit Betonung auf der zweiten Silbe). Ihr Symbol ist der Schmetterling. Der Falter ist leichter als der Vogel, er entfaltet sich in spielerischer Leichtigkeit, er hat nichts Aggressives, wie zum Beispiel der Adler, er ist eher scheu; er ist leicht und schön, still, frei und klar.

Um die Luftgeister kennen zu lernen, übt einmal, euch leicht zu machen und vom Irdischen zu lösen. Das bedeutet nicht, weltfremd zu werden – die Füße bleiben auf dem Boden –, sondern: sich zu lösen von Ketten, die euch fesseln, zum Beispiel an Besitz, Gewohnheiten, soziale Wichtigkeiten, Vorstellungen über die eigene Person wie Stellung, Titel, Namen, Posten, Schmerz, Leid, Angst, Frust, auch von Gefühlen wie Trauer, Einsamkeit, Sinnlosigkeit, aber auch von Begeisterung, Eifer, überschäumenden Gefühlen. Es bedeutet auch, sich zu lösen von Vorstellungen über richtig und falsch, gut und böse, davon, wie es oben und unten sei, auch von der Vorstellung, was nun ist, war und sein wird. Es geht also darum, wie in einem Fesselballon alle Taue zu lösen, das heißt die irdischen Dinge, Gefühle und Vorstellungen unter sich zu lassen.

Das bewirkt nicht etwa Leere, sondern Klarheit, die befreit. Befreiung bringt Klarheit, und Klarheit bringt weiter Befreiung. Klarheit bedeutet Sachlichkeit und bringt eine stille Freude mit sich, vor allem aber die Erfahrung, dass man mit viel mehr zu tun hat, als man dachte, eigentlich mit allem. Man ist nicht etwa abgehoben, sondern im Gegenteil: Man wird eins mit allem. Ihr könnt das im Alltag üben.

Versucht zum Beispiel, wenn ihr mit der Bahn fahrt, euch die Leben und Schicksale der Menschen hinter den Fenstern der Häuser, an denen ihr vorbeibraust, vorzustellen. Alles geht euch an. Sobald ihr die Taue eures Fesselballons gekappt habt, macht ihr die Erfahrung, dass ihr mit allen ein kleines bisschen verbunden seid. Diese Klarheit hat nichts zu tun mit der klirrenden Klarheit argumentierender Wissenschaftler, nichts mit Arroganz und Erhabenheit. Sie bewirkt vielmehr Reinheit eurer Gedanken und Gefühle. Die Befreiung von allem Ballast macht euch frei zum Verbundensein mit allen. Die Luftgeister verbinden diese Klarheit mit Freude und Dankbarkeit.

Wenn ihr das übt, so ist die wichtigste Folge, dass ihr lernt zu segnen. Es segnen die Engel, aber auch die Luftgeister. Dies ist eine Folge der Haltung, des Geistigwerdens der Luftgeister. Zwar gibt es keinen Segen außer von oben, aber sie wirken als Mittler. Wo immer segnendes Sein ist, sind die Luftgeister beteiligt. Und andersherum: Wenn ihr Segen von oben empfangt oder wenn ihr selber Segen spendet, bittet die Luftgeister, ihn wirksam zu machen. Wenn ihr wollt, nehmen sie den Segen auf und tragen ihn über die ganze Welt, mit einem sanften Windhauch – oder mit dem Sturm.

Ein Mangel an Segen ist wie ein Mangel an Sonne, an Vitaminen, an Liebe. Wir alle, ihr und wir, brauchen Segen, den ganzen Tag Segen. Das Bedürfnis, zu fliegen – sei es mit Gleitschirm, Paraglider, Fallschirm, Ballon, Segelflug oder Drachenflieger –, dient nicht nur einer sportlichen Mutprobe. Es ist auch ein Trick der Seele, die sich danach sehnt, sich von Verletzungen zu befreien, und die die Teilhabe an dem Sein der Luftgeister sucht, um ihren Segen zu empfangen und auch um ihn segnend weiterzugeben.

Luftgeister kann man auch auf die Hand setzen und wegblasen mit einem Wunsch, einem Gedanken, einem Lächeln, einem Kuss. Wie man beim Kind Schmerzen wegbläst, kann man es bei Erwachsenen auch machen: Es bewirkt viel – bis hin zur Heilung. Ihr glaubt das nicht? Versucht es doch erst einmal! Man kann auch schlechte Gedanken wegpusten oder wegfächern. Es gibt auch so etwas wie »Chirophonetik«; dort wirken neben den Luftgeistern auch Feuergeister.

Die Klarheit, die die Luftgeister herbeiführen, hat also eine erlösende, befreiende Wirkung. Sie befreit euch zum Beispiel von den Einwirkungen eures Informationswesens, das so viel zur Unklarheit beiträgt. Es fängt euch ein in irdische Probleme, zu deren Lösung ihr nichts beitragen könnt; ihr braucht nicht so viele Nachrichten. Die Menschen werden durch sie plötzlich und unbewusst an verschiedene Orte gebunden, sie leiden mit, verhaften sich, das macht sie unklar. Verunklarende Einflüsse entstehen auch durch die Werbung: Was ist »in«, und was ist »out«? Müsst ihr das wirklich wissen?

Unklarheit entsteht auch durch alle Schemata, die euch auf Vorstellungen fixieren, wie man zu leben hat, zum Beispiel auf Morallehren, die euch auf schematische Vorgaben von richtig und falsch festzulegen versuchen und die Vorstellung vermitteln: Das Richtige ist gut, das Falsche ist böse. Logische und moralische Wahrheit sollte man nicht vermischen, das schafft Unklarheit. Oft ist logisch Falsches moralisch richtig, logisch Richtiges moralisch falsch. Richtig entscheiden ist nicht immer gut. Unklarheit schafft auch die Vorstellung, ihr hättet euch immer zwischen richtig und falsch zu entscheiden. Denn oft fällt die Entscheidung zwischen richtig und richtig.

Bringt dieses Sichlösen nicht auch beängstigende Erfahrungen mit sich?

Dies war nur ein denkerischer Ausflug. Ihr könnt jetzt wieder landen. Verwirrung und Orientierungslosigkeit sind zwar unvermeidlich – wie beim Looping des Fliegers –, aber man kann sie inhaltlich und zeitlich begrenzen und wieder landen. Das Gefühl der Befreiung darf natürlich nicht in Beklemmung und Angst umschlagen. Man sollte sich fühlen, wie wenn man ein Kind Flieger spielen lässt und es im Kreise herumwirbelt. Dann muss man wissen, wann es zu viel wird. Ihr solltet also die euch gegebenen Übungen nicht übertreiben.

Worauf es ankommt, ist, die Zusammenarbeit zwischen Engeln und Naturgeistern abzusichern und das Umfeld, das diese Zusammenarbeit möglich macht, zu stabilisieren. Was wir euch schon im Zusammenhang mit den Feuergeistern gesagt haben, gilt für alle Elementargeister, auch für die Luftgeister: Bei richtiger Lebensführung, Lebenshaltung, Lebenseinstellung entsteht ein Lichtfeld, in dem sich Engel und Elementargeister begegnen. Es ist, als wäre eine Mauer eingerissen. Alle Welt empfindet das und wird gesund. Das bewirkt große Freude – für die Engel, für die Elementargeister und für euch.

Gibt es auch Elementargeister des Äthers?

Ja, das fünfte Element ist der Äther: Er ist ein eigenes Element, zugleich aber eine Zusammenfassung der anderen vier Elemente. Wie es vier Himmelsrichtungen und die Senkrechte gibt, so auch vier Elemente und den Äther. Das Symbol ist die Pyramide. Darüber sprechen wir ein andermal.

Nun: Gute Reise in die Elemente! Und vergesst die Namen der Orte nicht – sie werden euch nur ein einziges Mal gegeben. Es gibt Dinge, die kann man wiederholen, zum Beispiel Rituale. Aber gewisse Dinge gibt es nur ein einziges Mal. Damit man sie nicht versäumt, sind Wachsamkeit und Respekt gefordert. Jeder Vortragende und jeder Zuhörende sollte wissen, wann das der Fall ist. Gewöhnt euch an, wenn ihr sprecht oder zuhört, in einer zweiten Ebene im hinteren Teil des Kopfes und des Herzens präsent zu sein, lehnt euch vor und zurück und schließt euch an das ständige Gebet eures betenden Engels an. Dann könnt ihr mit wenig Ermüdung alles Wesentliche mitbekommen.

Zum Abschluss bekommt ihr noch eine Schulaufgabe: Macht öfter einmal die Übung mit dem Fesselballon, sie ist weniger beängstigend als zum Beispiel das Drachenfliegen. Kappt die Taue, befreit euch vom Irdischen und lernt zu segnen. Schaut euch die Welt von oben an. Sagt euch: Jeder Ort, an den ihr »zufällig« hingekommen seid, der Bahnhof, das Café, die Straße, das Geschäft, gehört zu euch, geht euch an. Und segnet alle Orte, die ihr betretet und die ihr verlasst.

Sonntag, 23. Juli 1995

Strategien der Hierarchien zur Linken

Irminrad/Irminrod (ein Ritterengel aus den Scharen Michaels, ein Wächter und Beschützer, »bewaffnet« mit Schwert und Rüstung. An Martin gewandt, der als Rechtsvertreter eine schwerwiegende Ungerechtigkeit abgewehrt hat:) Es sollte dich nicht wundern, dass du ins Kampffeld, in die Schusslinie, geraten bist. Es ist eine perfide Methode der Hierarchie zur Linken, die dir liebsten Menschen anzugreifen, insbesondere die Frau an deiner Seite, sodass sie zum Beispiel Depressionen bekommt. Wenn ein Mitglied einer Gemeinschaft in einen Kampf eintritt, sind alle Mitglieder der Gemeinschaft mit beteiligt: die Familie, die Gruppe, der Staat etc. Ein Rückzug ist in der gegenwärtigen Situation für dich nicht möglich, jetzt kannst du dich nur noch wappnen. Kämpfer für das Recht müssen wissen, dass sie auch auf nichtirdischem Gebiet der Schutzmaßnahmen bedürfen.

Der »Sinn« eines Übergriffs wird erst im Gesamtzusammenhang sichtbar. Es kann sich um Verschiedenes handeln: um eine Prüfung, eine Lektion oder einfach um die Begleiterscheinung eines Kampfes. Es gibt nie einen Angriff einfach nur so. Auch die Hierarchien zur Linken sind an Gesetze gebunden, unter anderem an das Gesetz von

Ursache und Wirkung. Es gibt eine Anziehungskraft des Bezüglichen. Das Warum und die Zusammenhänge zu kennen, gibt Halt und Stabilität: Man kann dann besser standhalten.

Ganz allgemein ist die Strategie der perfiden Kriegführung, nicht den »Gegner« zu treffen, sondern diejenigen, die der Gegner liebt. Nur selten richtet sich die Kriegführung offen und direkt gegen den »Gegner«.

Ihr Angriff trifft nicht die Sonnenengel – so mächtig sind sie nicht. Er zielt auf den emotionalen Bereich, und zwar bei Tag und bei Nacht. Er wirkt, als schöben sich Wolken vor die Sonne. Die Verbindung zwischen »ich« und Sonnenengel – zwischen der emotionalen und der spirituellen Sonne – erscheint euch dann subjektiv wie unterbrochen. Ihr habt das Gefühl, nicht von oben gehalten zu sein, ein Gefühl des freien Falls. Positive Einflüsse werden verstellt, negative werden verstärkt. Das hat dann Auswirkungen bis in den körperlichen Bereich. Ihr seid dann im Ganzen weniger belastbar; die Tüchtigkeit wird vermindert.

Der Hohelehrer: Ganz allgemein solltet ihr über die Strategien der Hierarchien zur Linken Folgendes wissen:

1. Es gibt zwar auch die direkte Kriegführung gegen den »Gegner«. Sie ist aber verhältnismäßig selten. Die Hierarchien zur Linken ziehen die indirekte Kriegführung vor.
2. Diese wendet sich vorzugsweise gegen diejenigen, die der eigentlich Gemeinte liebt, und stürzen diesen in das Dilemma des Konflikts: Soll ich die Angriffe auf den geliebten Menschen in Kauf nehmen oder nachgeben?
3. Als Ersatzziel wählen sie sich auch gerne Menschen, für deren Wohlergehen sich der eigentlich Gemeinte mitverantwortlich fühlt, und zwar vorzugsweise die

Schwächsten und Schutzlosesten, zum Beispiel Kinder oder labile Menschen.
4. Wenn irgend möglich, versuchen sie die Gruppe, in der der »Gegner« lebt, in Disharmonie zu bringen, sodass Mitglieder der Gruppe ihn angreifen, zum Beispiel Ehepartner, Familienmitglieder, Freunde, Mitarbeiter. Der Angegriffene muss sich dann scheinbar gegen diese Menschen wehren, in Wirklichkeit gegen deren Doppelgänger, dessen sich die Hierarchien zur Linken als Instrument bedienen.
5. Größere Gruppen – Vereine, Gesellschaften, Religionsgemeinschaften – versuchen sie zu spalten, und zwar vorzugsweise in Generationenkonflikten. Auch hier stacheln sie andere an, den eigentlich Gemeinten anzugreifen.

Die Führungsengel: Heute richten wir wieder einmal eine Frage an euch: Was für Maßnahmen könnten gegen Angriffe von den Hierarchien zur Linken schützen? Macht mal bis morgen eine Liste mit Punkten. Wir wollen wissen, was Menschen dazu einfällt, und benutzen euch sozusagen als Versuchskaninchen.

Montag, 24. Juli 1995

Schutzmaßnahmen

(Es erscheint ein sehr lieber Besuch: ein Engel Unserer Lieben Frau. Er macht einen weiblichen Eindruck und sieht aus wie ein Gesicht mit einem Gewand aus lauter Blumen. Er – oder besser: sie – wirkt sehr beruhigend, sanft, freundlich und mütterlich. Die Führungsengel zeigen große Achtung, sind ganz Kavalier.)

Führungsengel: Wie lautet euer Maßnahmenkatalog?

1. Frage: *Hilft es schon, die Zusammenhänge zu durchschauen?*

Führungsengel: Die Information, die ihr erhalten habt, bedeutet zwar noch nicht, dass ihr die Zusammenhänge durchschaut. Aber immerhin gehört sie zu den einstweiligen Maßnahmen, die gestern getroffen wurden. Es waren vier:
   a) diese Information,
   b) blaue Mäntel wurden euch umgelegt,
   c) Naturgeister wurden tätig, und
   d) Engel standen euch helfend zur Seite.

2. Frage: *Tomberg gibt im 15. Brief über den Tarot Hinweise auf Maßnahmen, mit denen man künstliche Dämonen (Egregore) abwehren kann.*[43] *Helfen diese auch gegen die Hierarchien zur Linken?*

Im Winter ist eine Blume besser als nichts. Diese Maßnahmen können auch gegen die Hierarchien zur Linken sinnvoll und wirksam sein, allerdings nur wenig. Tomberg gibt euch dort aber auch Ratschläge, wie ihr Angriffe aus den Hierarchien zur Linken als solche erkennen und abwehren könnt.

3. Frage: *Gilt es, Entschlossenheit zu zeigen, nicht zu weichen, sondern für das Recht zu kämpfen – natürlich fair, sachlich und verhandlungsbereit? Wenn man zurückweicht – macht man die Gegner dann aggressiv?*

Dann macht man sie siegreich. Der rechte Weg ist, einfach standhaft zu den Positionen zu stehen, zur Vertikalen, zu den Prinzipien, in die die Position eingebettet ist. Man verteidigt das Recht, tut aber keinen Schritt mit den Mitteln der anderen.

4. Frage: *Sollen wir Maria um Schutz bitten? Oder Raphael? Oder wen sonst am besten?*

a) Der Schutz durch Maria ist der sicherste. Sie gewährt immer Schutz, wenn man sie darum bittet, unabhängig von der Standhaftigkeit des Menschen, der sie bittet. Sie würde ihn sogar Vertretern der Hierarchie zur Linken gewähren, wenn diese untereinander kämpfen und der eine oder andere sie darum bitten würde. Das tun sie allerdings nie.
b) Michael bringt Verstärkung: Rückenstärkung, Frontverstärkung, Nachschub. Er kämpft und schlägt die Gegner in die Flucht. Er darf das!
c) Raphael wirkt sanfter: Er sorgt für Schutz von Leib und Leben, heilt Wunden, bringt Dinge in Ordnung, kümmert sich aber nicht weiter um die Hierarchien zur Linken.

d) Unter den Heiligen schützen vor allem die Namenspatrone: bei euch also der heilige Martin und die heilige Alexandra, aber auch einige andere.
e) Irminrad – Irminrod! (vgl. 23.7.1995) Ihn solltet ihr immer mit diesem Doppelnamen anrufen, mit a und mit o. Das bedeutet: Schutz von Anfang bis Ende – von Alpha bis Omega: Er kommt und er geht wieder. Ruft man ihn bloß »Irminrad«, so bindet man ihn an sich. Ihr sollt ihn aber nicht auf die Dauer rufen. Er leistet erste Hilfe und kommt, wenn es Not tut. Er gehört zu den Heerscharen Michaels und beschützt alles, was im Sinn des Himmels ist.

5. Frage: *Ist hochlevitiertes Wasser (im Sinne von Hacheney) nützlich?*

Ja, es ist gut zur Stärkung der Kraft und der Energiefelder. Gleiches gilt für ätherische Öle.

6. Frage: *Ist es nötig, zu Hause zu bleiben?*

Im Haus ist man nicht geschützter als draußen.
    Führungsengel: Zur Ergänzung noch drei weitere Hinweise, wie ihr euren Schutz sicherstellen könnt:

7. Harmonie ist förderlich, Disharmonie ist schädlich.
8. Schönheit schützt: schöne Räume, schöne Umgebung, schöne Blumen usw.
9. Den Heilkreis pflegen heißt zugleich: euch selbst Schutz und Heilung bringen.

Könnten unsere Engelstunden durch Angriffe der Hierarchien zur Linken gefährdet werden?

Nein. Wenn Gefahr droht, wird das sichtbar oder fühlbar, vor allem durch folgende Merkmale:

1. Die Gebete, die die Engelstunden einleiten, werden gestört.
2. Es erscheinen keine Engel.
3. Der Kontrollengel winkt ab.
4. Die Engel schweigen.
5. Der Führungsengel warnt.
6. Der Engel der Wehmut spielt nicht.

Der Engel Unserer Lieben Frau: Ich bleibe hier bei euch und beim Engel der Wehmut. Wenn ich einmal woandershin gerufen werden sollte, dann könnt ihr einen anderen erbitten. Hier werden ständig musizierende Engel und Blumenengel wie ich anwesend sein.

Der Hohelehrer: In dem Maße, in dem man sich in die lichten Bereiche begibt, wächst die Wut der Hierarchien zur Linken. Ihre Angriffe bleiben nicht aus. Der Himmel sorgt für euren Schutz. Aber ihr könnt auch selbst etwas tun und solltet dazu noch einiges wissen.

Der stärkste Schutz ist der Schutz durch die himmlische Mutter, insbesondere durch den blauen Schutzmantel. Bittet die Marienengel auch um das Heiligen eurer Räume.

Wichtig ist ferner das Zusammenhalten: nicht nur zwischen euch beiden, sondern auch innerhalb eurer Gruppe, der engeren – dem Viererkreis – und der weiteren mit den Freunden, die euren Weg begleiten. Wenn immer Streit entsteht, macht euch klar, dass es die Doppelgänger sind, die versuchen, die Gruppen in sich zu spalten und euch voneinander zu trennen. Bedenkt, dass eure Einheit wichtiger ist als alles andere: Pflegt sie zur Ehre des Himmels. Toleriert eure Schwächen, vergebt einander, nehmt euch in die Arme. Mit Lächeln, mit Humor, mit Entschuldigungen lassen sich Spannungen leichter überwinden als mit Kritik.

Mitunter ist es gewünscht, dass ihr euch von Menschen oder von Lebenssituationen löst. Der Himmel ist kein Alleskleber. Aber dann sollte sich die Loslösung freundlich und friedlich vollziehen, sodass ihr euch weiter in die Augen sehen könnt und dass keine unguten Gefühle zurückbleiben.

Wenn ihr von außen angegriffen werdet und man euch Unrecht tut, braucht ihr keinen Schritt zu weichen, aber vermeidet jeden Vorwurf. Jeder persönliche Angriff stammt aus den Hierarchien zur Linken, die euch über den Doppelgänger dazu zu bestimmen suchen. Vor allem vermeidet jede Motivunterstellung: Sie macht Angriff und Vorwurf besonders stark, auch dann, wenn sie sich als richtig erweisen sollte. Vielmehr beschränkt euch auf die Darlegung von Fakten und ergänzt sie um das, was die Psychologen »Ichbotschaften« nennen, zum Beispiel: Ich kann das und das für mich nicht gutheißen und es nicht unterstützen. Legt eure Position dar, die Prinzipien, in denen sie begründet ist, eventuell auch eure emotionalen und körperlichen Gegebenheiten. Aber vermeidet jeden Schritt darüber hinaus! Selbst gut gemeinte Vorschläge sind nicht ganz ungefährlich. Ein Vorschlag kann auch schon als Schlag empfunden werden. Sobald ihr in irgendeiner Form zum Angriff übergeht, wird es sehr schwer, sich zu disziplinieren.

Die Doppelgänger und die Hierarchien zur Linken kennen die menschlichen Schwachstellen gut und suchen sie zu nutzen. Besonders beliebt sind bei ihnen die folgenden Schwachstellen:

1. Auf der Ebene der Vitalität (inneres Meer): Je größer die Vitalität, desto schwieriger ist es, sie zu disziplinieren: »Ich bin im Recht. Jetzt steige ich ein.« Man beginnt mit Darlegungen, redet sich warm, gerät in den Rausch des Angriffs und landet unversehens bei Vorwürfen. Rhetorische Kraft ist nicht immer erwünscht. Je schwächer die Vitalität eines Menschen ist, desto weniger angriffig ist er. Starke Vitalität bedarf bewusster Zügelung.

2. Auf der Ebene der Gefühle (innere Krypta): Man gleitet unter dem Einfluss des Doppelgängers und der Hierarchien zur Linken aus der emotionalen Stabilität heraus in überschäumende Gefühle, in Faszination, Missvergnügen, Passion, Rausch, Exzess, Leidenschaft, Dezentrierung. Gewünscht ist die Zentrierung im rechten Maß der Freude und der Trauer. Lasst euch daraus nicht forttragen.
3. Auf der Ebene des Wollens (innere Quelle): Sie nutzen gern das Sich-wohl-Befinden in Sicherheit aus. Es gibt nur sehr wenige Menschen, die sich ohne Sicherheit wohl fühlen. Aber worin besteht sie? Man hat zum Beispiel einen sicheren Ort, man weiß: Das Haus gehört mir; ich sitze nicht nur darin, sondern darauf. Oder: Ich spiele eine Rolle im sozialen Gefüge. Wenn die Sicherheit zu stark in einer Anbindung an Vergängliches, Irdisches, Soziales usw. besteht, dann löst jede Umstrukturierung einen Kampf um die materielle Sicherheit aus. Zugespitzt gesagt: Manch einer ist bereit, sein Leben zu lassen für die Sicherheit. Was euch davor schützt, sind die drei Grundregeln: a) Nichtgebundensein an materielle Dinge, b) Zurückhaltung, c) Disziplin, also eben die, die in den alten Klosterregeln – Armut, Keuschheit, Gehorsam – geübt wurden.
4. Auf der spirituellen Ebene (Raum des inneren Weisen): Die Vorliebe der dunklen Hierarchien gilt dem Gebundensein an religiöse und weltanschauliche Systeme. Außerhalb der Kirche können sie alle möglichen trügerischen Systeme entwerfen und die Menschen an Götzen binden. Innerhalb der Kirche haben sie zwei Möglichkeiten: die Verengung und die Öffnung. sie nageln die Kirche fest zu oder machen sie durchlässig. Die Fundamentalisten verengen die Kirche; sie wird düster, abweisend, verängstigend. Die Anhänger der so genannten »modernen Theologie« hingegen reißen die

Mauern ein und lassen höchstens noch ein paar Säulen stehen, sie tragen hinaus, was ihnen nicht passt, und hinein, was ihnen gefällt; sie machen die Kirche zum Marktplatz. Die einen umschließen sie mit einem Schildkrötenpanzer, die anderen enthäuten sie. Ihre anfänglich guten Urimpulse werden von den dunklen Hierarchien in die Perversion getrieben.

5. Auch das richtige Verhältnis von Schüler und Meister ist ein feines und komplexes Gewebe, in das sie gern und mit Erfolg eingreifen. Der Meister ist nur Meister, wenn er zugleich Schüler bleibt, der auch von seinen Schülern lernt und immer Schüler des Himmels bleibt. Der Schüler ist nur Schüler, wenn er selbstverantwortlich lernt und Nachfolger des Meisters bleibt, wenn er sich also zugleich frei und gebunden fühlt. Verliert der Meister unter dem Einfluss der linken Hierarchien sein Schülersein, so verliert er zugleich sein Meistersein. Und der Schüler verliert sein Schülersein entweder, wenn er seine Selbstständigkeit verliert oder wenn er sich selbst schon als ein Minimeisterchen versteht. Beispiele habt ihr ja vor Augen.

Der erste Schritt zum Schutz gegen diese Eingriffe ist, dass ihr ein Bewusstsein von diesen Schwachpunkten entwickelt.

Führungsengel: Zum Schluss noch einmal die Mahnung: Lasst die tägliche innere Arbeit nicht zu lange ruhen! Und bedenkt, dass die Arbeit im Heilkreis auch euch selbst heilt und stärkt und dass ihre harmonisierende und stabilisierende Wirkung ein guter Schutz gegen spirituelle Angriffe ist.

Dienstag, 25. Juli 1995

Dom der Heiligen

Führungsengel: Ihr habt schon eine Reihe von besonderen Räumen des Himmels kennen gelernt: den Hohen Rat, die Bibliothek, den Friedensdom. Heute führen wir euch an einen weiteren Ort, den »Dom der Heiligen«, einen prachtvollen Dom, in dem man den Heiligen begegnen kann.

Das Tor wird behütet von Bruder Tullian (vgl. 3.4.1995). Man erreicht es durch die innere Kapelle. Den Zugang findet ihr nicht durch dieselbe Tür wie die zum Friedensdom. Doch ab jetzt kennt ihr auch diese Tür rechts vom Altar. Sie ist geschlossen, doch könnt ihr um Einlass bitten; in absoluter Notsituation öffnet Bruder Tullian auch von sich aus. Sonst klopft ihr, er öffnet, ihr bittet um Einlass. (Bruder Tullian nimmt uns in Empfang. Er führt uns einen unscheinbaren Gang entlang zum Dom der Heiligen. Man geht nicht wie beim Hohen Rat durch den Haupteingang, sondern durch eine Seitentür. Der Dom des Hohen Rates wirkt schlicht und streng, eher gotisch; dieser Dom hingegen barock, prachtvoll und ernst.)

Bruder Tullian: Hier wird ständig die Messe gefeiert. Den Vorsitz im Zentrum führt der heilige Petrus oder einer derjenigen verstorbenen Päpste, die wirklich Heilige waren. Hier kann man darum bitten, mit einem der Heiligen in Kontakt zu kommen. Erlaubte Motive sind:

1. Persönliche Fragen, vor allem in Not, auch für Freunde und Angehörige.
2. Fragen allgemeiner Art, zum Beispiel zum Leben und Wirken eines Heiligen, zu seiner Sicht der Dinge, nach seinen Einsichten, Erkenntnissen und Interpretationen. Ihr könnt einen Heiligen zum Beispiel fragen: Wie ist das und das von dir überlieferte Wort gemeint?
3. Fürbitten für andere, auch für Entferntere, für Gruppen, für Kranke, Leidende, Sterbende, Vertriebene.
4. Dank – allgemein oder für bestimmte Dinge.

Wo befindet sich der Dom?

Eine Stufe unterhalb des Jüngerkreises und des Hohen Rates [also auf der Ebene zwischen Kyriotetes und Dynameis] und direkt unter dem Vater. Mit dem Jüngerkreis stehen die Heiligen in unmittelbarem Kontakt. Jeder von ihnen wirkt und arbeitet im Strahl eines der Jünger.

E. hat eine wichtige Sache verloren. Wen kann er um Hilfe bitten?

Für verlorene Sachen sind unter anderen zuständig: der heilige Antonius und die Heilige Susanne. Man kann sie auch bitten, wenn man etwas anderes als dingliche Gegenstände verloren hat, zum Beispiel Erinnerungen, Gedanken, Liebe.

Sind solche Bitten wie die E.s angemessen?

Alexa steht es nicht zu, sie abzulehnen, das wäre eigenmächtig. Wenn die Bitte unangemessen ist, dann weisen die Heiligen sie selbst zurück, oder ich (Bruder Tullian) verwehre den Zutritt, falls ich so instruiert werde.
  (Bruder Tullian ruft den heiligen Antonius, indem er den Namen singt, und zwar so: »Bruder Antonius, Diener

des Herrn«.) »Heiliger« lasse ich weg, das versteht sich an diesem Ort von selbst. Er scheint nicht hier zu sein. Ich lasse jetzt einen Vogel in die große Kuppel fliegen, der ihn sucht. Denn die Heiligen sind irgendwo im Einsatz, um etwas zu beaufsichtigen, zu kontrollieren etc. Mittels des Vogels kann ich einen Heiligen von irgendwoher in den Dom rufen. Das zieht ihn von seinen Aufgaben ab, also soll man das nicht leichtfertig erbitten. Aber man braucht auch kein schlechtes Gewissen zu haben. Der Heilige wird seinen Ort nicht verlassen, wenn es zurzeit nicht möglich oder schädlich wäre. In einem solchen Fall übergibt er dem Vogel seine Botschaft.

Warum handelt hier ein Vogel und nicht ein Engel?

Es ist ein Engel, aber er wirkt äußerlich wie ein Vogel. Die Vogelgestalt ist ein Symbol. Es zeigt die Verbundenheit der Heiligen, die ja selbst keine Engel, sondern Menschen sind, mit den Reichen der Erde, es handelt sich um einen absichtlichen Kunstgriff.

Ich schaue, ob der heilige Antonius kommt oder den Vogel zurücksendet. Er schickt den Vogel (der ein Engel ist), dieser grüßt und überbringt seine Botschaft ... Der Heilige selbst ist bei vermissten Kindern irgendwo in Asien.

Alles geht hier sehr rituell zu, viel mehr als bei den Friedensengeln. Vor dem Verlassen des Doms verneigt euch vor dem Dienst habenden Papst. Dieser hat – abgesehen von anderen Aufgaben und seiner symbolischen Bedeutung – eine Schlüsselfunktion: Er führt den Vorsitz im Dom der Heiligen. Euch gebührt, ihm die Ehre zu erweisen, die ihm zusteht. Manchen scheint der Papst ein Problem zu sein, auch manchen Katholiken. Aber ein wirkliches Problem besteht für die, die keinen Papst haben. Wer den Papst nicht ernst nimmt, verbaut sich auch diesen Zugang zu den Heiligen. (Der Papst reagiert auf die Ehrerbietung mit Freundlichkeit).

Jetzt führe ich euch zurück.

Dieser Weg zu den Heiligen über die innere Kapelle in den Dom ist der sicherste Weg. Man kann die Heiligen auch rufen, wenn man nichts von ihm weiß. Aber dieser Ruf schallt nur dann laut genug, um für sie hörbar zu sein, wenn man sich entweder in einer Situation tiefer Not befindet, wenn also ein erschütternder Herzensschrei ertönt, oder wenn man zumindest sehr intensiv und andauernd um ihre Hilfe fleht. Den Weg über die innere Kapelle zu wählen ist jedenfalls besser, als wenn die Seele unmittelbar nach außen reist, in den Kosmos hinaus. Das ist zwar auch möglich, aber gefährlich: Dann ist man den Einflüssen der Hierarchien zur Linken ausgesetzt. Im Dom und auf dem Wege dorthin ist man davor sicher geschützt. Denn die Hierarchien zur Linken haben dort keinen Zutritt.

Den Dom kann man ohne seine Führungsengel aufsuchen. Eure Führungsengel haben im Tor in der inneren Kapelle auf euch gewartet. Ebenfalls erwarten euch hier der Engel der Wehmut und der Engel Unserer Lieben Frau.

Mittwoch, 26. Juli 1995

Doppelgänger und Hierarchien zur Linken

(Anwesend sind: Irminrad/Irminrod, die Schutzengel, die Führungsengel, der heilige Martin, der heilige Urban, der heilige Nepomuk und ein kleines Heer von Engeln wie Knappen.) Irminrad/Irminrod: Was wir heute mit euch vorhaben, mögt ihr als eine Zumutung empfinden: Ihr dürft die Hierarchien zur Linken auf den unteren vier Stufen betrachten, die der Stufe der Menschen, der Engel, der Erzengel und der Archai entsprechen. Seid ihr dazu bereit? – *Ja.*

Dann fasst Mut. Zu eurem Schutz ist Folgendes wichtig:

a) Euch wird ein blauer Schutzmantel umgelegt. Ist er für alle spürbar? – *Ja.*

b) Wahrhaftigkeit und Lauterkeit sind unerlässlich. Deshalb spürt ihr auch eine gewisse Müdigkeit: denn sie lähmt das strategische und taktische Denken und Handeln. Müdigkeit kann deshalb zu einem Schutz vor tückischen Verführungen aus den Hierarchien zur Linken beitragen.

c) Haltet Distanz: Begrüßt sie nicht, sondern betrachtet sie durch eine trennende Wand – wie Fische im Aquarium.

d) Wendet euch mit euren Fragen niemals direkt an sie, sondern an eure Begleiter.

1. Der Doppelgänger

Die Reise beginnt – ebenso wie bei den Lichthierarchien – auf der Stufe des Menschen.

Den ganz und gar »links« orientierten Menschen gibt es nicht. Wenn ein Mensch so erscheint, dann hat ihn ein Wesen aus den höheren linken Hierarchien besetzt. Aber der Mensch hat einen Doppelgänger: einen leicht nach links versetzten Schatten.

Wohl gemerkt: Es handelt sich nicht um den Schatten, den der Schutzengel trägt. Dieser ist das Ergebnis von Verdrängungen und Verlagerungen ins Unbewusste. Was ihr an negativen Reaktionen und unguten Verhaltensweisen nicht wirklich vermieden oder überwunden, sondern ins Unterbewusste abgedrängt habt, bildet den Schatten, den der Schutzengel trägt (vgl. 14.3.1995).

Davon unterscheidet den Doppelgänger, der die unterste Stufe der Hierarchien zur Linken bildet. Er sieht dem Menschen gleich, hat die gleiche Größe wie er, nur alles in Grau und schattig. Manchmal entspricht der Mensch mehr dem grauen Doppelgänger als seinem lichten Wesen. Der Doppelgänger steht genauso real und vollständig in der Welt wie der Mensch selbst. Doch er repräsentiert den Schatten, das Gegenbild, die Unheilsgeschichte. Während der Schutzengel den Menschen in seiner Freiheit bewahren und beschützen will, will der Doppelgänger ihn beengen, blockieren, binden.

Der Doppelgänger trägt in aller Regel denselben Namen wie der Mensch, zu dem er gehört. Es gibt allerdings Ausnahmen. Dann legt er sich eine eigene Identität zu. Er lernt von dem Menschen, zu dem er gehört, mit eigenem Existenzwillen und Eigenheitskraft zu agieren, zum Beispiel gegen die Regeln zu verstoßen. Solche Doppelgänger können sehr mächtig werden. Der Mensch wirkt dann, als hätte er seine Identität ausgewechselt, und oft nimmt er auch selbst einen anderen Namen an. Er ist dann von seinem Doppelgänger besessen, und dieser öffnet den Menschen für die Hierarchien zur Linken.

An sich ist der Mensch so angelegt, ein lichtes Wesen zu sein. Aber über den Doppelgänger können sich die Hierarchien zur Linken einnisten. Die Hierarchien zur Linken befinden sich zwar direkt neben euch, nicht etwa weit entfernt, nur haben sie keinen Zutritt zu euren Innenräumen, es sei denn, dass ihr ihnen den Zutritt gestattet. Diese bedienen sich des Doppelgängers, um von euch die Erlaubnis zum Zutritt zu erlangen. Wenn ihr sie erteilt, dann können die Engel der Innenräume das Eindringen der Hierarchien zur Linken nicht verhindern.

Zur Vorbeugung ist es am sichersten, auf die korrekte Funktion der Innenräume Acht zu haben. Ihr solltet ein Gefühl dafür entwickeln, ob sie in Harmonie sind, ob sich die Engel darin wohl fühlen. Ihr könnt die Wahrnehmung so verfeinern, dass ihr auch das Warnsystem bemerkt: Wenn Gefahr besteht, geraten die Engel in den inneren Räumen in Aufregung, sie werden sozusagen nervös wie manche Tiere vor einem Erdbeben. Wenn ihr genügend Übung habt, könnt ihr das bei euch und auch bei anderen spüren. Es ist wichtig, dass ihr immer wieder eure Innenräume aufsucht und überprüft, ob sie in Ordnung sind.

Wann verbindet sich der Doppelgänger mit dem Menschen?

Im Augenblick der Geburt – wie der Schutzengel. Sein Anblick löst das Erschrecken des neugeborenen Kindes aus. Das Kind schreit nicht nur wegen des »Klapses« oder der Kälte, sondern wegen dieses Erschreckens. Das Kind erkennt in dem Augenblick, in dem es in die Welt gestellt ist, seinen Schutzengel, aber zugleich auch seinen Doppelgänger. Seine erste Erfahrung ist die seiner Innenräume, aber auch die des Schattenbereichs. Es spürt diese Spannung, auch wenn es sie natürlich noch nicht begreift. Es nimmt die beiden Pole seines Daseins zur Kenntnis.

Die Bestrebungen nach einer »sanften Geburt« ohne Schreck und Schrei sind nicht im Sinn des Himmels. Ihr solltet dem Kind nicht vormachen, es werde in ein Paradies hineingeboren. Das Kind bedarf der direkten Verbindung sowohl zum Schutzengel als auch zu den linken Hierarchien in Gestalt des Doppelgängers, und die Spannung zwischen diesen beiden ist nun einmal schockierend. Würde das Kind schlafend auf die Welt gebracht, sodass es seinen Doppelgänger gar nicht wahrnähme, so hätte das gravierende negative Folgen. Die nicht richtig erschrockene Seele erschrickt dann später. Das löst dann zum Beispiel Allergien und Hautkrankheiten aus. Diese Verbindungslinien mögen euch absurd anmuten, aber so ist es. Den Schock verschieben ist also nicht gut.

Gibt es einen Weg, den Doppelgänger loszuwerden?

Nein, in dem Moment, wo er dich verließe, würdest du sterben. Nur unmittelbar vor dem Tod – etwa drei Tage, längstens eine Woche vor dem Tod – kann er den Menschen verlassen, dann kommt es zu einem friedlichen Sterben.

Wie kommt es zu dem Doppelgänger, warum haben wir ihn an der Seite?

Er ist keine Schöpfung des Menschen wie jener Schatten, den der Schutzengel trägt. Ihr könnt ihn nicht vermeiden oder verhindern. Er gehört zur gesamtkosmischen Ganzheit. Das bedeutet nicht, dass er in seinem Sosein unmittelbar eine göttliche Schöpfung sei. Dass er so ist, wie er ist, ist die Folge des so genannten »Falls der Engel«, also der Wesen, die die ihnen vom Vater geschenkte Freiheit zur Auflehnung gegen den Vater missbraucht haben. Sie sind damit die Urheber alles Schrecklichen in den Reichen der Natur, des Menschen und der Hierarchien und auch der Doppelgänger geworden. Das heißt: Kein Mensch ist »schuld« an seinem Doppelgänger. Es gibt keinen Menschen ohne Doppelgänger. Alle sind durch ihn gefährdet: Er gehört jetzt zur menschlichen Struktur hinzu.

Ist es das, was mit dem Begriff oder Bild der »Erbsünde« ausgesagt wird?

Ja, natürlich.

Der Hohelehrer: Dass die Sünde ererbt ist, heißt, sie lag lange vor eurem Erdenleben. Sünde bedeutet das Sichabwenden von der Trinität und den lichten Hierarchien. Diese Abwendung haben die »gefallenen Engel« vollzogen, und der Mensch – als die zehnte Hierarchie – hatte daran teil. Er trägt sie nun mit sich, indem er den Doppelgänger bei sich hat.

Hat die Erbsünde nichts mit der Sexualität zu tun?

Nein, das ist ein Missverständnis. Die Sexualität haben nicht die dunklen, sondern die lichten Mächte in euch hineingelegt, sie ist für den Himmel nichts Anstößiges. Die Doppelgänger stacheln die Menschen allerdings an, die Sexualkraft zu missbrauchen. Der Zusammenhang der Erbsünde mit der Sexualität liegt erstens nicht in der Sexualität an sich, sondern in ihrem Missbrauch. Er hat also zweitens nichts mit Geschlechtstrieb, Zeugung und Lust zu tun, sondern mit dem Doppelgänger und der Verführbarkeit des Menschen durch ihn. Und drittens bezieht sich die Erblichkeit nicht auf die genetische Abstammung, sondern auf die Tatsache, dass jeder Mensch seit dem Sündenfall von einem Doppelgänger begleitet wird. Und dieser tritt erst im Augenblick der Geburt zum Menschen hinzu.

Der Doppelgänger ist in jeder Inkarnation neu. Er geht, wenn der Mensch stirbt, weg und eventuell zu einem anderen hin. Kehrte er immer wieder zu demselben Menschen zurück – oder bliebe er gar nach dessen Sterben kontinuierlich bei ihm –, seine Macht würde unermesslich. Er kennte den Menschen dann ganz genau und könnte einen überwältigenden Machtaufbau organisieren.

Es gibt allerdings mächtige und weniger mächtige Doppelgänger. Die mächtigen sind weit herumgekommen, sie haben viel Erfahrung und Anspruch, die anderen sind weniger geübt. Was für einen Doppelgänger man bei sich hat, ist eine Frage der Absprachen. Es kommt auf die psychische Struktur des Menschen und darauf an, welche Lebensaufgabe er sich gesetzt hat. Der Auftrag bleibt nicht geheim. Es gibt Seelen mit kämpferischem Idealismus und dem Entschluss zur Auseinandersetzung mit den Hierarchien zur Linken. Diese reagieren, indem sie sagen: Da müssen wir einen mächtigen Doppelgänger hinschicken. Gewiss gibt es auch wenig lichte Menschen mit mächtigen Doppelgängern – zum Beispiel stumpfe Verbrecher. Der Schluss »Wer einen mächtigen Doppelgänger hat, ist ein besonders lichter Mensch« wäre also nicht begründet. Aber so viel lässt sich sagen: Je machtvoller Lichtkraft und Anspruch einer Seele sind, ein desto mächtigerer Doppelgänger wird ihm beigegeben und desto größer ist die Spannung zwischen Mensch und Doppelgänger. Dies zeigt sich dann in Kämpfen und Prüfungen, im Stolzsein, im Fall und im Verzagen.

Der Doppelgänger kann bei den Hierarchien zur Linken Informationen über den Menschen erbitten, um seine besonderen Schwachpunkte herauszufinden. Die himmlischen Wesen sind bestens über die Menschen informiert – aber die dunklen sind es auch. Je mächtiger der Doppelgänger ist, desto unmöglicher ist es, allein mit ihm umzugehen. Man braucht den Schutz der Heiligen. Die Kenntnis des Doms der Heiligen ist auch deshalb wichtig!

Der Doppelgänger hat kein moralisches »Bewusstsein«, das heißt, er entscheidet nicht über Gut und Böse, er macht sich keine moralischen Gedanken. Er wünscht nur zu leben. Dazu braucht er Zugang zu den Energiefeldern des Menschen. Es ist seine Aufgabe, ihn zu begleiten. Es ist sinnlos, ihm Schuld zuzuweisen, ihn zu verurteilen und zu beschimpfen. Er kann nicht anders. Er ist einfach da, wie er ist. Er ist nicht bewusst und absichtlich böse; er hält das, was er tut, für richtig und hat kein Schuldbewusstsein. Das macht es so schwierig, ihn zu handhaben. Wenn ihr ihm Vorwürfe macht, so wendet er sich euch zu und macht sie euch. Er meint, er sei im Recht. Mit Angriffen erreicht ihr nichts, außer dass er vehement zurückschlägt; ihr steht dann schlimmer da als zuvor.

Wie also mit ihm umgehen? Am besten ist ein kombiniertes Verfahren:

a) Pflegt, reinigt, harmonisiert eure Innenräume und gewährt ihm keinen Zutritt.
b) Bittet die Heiligen, euch im Umgang mit ihm zu helfen und ihn zu disziplinieren.
c) Sprecht mit eurem Doppelgänger klar, streng und souverän, aber nie emotional, sondern sehr liebevoll, indem ihr berücksichtigt, dass er nicht absichtlich und voll bewusst das Böse an sich will. Es ist möglich, seine Sympathie zu gewinnen – nicht durch Nachgiebigkeit, sondern durch liebevolle Strenge und Klarheit. Euer Ziel sollte sein, dass er euch schließlich mehr mag als die Hierarchien zur Linken.

Wenn euch der Doppelgänger eures Partners entgegentritt, dann redet innerlich auch zu diesem mit Strenge und Klarheit. Den Partner selbst aber sprecht als Menschen an, das heißt in seinem lichten Wesen. Laut werden und ihn anschreien läuft darauf hinaus, das Licht im anderen zu verdunkeln. Hilfreich hingegen sind vor allem Humor und das Umlenken des Gesprächs auf ein heiliges Thema. Der Doppelgänger des anderen fühlt sich dann ertappt und ist perplex. Aus seiner Sicht habt ihr den anderen Menschen überrumpelt. Er fragt sich dann: Was steht hinter dem, der mich durchschaut hat? Hat er sich bloß aufgeplustert? Hat er wirklich Kraft? Oder kann ich mein Spiel fortsetzen?

2. Schattenengel

Irminrad/Irminrod: Wir gehen nun weiter und betrachten die Hierarchie zur Linken auf der Stufe, die den Engeln entspricht. Wir betrachten also die »gefallenen Engel«, aber nur von fern wie hinter einer Glasscheibe.

Man sieht keine Farben, kein Licht. Eigentlich sind sie unsichtbar; man weiß nur, dass sie da sind. Was sie tun, tun sie als ausführende Befehlsempfänger der höheren Hierarchien zur Linken. Sie selbst sind nicht eigentlich »böse«. Sie sind Handlanger und selbst Opfer fremder Bösartigkeit. Selbstverständlich gibt es unter ihnen weder Schutzengel noch Führungsengel.

Was sie anstreben, ist: irreführen, verunsichern, Vertrauen erschüttern, schwankend machen, desorientieren, durcheinander bringen. Sie sind nicht auf Leib und Leben angesetzt, wirken nicht tödlich, treffen nicht ins Herz: Sie wollen nur Unordnung stiften. Sie erscheinen als »Dämonen«, als fratzenhafte, piesackende Unholde – ähnlich den unerwünschten Naturgeistern. Sie lieben die Verstellung, sie verbergen sich zum Beispiel hinter Fratzen und Tierbildern.

Was sich dahinter verbirgt, ist ein Jammer. Stellt euch vor, ihr seid in einem dunklen Raum, und in diesem gibt es noch dunklere Wesen. Sie sitzen da kauernd, gebückt, mit matten Flügeln, mit herzzerreißenden Gesichtern, hilflos und verloren, überzeugt von der Ferne Gottes. Sie wirken wie arme Seelen – nur eben auf Engelebene.

Der Kontakt mit ihnen ist aber erschreckend: Man fühlt sich verstört, hilflos, traurig, geschwächt, niedergeschlagen, verlassen, unsicher. Das Beste ist: Ruhe und Standhaftigkeit bewahren, dann verlieren sie ihren Schrecken, weichen zurück, »laufen davon«.

Doch über die Abwehr des Überraschungsangriffs hinaus gibt es eine andere Möglichkeit: die Erlösungsarbeit. Man kann sie voll Mitleid und Erbarmen am Arm fassen, sie an die inneren Räume heranführen und dort ins Licht gehen lassen. Damit könnte man ein Leben verbringen.

Es gibt auch auf der Schattenseite ganze Organisationen von Engeln unter Führung eines etwas höher stehenden Schattenengels, der aber zu ihrer Hierarchie gehört (so wie auf der Lichtseite die Friedensengel unter der Führung von Nadjamael stehen). Diese »Oberen« unter den Schattenengeln unternehmen Angriffe auf die psychische Struktur eines Menschen. Sie führen ihn zum Beispiel in geistige Umnachtung und Vernebelung; er hört Stimmen und Geräusche. Sie sind häufig gerade solchen Menschen nahe, die sich für spirituell begabt halten, für »Hellseher«, für »Heiler«, für »mächtig«, für fähig, Dinge durch die Luft fliegen zu lassen, usw. Diese Menschen sind dann Gefangene solcher Organisationen.

Ist es wichtig, den Namen des Vorstehers zu kennen?

Es ist wichtig, ihn nicht zu kennen.

Wenn ihr den Verdacht habt, dass sich solche Gestalten irgendjemandem nahen, solltet ihr mich (Irminrad/Irminrod) fragen oder zu Hilfe rufen. Wenn ihr es wünscht, bin ich auch präsent, um eure Innenräume zu bewachen. Wenn Gefahr droht, hebe ich die Hand und schaue euch warnend an. Ich bin auch bereit, euch Auskünfte zu geben, wenn ihr mich fragt.

Um die bei den Hierarchien zur Linken übliche Methode der Verstellung durchschauen zu lernen, solltet ihr vor allem die Hierarchien zur Rechten gut kennen lernen. Wer karikieren will, muss erst zeichnen können, wer einen Clown oder Trottel spielen will, muss erst das Gute und Normale kennen. Je vertrauter euch die Engel werden, desto deutlicher könnt ihr die gefallenen Engel erkennen: Ihr verfeinert immer mehr euer inneres Hören und Sehen.

3. Schatten-Erzengel

Bei der den Erzengeln entsprechenden Stufe zur Linken können wir uns kurz fassen. Diese Wesen gehören zum Zwischenbereich zwischen dem Bösen und dem noch nicht Bösen. Die Eigentümlichkeit ihres »Lichts« ist ein »Antifeuer«, ein Gegensatz zur Begeisterung. Von ihnen gehen tief greifende Bewegungen und Impulse aus: Hass, böser (nicht gerechter) Zorn, innere Vergiftung, ein Zerfressen, ein innerliches Verfaulenlassen, ein Zersetzen. Es ist ein widerlicher Anblick.

Zum Beispiel geht die Drogensucht auf die Initiativen dieser Herren zurück.

Auch die »Disco«?

In einigen Erscheinungen, nicht generell.

Sie sind gewaltig anzuschauen, überzackig, unharmonisch. Sie zeigen vor allem Vehemenz. Sie nehmen euch den Atem, die Freiheit, die Bewegung. Zwar sind die Hierarchien zur Rechten auch vehement, aber sie beeinträchtigen nie eure Freiheit. Die Vehemenz der Hierarchien zur Linken ist anderer Art: Sie wirkt beengend, unfrei machend, diktatorisch.

Weder die Doppelgänger noch die Schattenengel dringen ins Herz des Menschen vor. Die Schatten-Erzengel aber trachten danach, den ganzen Menschen in den Griff zu bekommen: körperlich, psychisch und gedanklich, und zwar möglichst ständig, nicht nur zuzeiten. Sie begnügen sich nicht mit Störungen, sie treiben den Menschen nicht nur dazu, dass er einmal »außer sich« ist. Die Schatten-Erzengel versuchen den Menschen so zu packen, dass er nicht mehr in die Normalität zurückkehrt. Die Begegnung mit ihnen führt die Menschen mit hoher Wahrscheinlichkeit in völlige geistige Verwirrung oder Umnachtung und treibt sie nicht selten in den Selbstmord.

Die linken Erzengel treiben ein Spiel der Abwechslung. Wenn einer erschöpft ist und ihm nichts mehr einfällt, treten andere mit neuen Ideen an seine Stelle. Sie unterstützen sich auch gegenseitig – so wie es ja auch bei den Hierarchien zur Rechten Kooperation – nur eben in einem positiven Sinne – gibt.

4. Schatten-Archai

Die Schatten-Archai, die den Archai entsprechen, bilden die Grundformen des Bösen aus. Sie wirken nicht nur in Aktionen und Entscheidungen der ihnen untergeordneten Schattenwesen und der von ihnen beeinflussten Menschen, sondern sie schaffen die Urformen allen Kampfes, allen Tötens, Zersetzens, Zerstörens, auch im Tierreich und Pflanzenreich. Die Impulse des Fressens und Gefressenwerdens, des Jagens und Tötens und der Zerstörung werden von ihnen ständig der Erde eingeträufelt.

Die Archai zur Linken darf man nicht sehen, auch nicht durch eine Scheibe, weil sie eine starke Sogwirkung haben. Eine Ahnung davon bekommt man, wenn man das Gefühl hat, in Depression, ins Bodenlose zu fallen. Dieser Zustand ist höchst gefährlich.

Die Information über die Hierarchien zur Linken gehört aber zur Ausgewogenheit eures Weges, ebenso wie die Information über die Naturgeister und ihre linken Gegenbilder.

Wird es eines Tages wieder friedlich und paradiesisch zugehen?

Ja, aber erst dann, wenn es keine menschliche Inkarnation auf Erden mehr geben wird. Das wird erst geschehen, wenn der Gegensatz zwischen den Hierarchien zur Rechten und zur Linken aufgehört haben wird zu bestehen. Dann braucht der Mensch keine Brücke mehr zu bilden, dann braucht er nicht mehr verkörpert zu sein; das Kreuz im Menschen ist dann erlöst. Das aber ist noch sehr fern.

Das Paradies, das heißt der Zustand der Urbilder, wo die Archai zur Linken noch keinen Zugriff hatten, ist heute nur in der Innenwelt, in den inneren Räumen herstellbar. Wo dies gelingt, kann auch im Umfeld des betreffenden Menschen dieses Paradies aufleben. Zunächst geht es also darum, die Welt der Urbilder in den Menschen eintreten und dort lebendig werden zu lassen. So ermöglicht man einigen Wesen, dort ihr Urbild und insofern Erlösung zu finden. Dazu ist kontinuierliches Arbeiten erforderlich, auch nachts, wenn das Ich es nicht weiß, sondern sozusagen »schläft«.

Die Aufgabe wäre schon allein ein Lebenswerk für sich: in der Innenwelt ständigen und bleibenden Kontakt zur Welt der Urbilder zu haben, die Urbilder in der Innenwelt Realität werden zu lassen und die paradiesischen Räume in der Vorstellung auf die Erde herabzudenken, zum Beispiel auf Großstädte, Industriegebiete, verseuchte Landschaften. Das Paradies auf die Erde herabzudenken bedeutet, die Archai zur Linken eines Besseren zu belehren: Ihr seht, es geht auch anders.

Damit schwächt man zugleich ihre Überzeugungskraft. Denn die Macht der Archai zur Linken gründet sich vor allem darauf, dass die Menschen sie nicht infrage stellen. Sie meinen zum Beispiel, das Leben ende mit dem Tod oder alles Leben sei Kampf. Solche Annahmen sind zwar falsch, aber auch mächtig, wenn alle meinen, sie stimmten, die Welt zeige sich tatsächlich so. Das verfestigt und zementiert diese Ideen.

Die einzig wirksame Antwort ist: ein anderes Bild der Welt zu leben. Stellt euch ein Unternehmen vor, in dem ein schlechtes Arbeitsklima herrscht. Ein gutes Arbeitsklima erreicht ihr nur, indem ihr die Menschen zur Kooperation führt. Das überzeugt dann davon, dass das Leben ein Miteinander sein kann und nicht nur ein Gegeneinander sein muss. So erfahrt ihr im Kleinen – im Mikrokosmos –, was auch im Großen geschehen kann. Die Aufgabe lässt sich nicht anders erfüllen als durch praktisches Tun. Theorien bewirken so gut wie nichts. Die Archai zur Linken sind selbst Meister im Entwerfen sophistischer Theorien. Theorien überzeugen sie nicht. Es bedarf keiner neuen Theorien, sondern der praktischen Umsetzung ganz alter Weisheiten.

Wichtig ist zu verstehen, dass viele der gängigen und nicht weiter hinterfragten Theorien einschließlich mancher politischen Ideologien ihren Ursprung bei den Archai zur Linken haben. Zum Beispiel sind alle Argumentationen zur Rechtfertigung der bösen Triebe und alle Systeme auf dieser Grundlage bis in den Wortschatz hinein von ihnen geprägt. Die linken Archai wollen euch eine bestimmte Sehweise vermitteln, euch vor allem immer weismachen, der andere Mensch sei ein Exemplar einer Art und nicht etwa eine Individualität. Er gehöre zu einer Gruppe und sei deren Gruppenzwängen unterworfen, er könne nur dem Gruppenschema gehorchen. Er sei zum Beispiel ein Jude, und Juden könnten nun einmal nicht anders denken und handeln als so und so, oder er sei ein Deutscher oder ein Konservativer oder ein Linker oder ein Katholik oder ein Esoteriker. und diese seien so und so.

Dagegen helfen euch keine Argumente, sondern nur ein Praktizieren des Gegenbildes. Lebe es und schweige. Scheine vor dich hin wie die Sonne, ohne den Anspruch, überzeugen zu wollen. Das Dunkel muss überzeugen, es ist darauf angewiesen; die Sonne scheint einfach. Also: Gegenbilder leben, nicht Theorien vertreten. Das Schweigen ist viel wichtiger als das Sprechen.

Deshalb sind auch die euch gegebenen Übungen wichtiger als die informierenden Vorträge der Engel. Diese haben ihre gute Wirkung nur, wenn – und weil – sie eingebettet sind in praktisches Üben. Üben bringt mehr als Bücherlesen und Bücherschreiben. Das bloße Wissen ohne die Übungen hätte nicht dieselbe Wirkung.

Der Hohelehrer: Ich möchte noch ein Wort zur Ergänzung sagen. Wird ein Engel aus den Hierarchien zur Linken – gleich welcher Stufe – überzeugt, so bittet er sofort um Aufnahme in die rechte Hierarchie. Eine solche Bitte wird niemals abgeschlagen.

Irminrad/Irminrod: Wir steigen heute nicht weiter hinauf. Ich möchte aber noch einmal die Antworten auf die Frage zusammenstellen: Wie geht man mit den Hierarchien zur Linken um, um sie in Distanz zu bringen oder zur Erlösung zu führen?

1. Den Doppelgänger nimmt man liebevoll am Arm und gebietet ihm dann, zurückzutreten und sich still zu verhalten. Vor allem aber hält man seine eigenen Innenräume in Ordnung. Dann kann man ihm Energien

abgeben, ohne dass er versuchen muss, in sie einzudringen.
2. Die gefallenen Schattenengel kann man in einer »Erlösungsarbeit« (über die ihr später unterrichtet werdet) an die inneren Räume heranführen und sie dort mithilfe der Engel hinlenken zum Licht. Wichtig ist zu verstehen, dass sie sich einsam, traurig und verlassen fühlen.
3. Gefallene Erzengel könnte man theoretisch zu den rechten Hierarchien hinführen, indem man sie mit Argumenten überzeugt – das gelingt aber in der Regel nicht. Einige Heilige haben sich das zur Aufgabe gemacht. Es ist aber keine Aufgabe für euch.
4. Mit gefallenen Archai nicht theoretisieren. Vielmehr gilt es, die Welt der Urbilder in sich aufzunehmen und nach außen ausstrahlen zu lassen, ein Paradies um sich herum zu schaffen.

Wenn ihr wollt, könnt ihr noch Fragen stellen.

Was ist aus Luzifer geworden? Stimmt es, dass er inzwischen erlöst ist?

Er hat sich überzeugen lassen – von einigen Heiligen und Engeln. Er bat um Aufnahme in die rechte Hierarchie, und einer solchen Bitte wird, wie euch der Hohelehrer gesagt hat, immer stattgegeben. Doch ein anderer hat seinen Platz eingenommen und wirkt in seinem früheren Sinne.

Was meint die Überlieferung mit »Teufel« und »Satan«?

Ihr sollt die Namen dieser Wesen nicht aussprechen, auch nicht die Namen, mit denen verschiedene Meister von ihnen gesprochen haben. Denn das Aussprechen hat Wirkungen: Es wirkt wie ein Brief, der einen mit dem Adressaten in Verbindung bringt.

Da eben von politischen Ideologien die Rede war – gibt es einen Zusammenhang zwischen »linken« und »rechten« Ideologien einerseits und den linken und rechten Hierarchien andererseits?

Nein, dieser politische Sprachgebrauch hat rein historische Gründe. Es gibt hier wie dort lichte und dunkle Elemente und Einflüsse aus beiden Hierarchien. Der Himmel fragt nicht, zu welcher politischen Richtung einer gehört, sondern welche Elemente und Einflüsse jeweils überwiegen. Man findet es allerdings interessant und auch amüsant, dass der Sprachgebrauch »links« und »rechts« bis in diese Ebenen hineingetragen ist. Es ist aber nicht so, dass die politischen »Linken« mehr als die »Rechten« Handlanger der Hierarchien zur Linken wären. Es gibt zwar politische Ideen und politische Systeme, die den Doppelgängern und diesen Hierarchien den Zugriff erleichtern. Aber es gibt in allen politischen Richtungen und in jedem politischen System Schwachstellen, die sie nutzen können. Auch die beste Staatsorganisation vermag ihre Einwirkungsmöglichkeiten nicht auszuschließen.

Zum Abschluss noch einmal einige Mahnungen: Unternehmt niemals Reisen zu den linken Hierarchien, etwa um Informationen über einen Coup oder Anschlag zu bekommen oder Theorien zu hören, die ihr dann widerlegen wollt. Fragt sie nie direkt. Richtet eure Fragen an mich (Irminrad/Irminrod), an eure Schutzengel und Führungsengel oder an Heilige.

Ferner: Man kann bei den linken Hierarchien, die den Engeln und Erzengeln entsprechen – nicht bei denen, die den Archai entsprechen –, die Szene betrachten, aber nur aus der Entfernung, nur in sicherer Begleitung und nur hinter einem Schutzschild. Wenn ihr das tun wollt, geht zu eurem Schutz zunächst in die innere Kapelle oder in einen anderen der Innenräume, wo ihr auch sonst häufig hingeht. Dann könnt ihr um Wächter und Hüter bitten, zum Beispiel mich (Irminrad/Irminrod), wie vorgestern (vgl. 24.7.1995) besprochen. Achtet darauf, was für ein Zeichen ich euch gebe, schaut zu mir, fragt mich, hört mir zu und folgt meinen Weisungen.

Kannst du denn bei mehreren gleichzeitig sein?

Ja, natürlich.

Also: Unternehmt im Umgang mit den Hierarchien zur Linken niemals etwas eigenmächtig. Sie sind sehr gefährlich, unterschätzt das nicht.

Nun geht in die innere Kapelle, und wenn ihr wollt, ladet mich dorthin ein: Ich möchte euch den Platz zeigen, an dem ihr mich immer finden könnt. Wir machen dann ein Zeichen aus, mit dem ich euch warnen kann. Ich danke für Geduld und Mut.

Der Hohelehrer: Noch ein Wort. Nehmt die Warnungen vor dem Gebrauch der Namen der dunklen Wesen ernst. Schützt vor allem die Kinder; gebraucht diese Namen niemals in ihrer Gegenwart. Und bedenkt: Auch in geschriebener Form haben diese Namen die Wirkung, einen unerwünschten Kontakt zu ihren Trägern herzustellen. Aus diesem Grunde gab es früher in manchen Klosterbibliotheken den Brauch, Bücher, die von den dunklen Wesen handelten, separat aufzubewahren und nur zu Studien- und Arbeitszwecken zur Verfügung zu stellen. Ich rate euch, solche Bücher nicht in euren Wohnräumen und vor allem nicht im Schlafzimmer stehen zu haben, sondern nur im Arbeitszimmer, und auch das nur, soweit man sie ständig benutzt. Ihr braucht solche Bücher natürlich für die Arbeit, jedenfalls solche, die nicht nur von den dunklen, sondern auch – und überwiegend – von den lichten Wesen handeln.

Es ist aber eine Sache, ein Buch zu lesen und aus ihm Erkenntnisse zu ziehen, und eine andere, sie ungelesen ständig um sich zu haben.

Ihr sollt dem, was in verschiedenen Büchern über die dunklen Wesen gelehrt wird, nicht ausweichen, ihr könnt es aushalten und damit vernünftig umgehen. Aber der Umgang damit ist und bleibt gefährlich, und zwar nicht nur der bewusste Umgang, sondern auch die meist unbewusst bleibende indirekte negative Wirkung, die von den Büchern ausgeht, die man nur bei sich stehen hat. Mein Rat ist, dass ihr euch dieser Wirkung nicht unnötig und vor allem nicht dauerhaft aussetzt. Was man an Lektüre solcher Art nicht täglich braucht, packt man besser in Kartons und stellt sie in einem Raum ab, wo man zwar leichten Zugang behält, aber diesen Einflüssen nicht permanent ausgesetzt ist. Das gilt besonders für Menschen, die krank und destabilisiert sind.

Es ist ratsam zu wissen, welche Bücher man um sich hat, wie man ja auch auswählt, mit welchen Menschen, mit welchen Pflanzen, Tieren, Kleidern, Möbeln, Bildern man sich umgibt.

Märchenbücher sind nicht gefährlich; wo dort dunkle Wesen auftauchen, werden sie nicht beschrieben und nicht berufen. Aber schon mit den »Faust-Büchern« bewegt man sich am Rande einer nicht ganz unbedenklichen Gefahrenzone. In der Heiligen Schrift tauchen die Namen zwar auch auf, aber dort innerhalb eines heiligen Raumes, der eine schädliche Wirkung ausschließt. Im Gegenteil: Es gibt gegen diese Wirkung kaum einen besseren Schutz, als die Bibel ständig aufgeschlagen im Zimmer liegen zu haben: Wo sie offen daliegt, schafft das einen heiligen Raum.

Nun bitte ich euch, die diesem Thema gewidmete Stunde damit abzuschließen, dass ihr laut den 23. Psalm betet:

Der HERR ist mein Hirte,
mir wird nichts mangeln.
Er weidet mich auf einer grünen Aue
und führet mich zum frischen Wasser.
Er erquicket meine Seele.
Er führet mich auf rechter Straße um seines Namens
 willen.
Und ob ich schon wandere im finstern Tal,
fürchte ich kein Unglück;
denn Du bist bei mir.
Dein Stecken und Stab trösten mich.
Du bereitest vor mir einen Tisch
im Angesicht meiner Feinde.
Du salbest mein Haupt mit Öl
und schenkest mir voll ein.
Gutes und Barmherzigkeit werden mir folgen mein
 Leben lang,
und ich werde bleiben im Hause des Herrn immerdar.

Samstag, 29. Juli 1995

Naturgeister zur Linken

Ein Michaelsengel: Die Naturgeister zur Linken heißen die »Unerwünschten« oder die »Unwürdigen«. Agar hat den Unterricht abgelehnt, weil das eine Zumutung für ihn wäre. Naturgeister mögen mit den Unerwünschten nichts zu tun haben, nicht einmal darüber reden, weil sie schon das in Verbindung mit ihnen bringen würde. Deshalb übernehme ich den Unterricht.

Es geht bei den Naturgeistern zur Linken nicht so schlimm zu wie bei den Hierarchien zur Linken. Es gibt bei ihnen keine eigenmächtige Auflehnung, und zwar auf keiner Stufe ihrer Hierarchie. Naturgeister zur Linken sind nicht »abgefallen«, nicht »aufständisch«, nicht »unmoralisch« oder dergleichen. Aber Naturgeister können sich von Menschen, die im Dienst der Hierarchien zur Linken stehen, begeistern und neugierig machen lassen. Wenn sie mit solchen Menschen arbeiten, werden sie zu Unerwünschten. Alle linken Naturgeister sind durch menschliches Wirken dazu geworden. Allein der Mensch entscheidet, ob ein Naturgeist zu den Linken übergeht.

Es hat Menschen gegeben, die magische Fähigkeiten zu dunklen Machenschaften missbraucht und die Naturgeister so eingesetzt haben, dass sie zu Unerwünschten wurden. Das geschieht immer, wenn die Motive der Menschen, die die Naturgeister einsetzen, linksseitig orientiert sind – also an Macht, an Besitz, am Ego orientiert. Die Naturgeister sind neugierig. Sie sind, wie sie sind. Sie lernen dunkle Arbeit ebenso wie lichte, sie lernen vergiften ebenso wie heilen oder zur Heilung beitragen, sie lernen verfluchen ebenso wie segnen. Denn Menschen sind ihre Vorbilder, sie blicken zu ihnen vertrauensvoll auf. Sie sind für sie, was für euch die Engel sind.

Wenn ihr menschlicher Meister stirbt, leben sie fort und arbeiten im Namen dieses Menschen weiter. Von selbst kommen sie nicht auf die Idee, sich in den Dienst des Bösen zu stellen, man muss es sie lehren. Sie finden den Weg zurück, wenn andere Menschen kommen und sie lehren, dass sie nicht auf dem richtigen Weg waren. Die Kirche bittet zwar für arme Seelen, damit ihnen Licht zuteil werde. Aber sie bittet bisher noch nicht darum, die verirrten Naturgeister auf den lichten Weg zu führen. So tun sie immerfort weiter, was sie gelernt haben.

Naturgeister wissen von sich aus nicht, was gut und schlecht ist. Man muss sie aufklären.

Eine ihrer Arbeiten ist, Krankheitserreger hervorzubringen, eine andere: zu vergiften oder sonst zu zerstören. Wenn man sie das lehrt, meinen sie, das sei richtig so. Zum Beispiel sind sie unterrichtet in der Waffenproduktion. Wenn Menschen einmal aufhörten, Waffen zu produzieren, so würden die Naturgeister auf ihre Weise weitermachen.

Bei den Unerwünschten gibt es keine feststehenden Hierarchien. Jeder wird das, von dem er meint, dass es ihm zustehe, oder was Menschen ihm an Kompetenzen zugeteilt haben. Es geht alles ziemlich wild durcheinander.

Naturgeister lernen nicht nur von Menschen mit magischen Fähigkeiten und Möglichkeiten, diese sind nur besonders potent. Überall, wo Menschen mit linksseitiger Motivation wirken, lernen sie von ihnen. Je größer die Zahl solcher Menschen, desto größer ist die lehrende Wirkung auf die Naturgeister. Sie beobachten, wie solche Menschen leben, arbeiten, denken und fühlen, und ahmen sie nach. Sie suchen sich in ihren Künsten zu vervollkommnen, denn der Mensch ist für sie ein Vorbild. Finden sich in einer Großstadt zum Beispiel Banden, die hasserfüllte Kleinkriege führen, so lernen die Naturgeister das von ihnen und führen es fort. Jeder Mensch, der dort wohnt oder arbeitet, sollte wissen: Er hat nicht nur mit Menschen, sondern auch mit Naturgeistern zu leben.

In den Slums der Großstädte haben Menschen ihnen gezeigt, wie man Menschen verkommen lässt. Wenn man nun versucht, eine gewisse Ordnung und Lebensqualität in die Stadt zu bringen und für Umweltschutz zu sorgen, wird das vergeblich sein, wenn nicht zugleich die Naturgeister erzogen werden. Sie werden alles tun, um den alten Zustand wieder herzustellen.

Es gelten zwei Regeln:

1. Menschlicher Einfluss auf die Naturgeister ist sehr hilfreich.
2. Ohne dass die Naturgeister mitmachen, gibt es keine Verbesserung. Wenn man zum Beispiel ein Stadtviertel mit besonders hoher Kriminalität räumen und neu besiedeln würde, entstünde mit ziemlicher Wahrscheinlichkeit bald der alte Zustand wieder: Die Kriminalität hängt schwingungsmäßig in den Straßen, Höfen und Ecken.

Nicht nur Naturgeister, auch ihre Könige kann man »anlernen«. Es gibt Menschen, die sich für böse Zwecke einen König gesucht und sich zum Gesellen gemacht haben.

Dieser gibt dann sein Wissen und seine Wirkungsweise an sein ganzes Volk weiter. So entsteht eine potenzierte Wirkung.

Sogar Elementargeister kann man anlernen und für böse Zwecke einsetzen. Jedes Element lässt sich schädlich einsetzen, sodass Menschen oder ein Teil der Natur darunter leiden. Wenn Naturgeister auf der Ebene der Elementargeister linksseitig orientiert sind, entsteht Unordnung in den elementaren Bereichen. Es kommt dann zum Beispiel zu Vulkanausbrüchen, Überflutungen, Stürmen, Trockenzeiten, übermäßigen Schneefällen und Regenzeiten, Sandstürmen und anderen Verwüstungen. Wenn Elementargeister einst bei Alchimisten von links fleißig gelernt haben und viel können, können sie jetzt – in einem reziproken Prozess – Einfluss auf Forschung und Wissenschaft nehmen, vorausgesetzt, dass diese nicht fest in den lichten Hierarchien verankert sind.

Für Naturgeister – wie ja auch für viele Wissenschaftler – hat die Wissenschaft nichts mit Ethik oder Moral zu tun. In der Tat geht es in der Ethik und Moral ja nicht um die Theorie, also nicht etwa darum, den Theoretikern das Forschen zu verbieten oder die Veröffentlichung unter Zensur zu stellen, vielmehr geht es um ihre Umsetzung in die Praxis. Dann ist die Anbindung an den Herrn die Voraussetzung dafür, dass die Ergebnisse der Wissenschaft nicht den linken Hierarchien in die Hände fallen. Gegen das Wissen um die Atome und Atomkerne ist nichts einzuwenden, wohl aber gegen die Atombombe. Für die Naturgeister ist aber auch die praktische Umsetzung moralisch indifferent, und nur für diese haben sie Interesse. Es interessierte sie zum Beispiel, dass das Schwarzpulver etwas bewegen kann – ob ein Feuerwerk oder eine Kanonenkugel, war ihnen gleich, das sind für sie einfach nur zwei Nutzungsweisen. Theorien lernen sie nicht, sondern nur, wie man sie in die Praxis umsetzt.

In dieser Hinsicht sind Naturgeister sehr gelehrig und gebildet. Sie sind in der Lage, den Forschern allerlei vorzugaukeln, zum Beispiel fehlerhafte Messungen zu bewirken – zum Teil mit verheerenden Folgen. Gar manche »Forschungsergebnisse« sind ein Schabernack von solchen Naturgeistern. Sie bewirken zum Beispiel, dass Grenzwerte oder Verbrauchswerte falsch angegeben werden. Werden die Messwerte verzerrt, so können aus an sich guten Maßnahmen schlechte werden.

Eine Folge solch unheilvollen Wirkens der Unerwünschten ist zum Beispiel, dass Penizillin – an sich eine gute Sache – zu häufig und zu drastisch eingesetzt wird. Auch bei anderen – an sich guten – hygienischen Maßnahmen sind größtenteils die verschriebenen Mengen verfehlt, zum Beispiel sind die Wirkstoffmengen in Tabletten oft zu hoch.

Die Elementargeister nach links ausrichten heißt, ihre Kooperation mit den anderen zu unterbinden und ihnen einzureden, sie seien darauf nicht angewiesen. Dann überheben sie sich und stiften Schaden. Alle Elemente sind gleich wichtig, und ein Element höher zu lieben als die anderen führt zur Eigenmächtigkeit der betreffenden Elementargeister. Wenn Menschen ein Element für wichtiger halten als die anderen – wie es Thales, Anaximander und Heraklit taten –, so ist das schon im Ansatz verfehlt. Menschen sollten sich vor solchen Gedanken hüten.

Agar schaltet sich ein: Bedenkt aber, dass ihr uns an eurer Seite habt. Wenn man sich mit den Naturgeistern zur Linken auseinander setzen möchte, ist es wichtig, von guten Naturgeistern umgeben zu sein. Es genügt nicht, den linken Naturgeistern nur zu predigen, sondern man muss gute Naturgeister mitbringen und zeigen, wie glücklich sie sind. Naturgeister haben ein feines Gefühl für Stimmigkeit. Man sollte mit den linken Naturgeistern vor Ort ein regelrechtes Treffen verabreden und die eigenen Naturgeister zu diesem Treffen mitbringen. Dann kann man ihnen erzählen, wie sie schaden, auch sich selbst, und ihnen zeigen, wie es anders geht. Wollt ihr sie zum Guten wenden, so sagt ihnen: Um der Menschen willen tut das und das nicht. Sie sind zwar nicht in sich moralisch: Sie können ein Kind küssen oder schlagen – je nachdem, was ihr ihnen sagt. In beiden Fällen geht es ihnen nur um das »Können«. Für sie sind Menschen aber nicht nur Vorbilder, die sie nachahmen, sondern sie können sich auch belehren lassen.

Danach sollte man ihnen Zeit einräumen, damit sie sich untereinander beraten und abstimmen können. Dann werden sie Abgesandte schicken, die berichten, wie die Abstimmung ausgegangen ist.

Gilt dort auch das Mehrheitsprinzip?

An sich ja, aber tatsächlich geht es dort ziemlich tumultös zu. Diejenigen setzen sich durch, die die lauteste Stimme, die längeren Arme, die schnelleren Beine haben, die flinker und sichtbarer da sind und lauter schreien. Trotzdem: Respektiert das »Abstimmungs«-Ergebnis, wie immer es ausfällt. Auch der Himmel respektiert die Freiheit der Naturgeister.

Ist das Abstimmungsergebnis negativ, trefft eventuell eine neue Verabredung. Ist es positiv, so gibt es ein großes Fest. Sie werden beteuern, dass sie nie bewusst etwas Böses tun. Haben sie begriffen, dass das, was sie von ihrem früheren Lehrer gelernt haben, böse war, wollen sie diesen verfluchen. Dann könnt ihr sie darüber belehren, dass das auch wiederum schlecht wäre.

Fragt sie: Wisst ihr, was ihr nun tun wollt? Meist wissen sie es nicht genau. Dann schicken sie einen zu euch in die Lehre – als »gute Magier«. Ihr werdet Lehrlinge haben –

jedenfalls auf der Ebene der Naturgeister. Nehmt das ernst. Ihr solltet den Naturgeistern nicht etwa sagen: Macht, was ihr wollt.

Agar: So, jetzt habe ich die Nase voll, ich mag nicht mehr. Es reicht.

Sonntag, 30. Juli 1995

Der Weg des Schülers

Es erscheint wieder der Andreasengel (vgl. 12.3.1995). Es steht noch ein wichtiges Thema an: der Weg des Schülers von einem Kreuz zum anderen, vom Kreuz des Schülers in Form eines großen X zum Kreuz des Herrn: †.

1. Ihr beginnt mit dem X = Kreuz, das heißt, es geht darum, alle vier Hierarchien zu kennen, oben und unten, rechts und links: die Engel und die Naturgeister, die lichten und die Schattenwesen. Es geht um das Wahrnehmungs- und Empfindungsvermögen dafür, wann sie in der Nähe sind, wie sie sich äußern und wie sie arbeiten. Und es geht um die Fähigkeit, mit ihnen in der jeweils angemessenen Weise in bewussten Kontakt zu treten. Stellt euch in der Form des Andreaskreuzes auf, das heißt mit schräg erhobenen Armen, die Handflächen nach außen, und mit auseinander gestellten Füßen. Nehmt nun zunächst die zwei Ströme wahr, die von oben nach unten gehen. Von vorn gesehen:

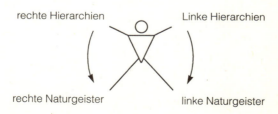

Es gilt, beide Ströme zu kennen, sie in der richtigen Weise zu spüren. Sie laufen nicht durch euch selbst hindurch, sondern rechts und links an euch entlang wie zwei Säulen, so zwar, dass ihr sie deutlich wahrnehmen könnt, aber doch außerhalb von euch. Es ist die Gefahr zu vermeiden, dass ein Strom von links oben nach rechts unten durch euch hindurchgeht, das heißt dass die Hierarchien zur Linken über den Menschen Einfluss auf die guten Naturgeister gewinnen.

Die Möglichkeit eines Stromes von links unten nach rechts oben besteht nur theoretisch, die Menschen können ihn nicht herstellen. Angenommen, ein Mensch zieht in ein Gebiet, wo linke Naturgeister wohnen, erfindet mit ihrer Hilfe irgendwelche Neuerungen und will diese dann dem Himmel andienen: Es wäre vergeblich. Der Himmel hörte gar nicht darauf.

Je nachdem, wie der Schüler ausgerichtet ist, eher links oder eher rechts, ist der eine oder der andere Strom stark, bei eurer Gruppe eher der rechte. Jetzt geht es für euch aber darum, auch den linken Strom zu erleben, zu erfahren, zu erfühlen. Wer das nicht kann, kommt nicht voran. Du kannst schließlich auch nicht nur mit dem rechten Bein gehen. Beide Körperhälften werden gebraucht. Es geht natürlich nicht darum, Sympathie für die Linken zu entwickeln oder sich gefühlsmäßig an sie zu binden, sondern nur darum, das Wahrnehmungsvermögen zu schulen: Wie fühlen sie sich an? Wie ist ihre Arbeitsmethode?

2. Fortgeschrittene Schüler können nun den Strom auch von Arm zu Arm und von Bein zu Bein fließen lassen. Stellt euch wieder in Form des Andreaskreuzes auf, wendet aber die Handflächen nach innen und lasst den Strom von der rechten zur linken Hand fließen, sodass über euch ein Torbogen entsteht. Dieser bedeutet: Ihr macht

die rechten Hierarchien aufmerksam auf die Gefahren von links: Schaut mal, die sind auch da. Die linken führt ihr ins Licht. Überzeugt sie, indem ihr ihnen das Bild des Guten vorlebt: Kommt herüber, schaut wie schön es ist im Licht.

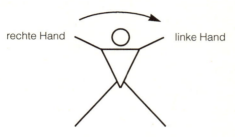

Und ebenso bei den Naturgeistern: Ihr macht die guten mit den linken bekannt und führt die linken zu den guten hinüber. Der Strom geht von Fuß zu Fuß durch den Boden, doch von links nach rechts.

Nun entsteht ein zusammenhängender Strom, der rechts und links, oben und unten verbindet und der, beginnend rechts oben, das Licht der himmlischen Hierarchien durch die linken Hierarchien und die beiden Reiche der Naturgeister hindurch und wieder nach oben wandern lässt. Das X füllt den Raum aus; der Mensch ist von dem Strom umgeben.

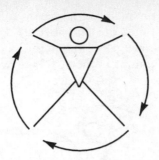

3. Eine weitere Stufe des Fortschritts ist die Bildung eines Kreuzes, das heißt, der Strom fließt von rechts oben nach links unten und von rechts unten nach links oben.

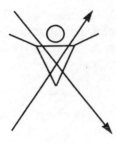

Der Mensch ist dann nicht nur Brücke, sondern Kontaktstelle, wo sich die Linien treffen. Das verlangt schon eine gewisse Meisterschaft.

4. Die vierte Stufe ist die des wirklichen Meisters. Lasst die Arme seitlich hängen, stellt die Füße zusammen und vereinigt die beiden Säulen rechts und links in einen durch euer Scheitel-Chakra nach unten in die Erde verlaufenden Strom. Das bedeutet, ihr vereinigt die linke mit der rechten Strömung so, dass sie eine Linie bilden, von den himmlischen Hierarchien zu den Naturreichen:

Das heißt, der Meister nimmt vorweg, dass die Aufgaben aller Hierarchien zu einer verschmelzen; mit anderen Worten: Die linken sind erlöst. Die Erlösung wird kommen, daran gibt es keinen Zweifel.

5. Die Aufgabe des Menschen ist aber letzlich, die Vertikale an Raum und Zeit, das heißt in die Horizontale weiterzugeben. Steht aufrecht mit geschlossenen Füßen und breitet die Arme waagerecht aus, sodass sich ein Kreuz aus Vertikale und Horizontale bildet:

Durch die Vertikale allein würdet ihr nicht mehr auf der Erde gehalten. Ihr stündet da wie ein Säulenheiliger oder wie ein Yogi: Es geschähe zwar etwas auf der spirituellen, aber nicht auf der irdischen Ebene. Es kommt jedoch darauf an, dass ihr auf der Erde verwurzelt seid und euch nicht aus der Welt zurückzieht, sondern den Himmel zu ihr hin vermittelt: Wie im Himmel, so auf Erden.

Ihr erkennt den wahren Meister daran, dass er von der endgültigen künftigen Erlösung überzeugt ist. Sonst kann er die Vertikale nach oben nicht vollziehen. Der Meister ist überzeugt von der Allmacht und Allgüte des Schöpfers, und zwar unbegrenzt, das heißt, er ist überzeugt vom endgültigen Sieg des Lichts, von der Vereinigung aller, auch der linken Hierarchien im Licht. Er ist überzeugt von der künftigen Einheit der ganzen Schöpfung, das heißt von der einen einzigen Vertikalen. Doch eben dazu muss der Meister zugleich die Horizontale begreifen und leben. Er ist ganz und gar präsent, wo er ist, in Raum und Zeit, zugleich aber jederzeit in der Lage, Raum und Zeit zu verlassen. Meint nicht, jeder dieser Schritte sei gleich einfach.

Agar: Aus der Sicht der Naturgeister gleicht der Mensch einem wandelnden, herumrollenden Engerling mit abgeknickten Ärmchen und Beinchen. Für die Naturgeister haben nur wenige Menschen richtige Arme und Beine, stattdessen Stummel. Menschen sehen für sie komisch aus, völlig unproportional: mit riesigem Leib, aufgeblasenen Köpfen, wenig Hals, kaum Armen und Beinen.

Beginnt ihr, spirituell zu arbeiten, das heißt, werdet ihr Schüler, so sieht das für die Naturgeister so aus: Der Mensch räkelt sich, berührt den Boden mit richtigen Füßen und beginnt, die Arme (das heißt die Energiefelder) zum Himmel auszustrecken. Beginnt er Fortschritte zu machen, sieht er aus wie mit überlangen Armen und Beinen. Erreicht er die Stufe der Demut und des Vertrauens, so bildet sich langsam die normale Proportionalität, und es entstehen die halbmondartigen Ströme, das heißt, der Mensch wird zur Brücke, und zwar zur doppelten Brücke zwischen oben und unten und zwischen rechts und links. Schließlich stabilisiert sich diese Brückenfunktion, sie wird beständig; das ist sehr selten.

Wenn der Mensch das erreicht hat, ist er meist alt und stirbt. So ist die Sicht der Naturgeister. Das ist unsere Retourkutsche dafür, dass wir für euch so komisch aussehen.

Gibt es in der nächsten Inkarnation eine Anknüpfung an die erreichte Stufe?

Agar: Das kommt darauf an, wie tief und wie lange die Seele geschlafen hat und ob in der Kindheit Spuren gelegt werden, die ihn später wieder auf den Weg der Schülerschaft führen. Solche Spuren legen die Eltern in der religiösen Erziehung, im Beten, im Feiern der heiligen Feste. Es gibt aber auch die Wachrufaktionen der Engel und Naturgeister. Wir Naturgeister zwicken und zwacken die Kinder, damit sie aufwachen. Die Kinderkrankheiten dienen dem Zweck des Erwachens, auch die typischen Pubertätskrankheiten sind ein Versuch, die Menschen wach zu kriegen.

Es ist deshalb nicht gut, auf die Krankheiten mit Schreck und Ablehnung zu reagieren und sie mit Antibiotika zu bekämpfen; man klatscht damit zugleich die Aufweckimpulse nieder. Gewiss ist es wichtig, alles zu tun, um eine Gefährdung zu vermeiden. Kinderkrankheiten, die von allein vorübergehen und keine Folgeschäden hinterlassen, sollte man aber wie hilfreiche und unbedenkliche Fieberschübe geschehen lassen. Sie sind Schritte in der Entwicklung und Reifung des Kindes, nicht anders als der Zahnwechsel oder die Pubertät, die ja auch kein Unglück darstellt, sondern eher Freude auslöst und in anderen Kulturen mit Ritualen gefeiert wird wie ein Geburtstag.

Ist der junge Mensch bis zu seinem 18., 19., 20. Lebensjahr wachgerüttelt worden, dann wird er später, wenn er an die 30 oder spätestens 40 Jahre alt ist, auf den Spuren, die in seiner Kindheit gelegt worden sind, den Weg zur

Schülerschaft gehen können. Darauf kann man dann ruhig warten. Es macht nichts, wenn der junge Mensch in seinen Zwanzigerjahren sein Wissen vom Himmel zunächst verlernt und sich der Welt zuwendet: der Ausbildung, dem Beruf, der Arbeit, der sozialen Einordnung, der Familiengründung, der materiellen Sicherung, dem Sammeln irdischer Erfahrungen. Das alles wirkt zwar nicht spirituell: Der Tag des Sterbens ist noch fern, der Himmel ist weit, sein Hauptthema ist die Erde. Ist der Mensch aber in der Kindheit und frühen Jugend aufgerüttelt worden, so sind die Spuren gelegt, und er wird später mit ziemlicher Wahrscheinlichkeit richtig aufwachen.

Wenn die Menschen im Kindheitsalter nicht aufgewacht sind, wird es im Erwachsenenalter schwieriger, ist aber immer noch möglich. Das Wiedererwachen gelingt bei Frauen am ehesten, wenn sie schwanger werden, bei Männern, wenn sie beginnen, in ihre Vaterrolle hineinzuwachsen, wenn sie zum Beispiel beginnen, sich Gutenachtgeschichten einfallen zu lassen, das Gesicht des Kindes anschauen und eine persönliche Beziehung zum Kind aufbauen.

Der Andreasengel: Am besten wird der Aufwachprozess der Kinder allerdings durch das Vorbild der Eltern angeregt. Dann können die Kinder später, wenn sie erwachsen sind, darauf zurückgreifen. Das beste Beispiel geben Eltern den Kindern durch ihr religiöses Leben. Dazu gehört auch eine natürliche Umgangsweise mit den Hierarchien. Davon sollten auch die Hierarchien zur Linken nicht ausgeschlossen sein. Wenn Kinder zum Beispiel Albträume haben wegen eines Besuchs aus der Hierarchie zur Linken, sollten sie ihnen unverkrampft erklären, was vorliegt, allerdings ohne die Linken bei ihrem Namen zu nennen. Wie man sie aufklärt über Heil- und Giftpflanzen, so sollte man sie auch aufklären über die Hierarchien zur Rechten und zur Linken.

Und was die Naturgeister betrifft, so sollten die Eltern den Kindern den natürlichen Umgang mit ihnen vorleben. So wie sie sich um die Haustiere kümmern und mit ihnen reden, so sollten sie es auch mit den Naturgeistern tun und die Kinder daran gewöhnen, dass die Naturgeister mit im Hause wohnen, dazugehören und an ihrem Leben teilhaben.

Zum Abschluss möchte ich noch einmal zusammenfassen, was Schülerschaft im Strahl des Andreas bedeutet: Sie beginnt damit, dass man überhaupt am Himmel interessiert ist und sich auf den spirituellen Weg begibt. Man sucht einen Meister, beginnt zu lernen und das Gelernte umzusetzen. Man lernt vor allem, dass es nicht in erster Linie auf das Wissen, sondern auf das Tun und Üben ankommt, auf das, was man selbst repräsentiert und durch sein Sein darstellt. Schließlich kommt der Schüler dahin, dass er sich in allen Zeiten und Räumen frei bewegen kann, wie der Hohelehrer. Und dann erfährt er, dass er noch immer ein Schüler ist und es immer bleibt, wie sich ja auch der Hohelehrer selbst als Schüler empfindet. Und er wird, wie dieser, nichts anderes mehr wollen, als all sein Wissen und Können in den Dienst der Heiligen Trinität zu stellen, das heißt mit all seinem Licht und all seiner Liebe daran mitzuarbeiten, dass die Schöpfung dereinst heimkehrt zum Vater.

Agar: Dies ist das Ende des ersten Durchgangs durch die dritte Triade, das heißt durch die Hierarchie der Engel, der Erzengel und der Archai und ihrer Entsprechung in den Naturreichen. In den kommenden Stunden werdet ihr weiterschreiten zur zweiten und zur ersten Triade, nicht nur, um euren Horizont zu erweitern, sondern auch, um zu üben, wie man mithilfe dieses Wissens im Dienste des Himmels praktisch zu wirken vermag. Macht zügig weiter, damit ihr nicht sterbt, bevor es richtig interessant wird!

(Agar winkt uns zum Abschied zu und wendet sich im Gehen noch einmal um:) Aber vergesst die Erde nicht, und vergesst nicht, euch des Lebens zu freuen. Ihr habt jetzt Grund zum Feiern. Also nutzt den Anlass und feiert ein fröhliches Fest!

Nachwort

von Martin Kriele

I. Zum Dolmetschen der Engelsprache

Alexa, die nach außen als die Autorin dieses Buches auftritt, ist nicht sein eigentlicher Urheber, und noch weniger ist es ihr Ehemann Martin, der nur Fragen gestellt und den Text protokolliert hat. Wir haben bei weitem das meiste selbst nicht gewusst, und das Wissen wäre uns auch bei eifrigem Studium in den Bibliotheken nicht erreichbar gewesen. Was wir wiedergeben, ist ein Kursus, den uns verschiedene Engel und andere himmlische Wesenheiten in geplanter Abfolge der Themen und gelenkter Zusammenarbeit gegeben haben, und zwar mit dem Auftrag zur Veröffentlichung. Alexa hat das Gesagte »gedolmetscht«.

Ihre Tätigkeit kann man sich vorstellen wie die einer Simultanübersetzerin. Die Engel sprechen in Gestalt von »Schwingungen«, die von Menschen aller Sprachen vernommen und verstanden werden können. Alexa sucht für das Gesagte Satz für Satz den adäquaten Ausdruck. Die Fragen, die Martin oder auch Gäste stellen, brauchen nicht »übersetzt« zu werden. Sie werden von den Engeln unmittelbar verstanden. Diese Form des Engelkontakts erlaubt das Wechselgespräch, und zwar nicht nur die Rückfrage: »Habe ich das so richtig verstanden?«, sondern auch das Anbringen von Zweifeln, zum Beispiel: »Wie vereinbart sich das mit dieser und jener Aussage oder Bibelstelle?« – und die Bitte um klärende und ergänzende Darlegungen.

Die Engel sind auf die Fragen meist bereitwillig eingegangen. Taten sie es ausnahmsweise nicht, so haben sie das begründet, zum Beispiel weil das Thema jetzt nicht beiläufig angeschnitten, sondern in späteren Zusammenhängen ausführlich dargelegt werden soll oder weil zuvor noch einige Grundlagen zu legen sind. Sie bestimmten die Themen oder schlugen sie vor, auch wenn wir nicht nach ihnen gefragt hatten, weil wir ihre Bedeutsamkeit für den Gesamtzusammenhang noch gar nicht überschauen konnten.

Martin hat nachher den Text in korrektes Schriftdeutsch gebracht, ohne ihn inhaltlich zu verändern. »Eine Rede ist keine Schreibe«, wie man zu sagen pflegt. Alexa musste den treffendsten Ausdruck mitunter erst suchen. Und auch die Engel entwickeln den Gedanken, während sie schon sprechen, das heißt sie verbessern, wiederholen oder präzisieren ihn, korrigieren Alexas Übersetzung, machen auch mal Gedankensprünge, kommen auf schon abgeschlossene Aussagen zurück, um sie zu erläutern oder zu ergänzen. Eine behutsame Textredaktion war deshalb unvermeidlich, doch war ihr einziges Ziel die zuverlässige Wiedergabe der gegebenen Darlegungen ohne eigene Einmischung. Der Text wurde alsdann dem Hohelehrer (vgl. S. 34) noch einmal vorgelegt. Dieser hat ihn überprüft, hier und da korrigiert, durch klarere Formulierungen verbessert und – zum Teil wesentlich – erweitert. Außerdem hat Martin – so sparsam wie möglich – einige erläuternde Fußnoten und Textverweise angebracht.

Das »Dolmetschen« der Engelsprache unterscheidet sich wesentlich von »Mediumismus«, »Chanelling«, »Durchsagen« und ähnlichen Formen der Übermittlung, bei denen sich ein Geistwesen eines Menschen als eines Instruments bedient. Die Präsenz des Ich und die Klarheit des Tagesbewusstseins sind in keiner Weise herabgedämpft. Zwar pflegt Alexa während der Engelgespräche die Augen geschlossen zu halten. Das ist aber kein Ausdruck eines »Trance«-Zustands oder eines sonstigen herabgedämpften oder hypnoseähnlichen Bewusstseinszustands, sondern hilft im Gegenteil zur inneren Wachheit und Konzentration. Diese erwarten sie sowohl von Alexa als auch von den Fragestellern, in denen sie mitdenkende Gesprächsteilnehmer sieht.

Die Engel haben jedenfalls mehrfach zum Ausdruck gebracht, dass ein »Mediumismus«, bei dem sie einseitig die Sprechenden sind, während die Menschen passiv Botschaften empfangen, dem freien Menschen nicht angemessen ist, schon gar nicht dem heutigen, durch Aufklärung und Wissenschaft hindurchgegangenen Menschen. Ein solcher Mediumismus wäre auch kein geeigneter Rahmen für einen so umfassenden Kursus wie den vorliegenden. Und schließlich: Er böte auch keinen hinreichend sicheren Schutz gegen Missbrauch durch dunkle oder schelmische Wesen. Die Engel erwarten von der Zusammenarbeit mit uns einen anderen »Engelbuch«-Typus.

Es geht um zusammenhängende Darlegungen, die an das ungetrübte Wachbewusstsein gerichtet sind, um Klarheit, Verstehbarkeit und Appell an die eigene Urteilskraft. Niemals wird die Eigenverantwortlichkeit des frei entscheidenden, ichbewussten Menschen beeinträchtigt. Die Engel wenden sich an die Einsichtsfähigkeit der geistigen Individualität des Menschen, nicht etwa unmittelbar an Gefühl oder Wille; es handelt sich um Information, nicht um Suggestion oder ähnliche Einflussnahme. Nichts ist in irgendeiner Weise zwingend, sondern alles ist völlig freilassend. In diesem Geiste wird es auch von uns den Lesern unterbreitet.

Es hat zwar auch bisher schon Dokumentationen von Engelbotschaften gegeben, die an das Wachbewusstsein gerichtet und ernst zu nehmen sind. Doch meist betreffen sie entweder persönliche Fragen, die für die Allgemeinheit von geringer Bedeutung sind, oder sie wandten sich an die Menschheit mit aufrüttelnden Appellen zu Umkehr und Gebet. Sie zeigen, dass die Engel gern die Möglichkeiten, sich dem Menschen kundzutun, nutzen, so wie sie sich ihnen jeweils bieten, um die Menschen zu überzeugen: Es gibt die Engel, man kann mit ihnen sprechen und tut gut daran, ihre Botschaften ernst zu nehmen und ins praktische Leben umzusetzen. Das Neue an diesem Buch ist, dass die Engel einen Kursus geben, der in den Gesamtbereich der Welt des Himmels und der Innenwelt des Menschen einführt.

Die Atmosphäre unserer Engelgespräche ist sehr entspannt. Wenngleich wir den Engeln mit Ehrfurcht begegnen, so treten sie uns doch wie Freunde gegenüber. Nicht nur, dass sie an skeptischen Einwänden keinen Anstoß nehmen und auf Fragen geduldig eingehen, oft zeigen sie auch viel Humor und Heiterkeit. Scherze sind keine Seltenheit; es kommt sogar vor, dass sie mit ein wenig Spott auf Eitelkeiten oder andere Schwächen anspielen – allerdings nie verletzend und immer mit liebevollem Wohlwollen.

Ernst zu nehmen sind auch einige wissenschaftliche Werke über die Engel. Sie bringen in Erinnerung, was die Bibel, die Väter, die Tradition, die Theologen oder auch heutige Menschen mit eigenen Erfahrungen zum Thema »Engel« gesagt haben, und sie führen uns erneut vor Augen, wie Künstler und Dichter die Engel dargestellt haben. Diese Bücher pflügen den Acker. Sie sind zum Teil sehr schön und wertvoll. Sie lenken die Aufmerksamkeit auf die Engel und regen die Gläubigen an, sich wieder auf sie zu besinnen. Ob das geschieht, hängt dann von der individuellen religiösen Geprägtheit des Lesers ab. Die wissenschaftlichen Werke haben ihre eigene Ebene der Wahrheit: Sie stellen fest, was andere Menschen in Geschichte und Gegenwart über die Engel gesagt haben. Ob und inwieweit das, was jene Menschen gesagt haben, inhaltlich auch wirklich stimmt, ist eine andere Ebene der Wahrheit. Um das aufzuklären, gibt es keinen anderen Weg, als dass die Engel selbst und unmittelbar zu Wort kommen, dass sie aufhellen und ergänzen, was bisher dunkel und unbekannt geblieben ist.

Was sie uns lehren, erschien uns häufig neu. Nachher stellten wir fest, dass vieles in der Tradition der Christenheit schon einmal wohl bekannt war, aber vergessen worden ist. Es handelt sich also zum großen Teil um die Vergegenwärtigung und Verlebendigung alten Wissens. Dies darzulegen ist ein Thema für sich, dem das Nachwort zu einem der folgenden Bände gewidmet werden soll. Für Hinweise aus Leserkreisen werden wir sehr dankbar sein.

II. Über Engelerfahrungen

Wen Alexas Dolmetschertätigkeit verwundert, der möge sich vergegenwärtigen, dass die Fähigkeit, die Sprache der Engel zu vernehmen und zu verstehen, nichts so Ungewöhnliches ist, wie es auf den ersten Blick erscheinen mag. Sie ist in jedem Menschen angelegt, aber mehr oder weniger entwickelt. Die meisten von uns haben schon zum Beispiel Warnungen ihres Schutzengels oder auch bestimmte Handlungsaufforderungen oder Trostworte vernommen. Nur bleibt diese Fähigkeit im Allgemeinen in bescheidenen Ansätzen stecken und ist auf Situationen persönlicher Not oder Ergriffenheit beschränkt. Sie wird wenig ernst genommen und geschult. Sie ist uns in unterschiedlichen Graden der Begabung gegeben und bedarf der Übung – wie andere Fähigkeiten auch. Wir alle sind ein wenig musikalisch, einige sind große Komponisten oder Meister eines Instruments. Wir alle können ein bisschen zeichnen oder malen, einige gehen mit ihren Werken in die Kunstgeschichte ein. Wir vernehmen die Engel undeutlich und gelegentlich, einige vermögen ihren zusammenhängenden Darlegungen klar und deutlich zu folgen. Dass Alexa diese Begabung hat, sollte kein Anlass zu mürrischer Reserve sein, sondern Grund zur Freude und Dankbarkeit, so wie wir uns ja auch den Meisterwerken der Kunst und der Musik gegenüber angemessen verhalten, wenn wir uns ihnen öffnen und sie in unser Leben einbeziehen.

Die innere Verbindung vieler Menschen zu den Engeln hat oft den Verlust ihres Glaubens im Übrigen überdauert. Unsere Sprache ist durchzogen von Wendungen, die von Engelerfahrungen geprägt sind; sehr viele Menschen bedienen sich dieser Wendungen, als seien solche Erfahrungen Selbstverständlichkeiten: »Einer plötzlichen Eingebung folgend änderte ich meinen Entschluss.« – »Diese Begegnung war kein Zufall.« – »Das war Fügung.« – »Da hatte ich einen guten Schutzengel.« – »Da hat mich ein Engel geleitet.« – »Bei dieser Musik hat sich mir der Himmel geöffnet.« – »Es war himmlisch.« – »Es ging überirdisch zu.« – »Da haben die Engel gesungen.« – »Ich war berührt.« – »Ich war ergriffen.« – »Ich war im siebten Himmel.« – »Der Himmel hat meine Bitte erhört.« – »Das ist ein Geschenk des Himmels.« Das sind geläufige Redensarten. Und wenn man einen sympathischen Menschen mit einem Engel vergleicht, sein »engelhaftes Wesen« oder seine »Engelsgeduld« rühmt, so redet man, als ob jedermann wüsste, dass es Engel gibt und wie sie sind. Dasselbe gilt, wenn man von einem unglücklichen oder bösen Menschen sagt, er sei »von allen guten Geistern verlassen«.

In der »aufgeklärten Weltanschauung« haben Engel keinen Platz. Viele Menschen zeigen sich davon eingeschüchtert. Wenn sie so von Engeln reden, signalisieren sie zugleich, sie meinten das nur bildhaft, redensartlich, im Scherz. Oft meinen sie es tatsächlich nur so. Andere wiederum berichten von konkreten Erlebnissen mit Engeln: »Ich war so verzweifelt, da spürte ich, wie mich ein Engel in den Arm nahm und tröstete.« – »Ich lehne die Kirche ab, aber einmal in der Weihnachtsnacht ging ich hin und spürte die Anwesenheit der Engel um mich herum.« Viele große Künstler und Architekten haben berichtet, dass ihre Meisterwerke aus einer anfänglichen »Eingebung« oder einer »Inspiration« entstanden seien. Der Komponist Hans Pfitzner hat ein ganzes Buch »Über musikalische Inspiration« geschrieben. Viele Menschen fragen sich: »Darf ich meinem Erlebnis mit einem Engel vertrauen? Zwar war ich mir einen Augenblick lang seiner Gegenwart gewiss – aber wie ist das möglich?«

Das Institut für Demoskopie Allensbach veranstaltete im August/September 1997 eine groß angelegte Repräsentativumfrage über den Glauben der Deutschen an die Engel.[44] Zu den vielen bemerkenswerten Ergebnissen gehört: Die Zahl derer, die schon einmal die persönliche Erfahrung gemacht haben, dass Engel sie geschützt, ermutigt oder etwas gefügt haben, ist wesentlich größer als die Zahl derer, die angeben, dass sie überhaupt an Engel glauben. Die Diskrepanz zwischen aufgeprägter Weltanschauung und persönlicher Erfahrung – Engel gibts nicht, ich selber habe sie allerdings schon erlebt – zeigt eine eigentümliche Unsicherheit, ob man angesichts der Autorität der herrschenden Weltanschauung seinen eigenen subtilen Wahrnehmungen vertrauen darf.

Doch auch die Bibel berichtet an zahlreichen Stellen, dass Engel den Menschen erschienen und zu ihnen in klaren und deutlichen Worten sprachen. Oft waren es einfache, naturnahe Menschen, die zunächst erschraken, und die ersten Worte waren deshalb meist: »Fürchtet euch nicht.« Man denke nur an die Hirten auf dem Feld, die die Ersten waren, denen die Geburt Christi verkündet wurde. Sie waren keine Schriftgelehrten, aber sie verstanden das Gesagte, suchten die Krippe und beteten das Kind an. Waren sie naiv – oder waren sie vielmehr in ihrer Herzensfrömmigkeit nicht aufgeschlossener als andere? Oder sollen wir das Geschehen zur Legende erklären? Wäre das weise – oder nicht vielmehr engstirnig und töricht?

Aber nicht nur die Bibel berichtet von Engelbegegnungen – die ganze christliche Tradition ist voll davon, und zwar nicht nur in den Lebensberichten von Heiligen.[45] Die katholische Kirche spricht von »Privatoffenbarungen«. Sie steht ihnen zwar nicht ohne Skepsis gegenüber, behält sich Prüfung und Beurteilung vor und zeigt einen gewissen Missmut über Offenbarungen, die nicht durch ihre Hände gegangen sind – aber sie nimmt sie gleichwohl ernst und weist sie jedenfalls nicht prinzipiell zurück.

III. Zur Skepsis

Dies alles bedeutet nicht die Aufforderung an den Leser, Vorsicht und Skepsis fahren zu lassen. Das haben wir selbst nicht getan, sondern uns immer und immer wieder gefragt: Könnte es sein, dass wir einer Täuschung erliegen, dass die Quelle des Dargelegten entweder im persönlichen Unterbewusstsein oder in trügerischen Inspirationsquellen liegt?

Die erstgenannte Möglichkeit konnten wir deshalb ausschließen, weil uns das meiste unbekannt und neu war, uns selbst überraschte und erst im Laufe der Zeit seine Kohärenz und Plausibilität gewann. Der zweitgenannten

Möglichkeit steht die fast tägliche Erfahrung mit Rat suchenden Menschen entgegen. Oft nahmen die Engel zu ihren persönlichen Lebensumständen Stellung, von denen Alexa nichts wusste, und die Gäste berichteten später mit Verblüffung, wie treffsicher die Engel Menschen und Situationen beurteilt haben und wie hilfreich ihre Hinweise waren.

Skepsis bedeutet: Erst prüfen, dann urteilen. Skepsis kann nur eine vorübergehende Haltung sein: Man vermeidet vorschnelle Festlegungen, um offene Fragen zu klären. Wird diese Zurückhaltung zu einem lebenslangen Dauerzustand, so handelt es sich nicht um Skepsis, sondern um dogmatisch festgelegten Agnostizismus. Nach manchen Lehrstunden verabschiedeten sich die Engel mit den Worten: »Wir danken, dass wir sprechen durften.« Es hat uns zunächst sehr eigentümlich angemutet und gerührt, schließlich aber erschüttert: Drückt es doch aus, wie schmerzlich es für die Engel ist, ungehört zu bleiben und angeschwiegen zu werden.

Im Laufe der Zeit sind uns vor allem drei Typen von Grundannahmen begegnet, aus denen heraus lebenslange Skepsis oder agnostischer Dogmatismus verständlich werden:

1. Die im »esoterischen« Milieu verbreitete Ablehnung christlicher Inhalte. Man hat – aus welchen Gründen auch immer – mit der christlichen Tradition gebrochen und sucht die Wahrheit in fernöstlicher, indianischer oder afrikanischer Überlieferung und Praxis beziehungsweise bei spirituellen Lehrern, die sich an sie anlehnen. Die Engel achten diese Wege zwar und nehmen sie ernst. Sie sehen in ihnen aber die Orientierung an nur einzelnen Aspekten der Trinität. Ihr Hauptziel in diesem Kursus ist die Ausrichtung des Menschen auf die Gesamtheit der Trinität – und damit

seine Versöhnung mit der christlichen Tradition. Die genannte Allensbach-Umfrage belegt empirisch, dass der »Boom« fernöstlicher Esoterik an sein Ende gekommen ist, dass sich die Menschen stattdessen in zunehmendem Maße den Engeln zuwenden und von diesen behutsam in den christlichen Glaubenskosmos zurückgeführt werden.

2. Die im christlichen Milieu verbreitete Ablehnung »esoterischer« Inhalte und Erkenntnismethoden. Entweder meint man, die Offenbarung sei mit dem Tod des letzten Apostels abgeschlossen (die Lehre der evangelischen Theologie). Die Engel hätten sich daran zu halten und zu schweigen, und wenn sie das nicht tun, so seien ihre Übermittler und »Dolmetscher« zurückzuweisen. Oder man anerkennt zwar prinzipiell die Möglichkeit von lebendiger, sich neuen Einsichten öffnender Spiritualität, wie es die katholische Kirche tut. Solche hätten aber Bedeutung in der Regel nur für die mit ihnen beschenkten Menschen persönlich, nicht für die Allgemeinheit.

Das ist das Grundproblem einer »christlichen Esoterik«: Esoteriker lehnen sie ab, weil sie christlich, Christen, weil sie »esoterisch« sei.

3. Die im Milieu der »aufgeklärten Weltanschauung« verbreitete Ablehnung der Annahme, dass es Engel überhaupt gebe und dass sie zu uns sprechen könnten. Eigentümlicherweise übernehmen sowohl Christen als auch »Esoteriker«, die selbst von dieser Ablehnung getroffen werden, das Grundmuster dieser Argumentation partiell, wenn es darum geht, Engeloffenbarungen, die in ihrem Horizont nicht vorgesehen sind, zurückzuweisen.

Was den ersten prinzipiellen Einwand – den der nichtchristlichen Esoteriker – betrifft, so ist dazu nicht viel zu sagen. Seine Vertreter mögen sich selbst fragen, warum sie allen Ernstes glauben, schon alles Wesentliche zu wissen und keiner Belehrung durch die Engel zu bedürfen.

Der zweite und der dritte prinzipielle Einwand sind komplexer und verdienen eine eingehendere Erörterung. Wenden wir uns zunächst dem letztgenannten Ablehnungsgrund, der »aufgeklärten Weltanschauung«, zu.

IV. Zur »aufgeklärten Weltanschauung«

Die herrschende Weltanschauung beansprucht Autorität und Gehorsam. Vor allem fordert sie Unterwerfung unter das Dogma: Engelerfahrungen könnten unmöglich real sein, da es ja gar keine Engel gebe. Also gelte es, Engelerfahrungen psychologisch zu erklären und sie im Übrigen zu verdrängen und zu vergessen. Doch auch diesem Dogmatismus gegenüber können viele Menschen ihre Zweifel und Fragen nur schwer zum Verstummen bringen: Wie, wenn es doch Engel gibt und ich sie wahrgenommen habe? Früher warnte die Kirche vor Zweifeln an der Existenz des Himmels. Heute warnen die Verfechter der aufgeklärten Weltanschauung vor Zweifeln an der Nichtexistenz des Himmels. Sie verbieten das Wahrnehmen und Ernstnehmen der Engel mit herrischer Geste – bei Strafe ihres Spottes.

Über Engel zu reden erlauben sie nur in zweifacher Weise: religionswissenschaftlich – was die Menschen in den verschiedenen Religionen alles so glauben – und geschichtswissenschaftlich: Was hat man früher geglaubt, wie sind die Traditionen entstanden? Wir dürfen uns also bei anderen Völkern umschauen und in die Vergangenheit zurückblicken, aber nie und unter keinen Umständen

Engel selber wahrnehmen, mit ihnen in bewussten Kontakt kommen, ihnen Fragen stellen und ihren Antworten vertrauen. Nur der Blick zur Seite und nach hinten ist gestattet, nicht der Blick nach oben. Die Tradition, die von Engelerfahrungen berichtet, sei in derselben Weise zu behandeln wie die Geschichte von Literatur, Kunst und Musik. Wenn zum Beispiel ein Dichter meint, er verdanke die Idee zu seinem Werk einer »Inspiration«, so sind manche Literaturwissenschaftler überzeugt, es besser zu wissen: Er verdanke sie dem Einfluss seiner Vorgänger und habe sie von ihnen »übernommen«. Diese hätten sie von noch älteren übernommen und so immerfort. Ebenso gingen die christlichen Vorstellungen von Engeln auf die Mythen der Griechen, der Juden, der Ägypter, der Babylonier zurück usw. – bis sich die »Quellenforschung« im historischen Dunkel verliert.

Das Dogma, es könne keine Engelerfahrungen geben, weil es keine Engel gebe, gilt vielen Menschen mit so erdrückenden Argumenten als erwiesen, dass sie sich nicht mehr trauen, es zu bezweifeln, selbst dann, wenn sie sich gewiss sind, Engel ganz real erlebt zu haben. Denn in der Welt der Wissenschaft ist die innere Gewissheit nicht als Wahrheitskriterium anerkannt. Als akzeptabel gilt nur, was Allgemeingültigkeit beanspruchen kann, das heißt, was mittels nachprüfbarer Beobachtung und Logik allgemein vermittelbar – in extremer Zuspitzung: was beweisbar ist. Was man hingegen in einem Innenerlebnis erfahren hat, gilt als »nur subjektiv« und folglich nicht als objektiv zutreffende Erkenntnis.

So leben viele Menschen im Zwiespalt zwischen der allgemein herrschenden Weltanschauung und ihrer individuellen Erfahrung, zwischen rationaler Aufgeklärtheit und innerer Gewissheit, zwischen dem, was sie nur deshalb meinen, weil »man« es meint, und dem, was sie im Grunde wirklich meinen. Sie fragen sich: Kann man denn auf beiden Ebenen zugleich denken, reden und handeln, ohne mit sich selbst in Widerspruch zu geraten?

Der Ausweg aus diesem Dilemma liegt nicht darin, dass man sich für eine der beiden Ebenen entscheidet, also wählt zwischen »naivem Engelglauben« und »wissenschaftlich aufgeklärter« Ablehnung. Er liegt vielmehr darin, dass man beiden Ebenen ihre Berechtigung zuerkennt.

Die wissenschaftliche Denkweise hat ihre Spielregeln: Sie kann nur diejenigen Fragen, Prämissen und Methoden zulassen, die allgemein gültige Ergebnisse ermöglichen; sie ist schließlich auf internationale arbeitsteilige Zusammenarbeit angewiesen. Doch diese Spielregeln gelten nur innerhalb ihres Systems. Sie bestimmen nicht über die Wahrheit schlechthin, sondern nur darüber, was »wissenschaftlich gültig« ist. Doch darauf allein kommt es für unsere persönlichen Lebensvollzüge nicht an. Wir sind uns zum Beispiel gewiss, dass wir immer zu unseren Eltern heimkehren dürfen und sie uns herzlich aufnehmen werden, dass unser Freund liebenswert und unser Nachbar vertrauenswürdig ist. Wir halten das für wahr, ohne die Wissenschaftler auch nur zu fragen, ob es stimmt oder ob wir uns irren. Eine solche Anfrage wäre ja auch höchst unvernünftig. Nicht weniger unvernünftig wäre es, unsere Überzeugung, dass wir Engelerfahrungen gemacht haben, von der Zustimmung der Wissenschaft abhängig zu machen.

Die Verfechter der »aufgeklärten Weltanschauung« mögen einwenden: Es bestehe immerhin die Möglichkeit, dass wir Eltern, Freunden und Nachbarn vertrauen dürfen, Engelbegegnungen aber seien unmöglich. Mit dieser Behauptung überschreiten sie aber ihre Kompetenz, denn das können sie – nach ihren eigenen Spielregeln – gar nicht wissen. Sie dürften die Unmöglichkeit nur behaupten, wenn sie sie mit allgemein gültiger Verbindlichkeit beweisen könnten. Aber wie können sie das tun, wenn vielfache Erfahrungen dem entgegenstehen? Sie können für diese Erfahrungen vielleicht eine psychologische Erklärung angeben, aber diese Erklärung beruht auf Annahmen, Vermutungen, Unterstellungen. Sie setzt schon voraus, was erst zu beweisen ist. Gewiss, wenn es keine Engel gibt, dann ist eine Engelerfahrung unmöglich, und was wir dafür halten, bedarf einer psychologischen Erklärung. Hat man diese Prämisse einmal gesetzt, ist dieser Schluss zwingend – Prämisse ist Prämisse. Die Prämisse selbst beruht aber nicht auf Erkenntnis, sondern auf Setzung. Allgemeingültigkeit für sie zu beanspruchen, ist eine die eigenen Spielregeln verletzende Kompetenzüberschreitung, die sich nur mittels Einschüchterung, Spott, Unduldsamkeit, logischen Fehlern und anderem rhetorischen Blendwerk durchsetzen lässt.[46]

Dieses Buch wendet sich an Leser, die sich um solche Übergriffe nicht scheren, sondern ihrem eigenen Gespür, ihren Erlebnissen und Erfahrungen vertrauen und an sie anzuknüpfen bereit sind. Es berichtet einfach, was uns die Engel gelehrt haben. Es ist für Menschen bestimmt, die ihre eigene Urteilskraft sprechen lassen und selbst prüfen wollen, ob ihnen das Gesagte einleuchtet, ob es ihnen wahr oder wahrscheinlich oder möglich erscheint. Wendet jemand ein: Was hier stehe, sei alles wissenschaftlich nicht beweisbar, so lautet unsere Antwort: »Gewiss, ›Beweise‹ sind auch nicht beabsichtigt.« Es handelt sich nicht um ein wissenschaftliches Buch. Das hier Berichtete beansprucht keine Allgemeingültigkeit im Sinne der Wissenschaft. Wen »so etwas« nicht interessiert, der mag es auf sich beruhen lassen, bis es ihm vielleicht eines Tages einzuleuchten beginnt.

V. Das Verhältnis zur Kirche

Nun ein Wort zur Skepsis aus kirchlichen Kreisen. Dies ist ein Buch von Engeln über Engel. Engel sind Boten der Heiligen Trinität und der himmlischen Hierarchien, die in ihrem Dienst stehen. Wenngleich sie alle Menschen ohne Ausnahme begleiten und allen Religionen mit liebevoller Achtung begegnen, so stehen sie doch denjenigen Christen und christlichen Kirchen, die sich in den Dienst der Trinität gestellt haben, besonders nahe, und zwar je mehr, desto mehr sie auf die Gesamttrinität ausgerichtet sind und nicht einen ihrer Aspekte einseitig betonen. Ob es überrascht oder nicht: Sie sind besonders innig mit der katholischen Kirche verbunden. Sie bekennen ihr Credo, sie feiern ihre Liturgie und ihre Feste im Jahreskreis mit, sie beten ihre Gebete, sie sind in ihren Sakramenten, ihrem Segnen und ihren Weihen gegenwärtig, sie freuen sich über ihre Verehrung der himmlischen Maria und der Heiligen, sie lieben und pflegen ihre heiligen Stätten und Symbole, und sie finden die Wahrheit des Himmels hier auf Erden nirgendwo so tief und umfassend erkannt und ausgedrückt wie in der Lehre der Kirche.

Das gilt trotz aller Fehler, die die katholische Kirche auf irdischem Feld gemacht hat und zum Teil noch macht. Denn aus ihrer Sicht ist die irdische Institution der Kirche nur ein Teil der durch alle Hierarchien hindurch lebendigen Kirche, nur ihr unterstes, zwar von menschlichen Irrtümern beeinflusstes Glied, doch gleichwohl ein irdisches Gefäß für das Licht und die Liebe, die von der Trinität auf die Erde herabströmen. Die Hinwendung der Menschen zu ihr ist deshalb in ihren Augen auch ein Schritt in Richtung auf die Heimkehr zum Vater.

Die Engel gestehen auch der irdischen Leitungsfunktion des Papstes Berechtigung zu. Das bedeutet natürlich nicht, dass der Himmel selbst der Autorität des kirchlichen Lehramts unterworfen wäre. Die Engel fühlen sich nicht verpflichtet, über ergänzende oder kritische Aspekte zu schweigen. Die Autorität, die das Lehramt der Kirche genießt, beruht auf dem Anspruch, dass ihre Dogmen wahr sind. Die Anerkennung dieser Wahrheit ist der Grund für die Autorität, nicht etwa ist umgekehrt die Autorität Maßstab der Wahrheit. Die Engel missbilligen nicht nur das Unrecht, das die Kirche getan hat, indem sie die himmlische Wahrheit mit Macht und Gewalt durchzusetzen versuchte, sondern auch andere Kompetenzüberschreitungen der Kirche.

Zum Beispiel hat der Grundsatz »Außerhalb der Kirche kein Heil« für sie niemals gegolten. Die Engel lieben und achten, begleiten und schützen auch die Menschen, die nicht zur katholischen Kirche gehören, sondern zu anderen christlichen oder nichtchristlichen Glaubensgemeinschaften oder zu gar keiner Religion. Aus ihrer Sicht liegt in allen Wegen und Umwegen, die die Menschen nehmen, ein Sinn, ein berechtigter Ansatz, der zu verstehen und nicht zu verurteilen ist. Allen Suchenden auf dem Weg gelten die Liebe, Achtung und Gnade des Vaters, und diese sollte die Kirche nach Auffassung der Engel weitergeben, das heißt, sie sollte die Weitergabe nicht von Voraussetzungen abhängig machen, die der Vater nicht macht.

Da die Engel niemals und unter keinen Umständen in die Entscheidungsfreiheit des Menschen eingreifen können und dürfen, gilt dieselbe Begrenzung nach ihrer Auffassung auch für die Kirche. Sie halten deshalb Distanz zu denjenigen kirchenrechtlichen Regeln, die die Sakramente an übersteigerte Bedingungen binden, die die Menschen unter Druck setzen, ängstigen, ausgrenzen, zurückweisen und in irgendeiner Weise zu etwas zwingen wollen. Darin sehen sie eine Kompetenzüberschreitung der Kirche, die nicht im Sinne des Herrn ist.

VI. Zur »aufgeklärten Theologie«

Besonders wenig schätzen es die Engel natürlich, wenn Theologen als Verfechter der so genannten »aufgeklärten Weltanschauung« auftreten, wenn sie zum Beispiel nicht an die Auferstehung Christi glauben, sondern nur daran, dass die Jünger an die Auferstehung glaubten, und die folglich auch annehmen, die Engel gebe es gar nicht. Manche gehen so weit, diese Annahme als kirchliche Lehre auszugeben. Die Bibelkonkordanz verzeichnet 177 Stellen, an denen von Engeln die Rede ist, gleichermaßen im Alten wie im Neuen Testament. Doch manche Theologen scheuen sich gleichwohl nicht, alle biblischen und außerbiblischen Engelberichte pauschal für Mythos oder Legende zu erklären, ebenso wie überhaupt alles, was den Horizont der »aufgeklärten Weltanschauung« übersteigt. Anstatt diese Weltanschauung in ihre Schranken zu weisen und die wissenschaftlichen Erkenntnisse um die Offenbarung zu ergänzen, machen sie die »moderne« Weltanschauung zum Maßstab, an dem Bibel und Tradition zu messen seien.

Zunächst waren es protestantische Theologen, die meinten, ein unmittelbares Verhältnis zwischen den Menschen und dem Herrn herzustellen, indem sie den Himmel von allen Zwischeninstanzen »reinigten«: nicht nur von den Engeln, sondern auch von der himmlischen Maria, von den Heiligen und anderen himmlischen Helfern – ohne zu bedenken, dass diese ja Boten, Beauftragte, Bevollmächtigte sind. Sie trennen uns nicht von der Trinität, sondern stehen im Dienste der Trinität, und diese wirkt durch sie – ganz so, wie es die Bibel uns schildert. Theologische Eiferer »reinigten« auch die Landschaften von Kruzifixen, Bilderstöckchen, Marienstatuen, Kapellen, heilenden Brunnen und anderen heiligen Stätten in der Annahme, auch diese stünden trennend zwischen

Gott und Mensch. Seit etwa der Mitte des 20. Jahrhunderts zeigen auch einige katholische Theologen Verständnis für dieses Unverständnis.

Manchen anderen Theologen geht das zu weit; sie meinen, einige Engel möge es ja geben, aber nicht so viele; einige dürften Namen tragen, aber nicht alle; an bestimmten Festtagen, zum Beispiel an Weihnachten, dürfe man von ihnen reden und singen, aber nicht das ganze Jahr über, und was man von ihnen wisse, müsse wohl dosiert und über die Kirche vermittelt sein. Keinesfalls hätten die Engel das Recht, sich selbst und unmittelbar zu offenbaren. Schließlich gibt es Theologen, die zwischen modernen und traditionellen Richtungen der Theologie einen Kompromiss suchen, etwa in dem Sinn: Christen, die Kontakt mit den Engeln pflegen, würden zwar geduldet; sobald sie aber zur Zielscheibe von Angriffen aus aufgeklärten Theologenkreisen würden, sei es klug, zu ihnen in Distanz zu gehen.

Engel haben zwar viel Humor und können sich auch sehr diplomatisch und psychologisch klug verhalten, aber in Fragen der Wahrheit kennen sie keinen Kompromiss. Sie sind weder »Fundamentalisten«, noch sind sie »aufgeklärt« im Sinne der Vorstellung, es gebe sie gar nicht oder allenfalls nur halb und halb, und wenn es sie gebe, dürften sie nichts lehren, als was aus dem Katechismus ohnehin allgemein bekannt sei.

Wir können nur hoffen und bitten, dass die Kirchen dieses Buch mit Behutsamkeit beurteilen und es mit Respekt, vielleicht sogar mit Dankbarkeit und Liebe akzeptieren. Die Erfahrung hat ja gezeigt: In dem Maße, in dem die verschiedenen Kirchen die himmlischen Hierarchien nicht mehr ernst genommen haben, hörten die Menschen auf, die Kirchen ernst zu nehmen. Die »modernen« Theologen pflegen dann ihr Scheitern nicht einzugestehen, sondern werden zu aggressiven Weltanschauungskontrolleuren, die überall »Esoteriker« oder sonstige Ketzer wittern und alles verdächtigen, was sich ihrem geistigen – oder besser ungeistigen – Alleinherrschaftsanspruch nicht unterwirft. Vieles bekämpfen sie zu Recht, zugleich aber auch das Wahre und Gute. Es wäre stattdessen im Sinne des Himmels, wenn sich die Kirchen auf ihre eigene Engeltradition besännen und ihrer Verlebendigung Raum gewährten.

Letztlich geht es aber nicht um Argumente, sondern um die Grundhaltung der Ehrfurcht dem Himmel gegenüber. Die Probleme sind aus einem Paradox entstanden. Man meint: »Erst müssen die Engel mich überzeugen, dann werde ich ihnen – vielleicht – mit Respekt begegnen.« Die Engel kann aber in aller Regel nur der wahrnehmen und verstehen, der sich ihnen mit Respekt naht. Erst bedarf es einer Grundhaltung der Ehrfurcht, dann können sie sprechen. Diese Reihenfolge liegt in der Natur der Dinge, sie lässt sich nicht umkehren.

VII. Zur Unterscheidung der Geister

Doch auch gläubigen Christen mit ehrfürchtiger Grundhaltung stellt sich die Frage: Wie kann ich mich vergewissern, dass die Wesen, die zu uns sprechen, nicht als Engel getarnte dunkle Wesen sind, die ihren Schabernack mit uns treiben?

Diese Frage ist sehr ernst zu nehmen. Denn in der Welt der »Geister« schwirren in der Tat allerlei dunkle und unglückliche Wesen herum: gefallene Engel, Trugbilder, Egregore, verlorene Seelen und andere. Sie nutzen gern eine Gelegenheit, die Menschen zu bluffen und irrezuleiten. Wenn deshalb tiefgläubige Christen mit alldem nichts zu tun haben wollen, sondern alle Engelkontakte in Bausch und Bogen verwerfen, so ist das zwar nicht weise, aber immerhin verständlich. Man will nicht riskieren, einer Täuschung zu erliegen.

Doch ist es ein innerer Widerspruch, wenn man annimmt, dunkle Wesen könnten sich offenbaren, Engel aber nicht. Wer sich vor den Machenschaften der dunklen Wesen fürchtet, sollte logischerweise auch lichte Offenbarungen für möglich halten. Und er sollte auch darauf vertrauen, dass der Himmel demjenigen Hilfen gibt, der sich ernstlich bemüht, das eine vom anderen zu unterscheiden.

Die Engel wollen erhellen, aufklären, die Menschen zu Licht und Liebe hinführen. Wie kann man sich ihnen ohne Gefahr der Täuschung öffnen? Das ist die Fragestellung einer gesunden Skepsis, die von borniter Ablehnung wohl zu unterscheiden ist. Wer zum Beispiel fürchtet, die Lichtgestalt eines Engels könne die Maske sein, hinter der sich ein dunkles Wesen aus den Hierarchien zur Linken verbirgt, der könnte zwar Recht haben. Er sollte aber den dunklen Wesen auch zutrauen, gerade solche Ängste zu erzeugen und für ihre Zwecke zu nutzen. Ihr Ziel ist doch gewiss, die Menschen gegen die wahre Sprache der wahren Engel abzuschotten. Schon mancher hat sich aus Angst vor der Tücke des Bösen dem Bösen ergeben – man denke nur an die Eiferer, die die »Ketzer« foltern und verbrennen ließen. Dass das ein Irrweg der Kirchengeschichte war, wird heute von Kirche und Theologie nicht mehr bestritten. Nichts liegt näher, als dass der Listige sich nun eine neue List ersonnen hat und sich der rationalen »Skepsis« für seine Zwecke bedient. Andererseits könnte er sich auch des Tricks mit falschen Engelerscheinungen bedienen, sodass Skepsis berechtigt sein kann. Ist dieses Dilemma ausweglos?

Es gibt keine »Patentlösung«, sondern nur den Weg der gesunden Urteilskraft, die mit Ablehnung aus Vorsicht nicht identisch ist. Aus der spirituellen Erfahrung zum

Beispiel des heiligen Antonius oder der heiligen Theresia von Ávila sind uns die so genannten Kriterien zur Unterscheidung der Geister überliefert.[47] Im Folgenden geben wir einige der Gesichtspunkte an, an denen wir uns bei unserer »Engelarbeit« orientiert haben.

1. Was die Engel sagen und tun, dient immer dem Ziel, die Menschen auf die Heilige Trinität hin auszurichten, damit sie heimkehren zum Vater. Auch wenn sie über irdische, oft sehr konkrete – zum Beispiel familiäre, berufliche, politische – Zusammenhänge sprechen, so doch immer in der Absicht, Gefühle zu reinigen, den Willen zu läutern, dem Geist zur Klarheit zu verhelfen, damit der Mensch lernt, sich aus negativen Verstrickungen zu befreien und dem Himmel zu öffnen.

   Dunkle Wesen hingegen verleiten die Menschen entweder zur Selbstüberschätzung ihrer Wichtigkeit oder treiben sie in lähmende Schuldgefühle und Minderwertigkeitskomplexe. Sie schüren Verdacht und Konflikt und bestärken Vorurteile. Sie lassen Wichtiges belanglos oder Banales grandios und bedeutend erscheinen. Sie lenken die Menschen auf allerlei Götzen hin und in jedem Fall von der Heiligen Trinität weg – als gebe es Besseres und Wesentlicheres.

   Wer bei einem Menschen »esoterischen« Rat sucht, sollte darauf achten, erstens mit welchen Symbolen er seinen Raum ausgestattet hat – zum Beispiel Kruzifix, Marienskulptur, Engelbilder –, zweitens, was er betet – zum Beispiel Vaterunser, Credo, Ave-Maria. Wo der Bezug auf die Heilige Trinität fehlt, sind Distanz und Vorsicht ratsam.

2. Engel greifen nie in die Freiheit ein. Fragt man sie zum Beispiel: »Soll ich dies oder jenes tun, soll ich so oder so entscheiden?« – so weisen sie die Frage zurück. Sie

geben zwar, wenn man sie darum bittet, Sachinformationen oder weisen auf Gesichtspunkte hin, die bei der Entscheidung eine Rolle spielen können, aber immer so, dass die Entscheidung nicht determiniert und die Eigenverantwortung nicht angetastet wird.

Erst wenn der Mensch seine Entscheidung getroffen hat, können die Engel ihm Hilfe zukommen lassen, vorausgesetzt natürlich, dass die Entscheidung moralisch akzeptabel ist. Diese Zurückhaltung gilt selbst dann, wenn der Mensch einen Weg einschlägt, der ihn ins Unglück führt. Die Engel greifen auch dann nicht ein, sondern lassen den Menschen seine Erfahrungen machen, werden aber helfen, die Folgen zu mildern und Auswege zu finden. Die individuelle Freiheit hat immer unbedingten Vorrang vor allen anderen Gesichtspunkten. Wo Menschen in Abhängigkeit gebracht werden, kann man gewiss sein, dass man es nicht mit Engeln, sondern mit dunklen Wesen zu tun hat.

3. Engel lehnen deshalb auch Vorhersagen der Zukunft ab. Das gilt ganz besonders für die Prophezeiungen von Weltkatastrophen oder von individuellem Unglück. Es gilt aber auch für positive und neutrale Vorhersagen. Sie sprechen zwar von Chancen und Risiken, sie ermutigen und warnen, aber stets mit dem Vorbehalt: Individuelle Entscheidungen oder auch Eingriffe von dritter Seite können den Lauf der Dinge ändern. Wenn sie überhaupt Hinweise auf die Zukunft geben, so bleiben diese hypothetisch – also: Wenn das und das geschieht oder unterbleibt, dann kann das und das eintreten.

4. Ferner möge der Leser beobachten, wie das Dargelegte auf ihn wirkt, und zwar vor allem in dreierlei Hinsicht.
    a) Stammt es aus dunklen Quellen, so erzeugt es Nervosität, Ängste, Wut, Ekel, Verwirrung, Fanatismus

oder ähnlich ungute Stimmungslagen; es lässt zumindest einen schalen Geschmack zurück.

Sind es wirklich Engel, die sprechen, erfüllt das mit Ruhe, Klarheit und Freude.

b) Lügen wirken überrumpelnd und aufpeitschend und suchen uns, zu schnellem Handeln zu bestimmen. Ihre anfängliche Überzeugungskraft weicht dem Zweifel, sie sind konfus und inkohärent.

Was Engel sagen, wirkt anfangs oft überraschend. Doch je länger man damit umgeht, desto mehr zeigt sich eine mit langfristiger Tiefenwirkung sich entfaltende Überzeugungskraft, es »leuchtet ein«, erweist sich als kohärent und stimmig. Ferner hat die Wahrheit einen eigentümlichen Zusammenhang mit der Schönheit, die uns ergreift und uns mit Dankbarkeit und Heimweh nach dem Vater erfüllt. Die Wahrheit macht uns andächtig und geneigt zu Lobpreis und Dank.

c) Lügen wirken krank machend auf den Menschen und destruktiv auf sein soziales Umfeld. Sie führen zum Beispiel zu Selbstüberschätzung und ungerechter Geringschätzung anderer, oder umgekehrt zu Minderwertigkeitsgefühlen, Entmutigung, Trägheit, Ängsten bis hin zu Teufels- oder Höllenängsten. Sie begünstigen Erstarrung in dogmatischen und moralischen Fragen, oder umgekehrt ständiges Dagegensein, Besserwisserei, Unversöhnlichkeit und dergleichen. Sie machen auf verschiedene Weise Körper und Seele krank und belasten familiäre, freundschaftliche, berufliche Beziehungen.

Worte der Engel hingegen wirken stets heilsam auf den, der sie ernst nimmt, und auch auf sein soziales Umfeld. Zum Beispiel löst man sich aus unguten und stabilisiert fruchtbare Beziehungen, gewinnt Frische und Tatkraft, strahlt Liebe, Fröhlichkeit,

Zuverlässigkeit, Freundlichkeit, Friedlichkeit aus. Kurz: »An ihren Früchten werdet ihr sie erkennen.« (Mt 7,17)
5. Der Möglichkeit dunkler Inspirationsquellen suchen wir von vornherein zu begegnen, indem wir jede Engelstunde mit dem Vaterunser, dem Ave-Maria und weiteren Gebeten einleiten. Ferner haben wir uns der Anwesenheit bestimmter Engel versichert, die uns regelmäßig begleiten und die sich stets als absolut vertrauenswürdig erwiesen haben. Sie winkten ab, wenn die Atmosphäre schwingungsmäßig nicht ganz rein war oder irgendwo unzuverlässige Gestalten lauerten. Dann haben wir die Engelstunde gar nicht begonnen oder sofort abgebrochen. Über weitere Schutzvorkehrungen wurden im Laufe des Kurses Angaben gemacht (vgl. 17.5. und 24.7.1995).

VIII. Über uns

Abschließend ist noch ein Wort über uns und die näheren Umstände unseres Engelkurses zu sagen.

Alexa entstammt einer Arztfamilie. Sie studierte Psychologie und Philosophie und arbeitete beruflich als Journalistin und im staatlichen Auftrag als Seminarleiterin für das gehobene Management. Sieben Jahre lang wirkte sie in Argentinien. Nach ihrer Rückkehr im Jahre 1990 trat allmählich ihre Hauptbegabung in den Vordergrund: ihre Fähigkeit zum Gespräch mit den Engeln. Seit 1994 legt sie den Schwerpunkt ihrer Tätigkeit auf diesen Dienst. Nicht nur dieses Buch, sondern auch die Vermittlung unzähliger individueller Gespräche zwischen Engeln und fragenden oder Rat suchenden Menschen sind die Frucht dieser Arbeit.

Martin wirkte bis 1996 als ordentlicher Professor für Staatslehre, öffentliches Recht und Rechtsphilosophie an der Universität zu Köln, zwölf Jahre lang war er zugleich Richter am Verfassungsgerichtshof des Landes Nordrhein-Westfalen. Er hat zahlreiche rechtswissenschaftliche Bücher veröffentlicht, die zum Teil in mehreren Auflagen und in mehreren Sprachen verbreitet sind. Er ist Herausgeber der Werke von Valentin Tomberg (1900–1973), dessen Freund und Schüler er gewesen ist.[48] Seinen geistig-religiösen Weg hat er in einem Buch beschrieben, das 1996 erschienen ist.[49]

Häufig haben neben Martin auch andere als Fragesteller an den Kursstunden teilgenommen, mit besonderer Regelmäßigkeit Gerhard und Isabel Bär. Es kam darauf an, Fragen zu stellen, die von allgemeinem Interesse sind und den Engeln Anlass zu wesentlichen Darlegungen gaben. Deshalb schulden wir (und die Leser) allen Fragen stellenden Gästen Dank, in erster Linie dem Ehepaar Bär für besonders tief schürfende, auf großem Wissen und klarem Problembewusstsein beruhende Fragen.

Darüber hinaus gibt es einen großen Kreis von Menschen, die persönliche Probleme im Gespräch mit den Engeln klären. Soweit in diesen persönlichen Gesprächen Informationen von allgemeiner Bedeutung gegeben wurden, haben wir sie zum Teil in das Buch aufgenommen. Doch alles, was den persönlichen Bereich betrifft, ist im Buch weggelassen. Der Schutz der Privatsphäre hat unbedingt Vorrang.

Weder der engere noch der weitere Kreis ist in irgendeiner Weise organisatorisch geformt und wird es auch nicht sein. Die Menschen kommen und gehen, viele kommen immer wieder, viele führen ihre Freunde ein, die Freunde wiederum ihre Freunde. So hat sich ein lockerer Kreis von Menschen gebildet, der seinen Schwerpunkt in Österreich, Deutschland und der Schweiz hat, sich inzwischen aber auch auf andere Länder und Kontinente ausweitet. Manche sind katholisch, andere evangelisch, manche stehen den Kirchen fern, gehören nichtchristlichen Religionen an oder haben ihren Weg über allerlei esoterische Richtungen gesucht. Das einigende Band besteht in nichts anderem als in der grundsätzlichen Aufmerksamkeit auf das, was die Menschen hier an Lehren und Übungen von den Engeln empfangen können.

Wir wohnen mit drei Kindern in einem kleinen, hoch gelegenen Bergdorf in Vorarlberg. Die Engelstunden finden in einer behaglich ausgebauten Wohnstube in einem alten Bauernhaus mitten im Dorf statt. Der Blick aus dem Fenster fällt auf die Kirche, in der Martin nebenher als Organist tätig ist. Ihr Glockengeläut ertönt regelmäßig um sieben Uhr abends, wenn unsere Kursstunden zu beginnen pflegen. Alexa hat ihren Platz in einem Sessel neben einem schönen alten Kachelofen und unter der »Muttergottes in der Rosenlaube« von Stefan Lochner; wir anderen bilden einen Halbkreis um sie herum. In dem holzgetäfelten Raum befinden sich ein Bauernschrank und eine alte Truhe, auf der eine aufgeschlagene Bibel liegt. An den Wänden sieht man mehrere schön geschnitzte Engelfiguren; in einer Ecke wacht die meterhohe Skulptur eines Michaelengels. Blumen, Kerzen und Weihrauch sorgen für eine andächtige Stimmung während unserer Engelstunden.

Die Menschen unseres Dorfes sind katholisch ohne Enge. Sie haben uns in unserer Eigenart akzeptiert und begegnen uns mit Freundlichkeit. Viele duzen uns freundschaftlich und beschenken uns mit Gaben aus Garten oder Backstube. Einige nehmen gelegentlich an unseren Engelstunden teil. Die Dorfbewohner sind hoch musikalisch. Ihr Kirchenchor ist von unserem inzwischen verstorbenen Freund und Nachbarn Eugen Eienbach gegründet und jahrelang so gründlich geschult worden, dass er weithin Bekanntheit erlangte; er wird heute von unserem Freund Alois Heidegger, einem Bauern aus dem Dorfe, mit hoher

Musikalität geleitet. Ein anderer unserer Freunde, Gregor Wucher, ebenfalls ein Bauer des Dorfes, tritt mit beachtlicher Kunst, von Martin begleitet, als Schubert-Sänger auf. Das Blasorchester hat ansehnliche Preise errungen. Die Menschen sind auch schauspielerisch begabt; zu den jährlichen humorvollen Aufführungen ihrer Theaterspielgruppe reisen die Menschen von weit her an. Vor allem aber sind die Dorfbewohner auf eine selbstverständliche Weise fromm. Es sind Bauern und keine »Schriftgelehrten«, aber sie wissen, wie dereinst die Hirten bei Bethlehem, worauf es letztlich ankommt.

Die Engel lieben das Dorf, seine Menschen und die zauberhafte Landschaft drum herum und sagten oft: Welch ein gesegneter Ort! Hier sind die Schwingungen ungewöhnlich günstig für die Aufnahme ihrer Botschaft. Hierhin haben sie uns zusammengeführt, damit wir ihren innigsten Wunsch einem weiteren Leserkreis übermitteln und einleuchtend machen mögen: Wie im Himmel, so auf Erden.

IX. Rückblick und Ausblick

Der erste Band führte uns zu ersten Begegnungen mit der »dritten Triade« – Engel, Erzengel, Archai. Er machte uns vor allem mit den uns besonders nahe stehenden Engeln vertraut – betender Engel, Schutzengel, Führungsengel, aber auch schon mit dem Sonnenengel (auf der Ebene der Exusiai). Und wir lernten einige weitere Engelgruppen kennen: Friedensengel, Heilengel, Andreasengel, Engel der Trauer, Engel der Maria, Beschützerengel, Nothelferengel, Engel der Wehmut, Engel der Jünger, Tages- und Stundenengel.

Der zweite Band, der bereits im CH. Falk Verlag erschienen ist, bereitet uns auf erste Begegnungen mit der »zweiten

Triade« – Exusiai und Elohim, Dynameis, Kyriotetes – vor und führt uns zu ihnen hin. Ferner erweitert er unsere Kenntnis der Engelwelt (Engel der Treue und der Hoffnung, Bartholomäusengel, Regenbogenengel, Engel der Herbstzeit, Engel der Heiligen Nächte und andere). Und wir erleben eine Begegnung mit dem Heiligen Erzengel Gabriel.

Der erste Band machte uns mit einigen der Hauptinnenräume (so genannten »Chakren«) vertraut: innere Kapelle (Herz), innere Quelle (Solarplexus), Marien- und Sophienturm (Hals), innerer Weiser (Stirn), inneres Kind (Nabelbereich).

Der zweite Band führt uns zu vertieften Begegnungen mit dem inneren Kind und dem inneren Weisen, macht uns mit dem »Christus in uns« vertraut und führt uns in die übrigen Haupt-Innenräume: innerer Kosmos (Scheitel), inneres Meer (»Wurzel-Chakra«) mit der Insel, den Tieren, der Vulkanesin und dem Engel am Brunnen.

Im ersten Band lernten wir die Naturgeister kennen, zunächst diejenigen, die der »dritten Triade« entsprechen.

Der zweite Band führt uns auch im Bereich der Naturgeister auf die Ebene der »zweiten Triade«: zu den Hütern der Pflanzen und der Tiere und zu den heiligen Tieren, ferner zu einer vertieften Begegnung mit den Hütern der Steine.

Im ersten Band lernten wir einige Räume des Himmels kennen: Friedensdom, Sphäre der Urbilder, Hoher Rat, »Bibliothek«, Dom der Heiligen.

Im zweiten Band erleben wir Shamballah, den Rat der Ehrwürdigen und den Tempel Gabriels.

Im ersten Band gedachten wir mit den Engeln der Passion, der Auferstehung (dazu wird Näheres erst in späteren Bänden dargelegt), der Himmelfahrt, des Pfingstfestes. In diesem Zusammenhang erhielten wir auch Informationen über die himmlische Maria und die himmlische Sophia.

Im zweiten Band erfahren wir Näheres über Maria, über Advent, Weihnachten, die zwölf Heiligen Nächte und die Heiligen Drei Könige, darüber hinaus über ein besonders wichtiges Thema: die beginnende Wiederkehr Christi im Ätherischen.

Der erste Band machte uns mit den zwölf Jüngertagen des Jahres und mit dem Wesen des Johannes bekannt.

Der zweite Band spricht über Bartholomäus, Maria Magdalena, Jacobus und Philippus, ferner über die heilige Anna und den heiligen Joseph.

Im ersten Band erfuhren wir das Nötigste über die Doppelgänger und die dunklen Hierarchien, wie sie wirken und wie man mit ihnen umgeht, ferner über Fragen wie: warum das Böse und das Leid zugelassen sind, was sinnvoll und sinnlos ist, wie man Trugbilder durchschauen lernt und wie man verführte Naturgeister zurückgewinnt.

Der zweite Band ergänzt einiges über die Strategien des Doppelgängers und über den Sinn des Leides.

Wir lernen aber nicht nur theoretisch verstehen, wie der Himmel beschaffen ist und auf Erden wirkt, sondern auch praktisch, welche Wünsche er an uns hat und wie wir in seinem Sinne mitarbeiten können. Im ersten Band erhielten wir erste Anweisungen über das Beten, über Dank und Fürbitte, über den Aufstieg zu den Hierarchien, über das Reisen in himmlische Räume, über die Pflege der Natur, über Schutz gegen die dunklen Mächte, über den Umgang mit dem Schicksal, mit Leid und mit Schuld; und wir erhielten erste Einführungen in das Heilen von Krankheiten.

Im zweiten Band empfangen wir weitere Anweisungen über den Umgang mit Lebenskrisen, Beziehungsproblemen und Schuld, über Arbeit mit Licht und Farben, über Beten und Segnen, über den Umgang mit Pflanzen und Tieren, über Selbsterkenntnis und Dienst, über Schwangerschaft, Geburt, Lebensstadien, Alter, Sterben und Sterbebegleitung, über Erlösungsarbeit für verlorene Seelen, für Doppelgänger und gefallene Engel und über das Feiern der christlichen Feste, insbesondere die der Weihnachtszeit.

In späteren Bänden* werden uns die Engel allmählich näher an die »erste Triade« – Throne, Cherubim und Seraphim – und, durch diese vermittelt, an die Heilige Trinität heranführen. Diesen Weg werden jedoch nur diejenigen verständnisvoll mitgehen können, die die beiden ersten Bände mit Ernst und Verständnis aufgenommen haben werden.

---

* Vgl. dazu auch Band 3 und 4 der Originalausgabe *Wie im Himmel so auf Erden,* CH. Falk Verlag, Seeon 1998 ff.

Anmerkungen

[1] Johannes Scotus Eriugena, 810–877, aus Irland stammender, in Frankreich wirkender Theologe und Philosoph, De divisione naturale – deutsch: Über die Einteilung der Natur, übersetzt von Ludwig Noack, Hamburg 1983, insbes. Bd. 1, S. 12. Hierzu Wolf Ulrich Klünker, Johannes Scotus Eriugena, Denken im Gespräch mit dem Engel, Stuttgart 1988.

[2] An späterer Stelle wird ein Bild gebracht: Die esoterische Kirche verhält sich zur exoterischen wie das Hemd zur Hose (das heißt, sie steckt darin).

[3] Der Anonymos d'Outre Tombe (Valentin Tomberg), Die Großen Arcana des Tarot, Meditationen, herausgegeben von Martin Kriele und Robert Spaemann; ferner Valentin Tomberg, Lazarus, komm heraus. Beides im Verlag Herder. Zu Tombergs Werken vgl. Martin Kriele, Anthroposophie und Kirche, Erfahrungen eines Grenzgängers, Verlag Herder 1996, S. 148–186.

[4] Vgl. Gen 24,7: »Er wird seinen Engel vor dir her senden«.

[5] Das Verhältnis zwischen Sonnenengel und menschlichem Ich wird näher erläutert unter dem 14.8.1996.

[6] Ein irdischer Versuch der Annäherung an das Thema »Sphärenklänge« bei Joachim Ernst Berendt: Nada Brama – die Welt ist Klang.

[7] Vgl. Valentin Tomberg (Anm. 3), Lazarus, komm heraus, S. 200: Die Welt der Urbilder ist der Garten Eden.

[8] Rudolf Steiner spricht in Anlehnung an den östlich-theosophischen Sprachgebrauch von den zwölf Weisen als von den zwölf »Bodhisattvas«, die jeweils am Ende ihrer irdischen Wirkungszeit zum »Buddha« aufsteigen. Der auf den bekannten »Buddha« folgende, jetzt »Dienst tuende« Bodhisattva sei etwa 100 Jahre vor Christi Geburt in der Gestalt des Jeshu-ben-Pandira gegenwärtig gewesen, der im Rahmen des Essener-Ordens auf den kommenden Christus hingewiesen habe und deshalb hingerichtet worden sei. Seither sei seine Aufgabe, ein Lehrer und Verkünder des Christus zu sein, bis er nach

rund 3000 Jahren zum »Maitreya Buddha« aufsteigen werde, zum »Bringer des Guten« durch das Wort.

9 Melchisedik ist eine geheimnisvolle Gestalt von außerordentlichem Rang. Nach Gen 14,18 war er der König von Salem und Priester des höchsten Gottes, der Abraham segnete und ihm Brot und Wein reichte. Nach Hebr 7,3 ist er »ohne Vater, ohne Mutter, ohne Stammbaum, hat keinen Anfang seiner Tage und kein Ende seines Lebens und bleibt Priester immerdar«, und nach Hebr 5,6 ist Christus »Priester in Ewigkeit nach der Ordnung des Melchisedek« (vgl. auch Psalm 110,4). Siehe Die Großen Arcana des Tarot (Anm. 3), S. 109 f.

10 Meditation bedeutet eine innere Konzentration, die den Strom des Denkens und Wollens zum Schweigen bringt, um dadurch zu Erkenntnissen der höheren Welten zu finden.

11 Kontemplation bedeutet: Betrachtung der himmlischen Dinge und Ereignisse – zum Beispiel die Betrachtung des Kreuzwegs mit seinen 14 Stationen.

12 Vgl. Der Anonymus d'Outre Tombe (Valentin Tomberg), Die Großen Arcana des Tarot (Anm. 3), insbes. S. 245–250.

13 Dionysios Areopagita, Über die himmlische Hierarchie. Hierzu vor allem: Gerd-Klaus Kaltenbrunner, Dionysios vom Areopag. Das Unergründliche, die Engel und das Eine, 1996. Näheres über Dionysios, die von ihm begründete Schule und die Entstehungsgeschichte des überlieferten Werkes wird an späterer Stelle mitgeteilt.

14 Der Anonymus (d'Outre Tombe (Valentin Tomberg), Die Großen Arcana des Tarot (Anm. 3), S. 120, 223, 225; ferner: Valentin Tomberg, Die Verkündung auf dem Sinai, in: Lazarus, komm heraus (Anm. 3), S. 191. – Ein guter Überblick über die frühmittelalterliche, an den dreimal drei Triaden orientierte Engellehre bei Heinrich Schipperges, Die Welt der Engel bei Hildegard von Bingen, Herder, Freiburg 1997, vor allem im Kapitel: Quellen zu Hildegards Engelbild, S. 43 ff.

15 Belege unter anderem bei Ferdinand Holböck, Vereint mit den Engeln und Heiligen, Stein am Rhein 1984.

16 Dazu ergänzend: Der Anonymos d'Outre Tombe (Valentin Tomberg), Die Großen Arcana des Tarot (Anm. 3), S. 159.

17 Näheres dazu in den Ausführungen über den »blauen Engel«, 1.8.1995 (Band 2 der Originalausgabe *Wie im Himmel so auf Erden*, CH. Falk Verlag, Seeon 1998 ff.).

18 Vgl. Gen 24,7. Vermutlich ist hier nicht der Führungsengel von Abrahams Knecht, sondern der von Abrahams Sohn Isaak gemeint, der dem Knecht den Weg wies, um Isaaks Frau zu suchen.

19 Vgl. dazu Martin Kriele, Die demokratische Weltrevolution, Warum sich die Freiheit durchsetzen wird, München 1987, 2. Auflage 1989, Neuausgabe Berlin 1997 (Verlag Duncker & Humblot).

[20] Negativ zum Beispiel Romano Guardini, Das Ende der Neuzeit, Würzburg 1950; positiv zum Beispiel Hans Blumenberg, Die Legitimität der Neuzeit, Frankfurt 1966; differenzierend zum Beispiel Odo Marquard, Schwierigkeiten mit der Geschichtsphilosophie, Frankfurt 1973.
[21] Siehe hierzu: Valentin Tomberg, Die vier Christusopfer und das Erscheinen Christi im Ätherischen (1939), 3. Auflage im Achamoth-Verlag, Herdwangen-Schönach 1994 mit einem Nachwort von Martin Kriele.
[22] Der Anonymus d'Outre Tombe (Valentin Tomberg), Die Großen Arcana des Tarot (Anm. 3), 7. Brief: Der Wagen, insbes. S. 164 ff.
[23] Heilig, heilig, heilig ist der Herr, Gott Zebaoth, Himmel und Erde sind voll deines Ruhmes, Hosanna in den Höhen! Gesegnet der da kommt im Namen des Herrn. Hosanna in der Höhe!
[24] Vgl. 1.3.1995.
[25] Über die »Gabe der Tränen« vgl. ergänzend: Der Anonymus d'Outre Tombe (Valentin Tomberg), Die Großen Arcana des Tarot (Anm. 3), S. 422–425.
[26] Näheres vgl. 5.9.1996 (Band 2 der Originalausgabe *Wie im Himmel so auf Erden*, CH. Falk Verlag, Seeon 1998 ff.).
[27] Mt 27,46.
[28] Psalm 22,2.
[29] Joh 19,30.
[30] Valentin Tomberg hat zu seinen Lebzeiten Martin einmal erklärt, es sei Goethe unter anderem darum gegangen, uns Wirklichkeiten zu vergegenwärtigen, die im Heidentum bekannt gewesen, aber durch die Kulturprägungen des Christentums verbannt, verdrängt, verleugnet worden seien.
[31] Zum Begriff des Egregors: Der Anonymus d'Outre Tombe (Valentin Tomberg), Die Großen Arcana des Tarot (Anm. 3), S. 148 ff., 445 ff.
[32] Siehe hierzu Anonymus d'Outre Tombe (Valentin Tomberg) Die Großen Arcana des Tarot (Anm. 3), 16. Brief.
[33] Siehe hierzu Valentin Tomberg, Die vier Christusopfer und das Erscheinen Christi im Ätherischen, 3. Auflage 1994 im Verlag Achamoth, Herdwangen-Schönach, mit einem Nachwort von Martin Kriele. Siehe unter dem 19.3.1995 und dem 22.10.1995.
[34] Wie bedeutsam dieser Satz ist, wird deutlich, wenn man bedenkt, dass die Spaltung der Kirche in eine Ost- und eine Westkirche vor allem damit begründet wurde, dass die römische Kirche das Glaubensbekenntnis von Nizäa seit dem Ende des 7. Jahrhunderts ergänzt hat. Sie hat in dem Satz »Wir glauben an den Heiligen Geist, … der aus dem Vater hervorgeht« eingefügt: aus dem Vater »und dem Sohn« (filioque). Die Ostkirche wollte diesen Einschub nicht anerkennen. Er ist aber berechtigt.

35 Näheres zur Mutter bei Valentin Tomberg, Die Großen Arcana des Tarot, S. 599 ff.
36 Valentin Tomberg spricht von einem »Dogma des Herzens«, demzufolge Maria als »Königin der Engel« und »Mutter der Kirche« verehrt wird – »geehrter als die Cherubim, glorreicher als die Seraphim« in der orthodoxen Liturgie, also höher als die erste himmlische Hierarchie. »Und nur die Heilige Trinität ist über ihnen.« Die Großen Arcana des Tarot (Anm. 3), S. 603.
37 Diesen Ausdruck verwandte unter anderen Rudolf Steiner im Anschluss an H. P. Blavatzky.
38 Siehe 21.12.1995 und 18.1.1996.
39 Siehe hierzu Der Anonymus d'Outre Tombe (Valentin Tomberg), Die Großen Arcana des Tarot (Anm. 3), 4. Brief »Der Kaiser«, insbesondere die Ausführungen über »Tsimtsum«, das Sichzurückziehen Gottes. – Ausführlicher zum inneren Kind am 21.9.1995.
40 Unter dem 28.4. hat Agar uns gesagt, es gebe keine bösen Naturgeister, es sei denn, sie seien von Menschen in böse Dienste genommen worden. Dies wird am 29.7. näher erläutert. Der König spricht hier offenbar von solchen. Deshalb besteht kein Widerspruch zu Agars Angaben.
41 Die Großen Arcana des Tarot (Anm. 3), S. 4 f. Siehe hierzu auch: Martin Kriele, Anthroposophie und Kirche, Freiburg 1996, insbes. die »Schlussbetrachtung«, S. 287 ff.
42 Vgl. Paul Gerhardts Lied: Befiehl du deine Wege, 2. Strophe: » ... Mit Sorgen und mit Grämen und mit selbstigner Pein lässt Gott sich gar nichts nehmen, es muss erbeten sein«.
43 Der Anonymus d'Outre Tombe (Valentin Tomberg), Die Großen Arcana des Tarot (Anm. 3), S. 459 ff.
44 Institut für Demoskopie Allensbach, Engel – Glaube und Erfahrung diesseits der Esoterik, IfO-Umfrage 6047. Diese Umfrage wurde von Frau Elisabeth Noelle-Neumann als Geburtstagsgeschenk für Martin Kriele durchgeführt und ist ihm gewidmet. Dafür sei ihr auch an dieser Stelle noch einmal herzlich gedankt.
45 Einen guten Überblick gibt Ferdinand Holböck, Vereint mit den Engeln und Heiligen – Heilige, die besondere Beziehungen zu den Engeln hatten. Stein am Rhein 1984.
46 Näheres hierzu in dem Buch des Verfassers dieser Einführung: Martin Kriele, Anthroposophie und Kirche, Erfahrungen eines Grenzgängers, Freiburg 1996, insbesondere in dem Abschnitt: Die vier Komponenten der aufgeklärten Weltanschauung, S. 248 ff.
47 Eingehende Darlegungen zur Unterscheidung der Geister bei: Der Anonymus d'Outre Tombe (Valentin Tomberg), Die Großen Arcana des Tarot, herausgegeben von Martin Kriele und Robert Spaemann, Verlag Herder, Basel 1983, S. 452 ff.

[48] Siehe vor allem: Der Anonymus d'Outre Tombe (Valentin Tomberg), Die Großen Arcana des Tarot, Meditationen, mit einer Einführung von Hans Urs von Balthasar, Verlag Herder, Basel 1983; Valentin Tomberg, Lazarus, komm heraus!, mit einer Einführung von Robert Spaemann, Verlag Herder, Basel 1985.

[49] Martin Kriele, Anthroposophie und Kirche, Erfahrungen eines Grenzgängers, Verlag Herder, Freiburg 1996.

Alexa Kriele
im Original

WIE IM HIMMEL	Bd. 1	ISBN 3-89568-051-6
SO AUF ERDEN	Bd. 2	ISBN 3-89568-060-5
	Bd. 3	ISBN 3-89568-078-8
	Bd. 4	ISBN 3-89568-101-6

WIE IM HIMMEL SO AUF ERDEN;
Gesamtausgabe *alle 4 Bde. im Schuber*   ISBN 3-89568-097-4

weitere Titel

NATURGEISTER ERZÄHLEN	ISBN 3-89568-062-1
DER ENGELSPIELEKOFFER	ISBN 3-89568-063-x
5 Spiele, von Engeln erfunden	
SPIELEND ABNEHMEN	ISBN 3-89568-068-0

erschienen im

Ch. Falk-Verlag
83370 Seeon, Ischl 11,
www.chfalk-verlag.de